全国干部教育培训西北农林科技大学基地干部培训丛书

精准脱贫与乡村振兴

JINGZHUN TUOPIN YU XIANGCUN ZHENXING

——农业农村干部培训读本

主　编　王　雄
副主编　郭护团

图书在版编目(CIP)数据

精准脱贫与乡村振兴:农业农村干部培训读本 / 王雄主编. —杨凌：西北农林科技大学出版社，2018.4

ISBN 978-7-5683-0447-4

Ⅰ.①精… Ⅱ.①王… Ⅲ.①农村－扶贫－中国－干部培训－学习参考资料 Ⅳ.①F323.8

中国版本图书馆 CIP 数据核字(2018)第 078001 号

精准脱贫与乡村振兴:农业农村干部培训读本
王　雄　主编

出版发行	西北农林科技大学出版社
地　　址	陕西杨凌杨武路 3 号　　邮　编:712100
电　　话	总编室:029-87093105　发行部:87093302
电子邮箱	press0809@163.com
印　　刷	陕西森奥印务有限公司
版　　次	2018 年 5 月第 1 版
印　　次	2018 年 5 月第 1 次印刷
开　　本	787 mm×1092 mm　　1/16
印　　张	17.25
字　　数	320 千字

ISBN 978-7-5683-0447-4

定价:45.00 元

本书如有印装质量问题，请与本社联系

《精准脱贫与乡村振兴——农业农村干部培训读本》
编委会

主　编：王　雄
副主编：郭护团
编　委：（按姓氏笔画为序）

王永军　王征兵　牛　荣　方建斌　任　博
刘天军　刘冬梅　苏燕平　李大寨　李　宏
李建明　杨学军　张　红　张建新　郝　利
姚自立　党红敏　郭亚军　黄小星　董顺利

PREFACE

高等院校是广大干部接受教育培训的重要阵地,在建设高素质干部队伍的伟大工程中发挥着重要作用。位于国家杨凌农业高新技术产业示范区的西北农林科技大学,具有长期开展农业农村干部培训的实践和传统,学校在20世纪50年代就曾开设了全国劳模培训班。1979年成立了中央农业干部学院分院,开始了农业干部及涉外涉农人员的培训工作。从1999年学校合并组建以来,教育部、农业部、国家林业局、水利部、科技部、人社部、全国妇联等部委在我校建立了9个干部教育培训基地。2004年,学校被陕西省委确定为首批陕西省干部教育培训基地。2014年4月,学校被中组部确定为全国第14个干部教育培训高校基地,从此,西北农林科技大学成为全国唯一的农业农村干部培训高校基地。为了整合基地优势,使学校的教育教学工作形成合力,做大做强培训事业,2016年,学校正式成立农业农村干部学院、农民发展学院,并与陕西省农业厅联合成立了陕西省职业农民培训学院。近年来,学校把农业农村干部和职业农民教育培训工作作为学校的重要使命和政治任务,培训规模迅速扩大,平均每年举办培训班150多期,培训学员13 000人次以上,服务区域,立足陕西,面向西部,覆盖全国。在培训过程中,学校充分发挥教育资源优势和区域优势,形成了"实际、实用、实效"的培训模式,培训质量受到中组部、教育部、陕西省委以及参训学员的肯定。

干部教育培训教材是传播科学理论和现代知识的重要工具。干部培训专用教材建设是加强干部教育培训、提高干部整体素质的一项重要的基础性工作。中共中央印发的《干部教育培训工作条例》指出："应该适应不同类别干部教育培训的需要,着眼于提高干部的综合素质和能力,逐步建立开放的、形式多样的、具有时代特色的干部教育培训教材体系"。按照文件精神,学校在扩大培训规模的同时,狠抓培训教材的建设,要求每个培训班都必须有专用讲义或教材。在上述工作有序展开的同时,我校遵照上级相关部门的要求,组织相关专家、教授编写出版了《社会主义新农村建设"村官"培训读本》《社会主义新农村建设乡镇领导读本》《干部自主选学读本》《落实发展新理念,加快农业现代化——农村基层干部培训读本》《调结构促发展,打赢脱贫攻坚战——农业农村干部培训读本》等5本系列教材。干部培训教材建设走在了全国高校的前列,这不仅提升了培训的针对性和实效性,而且使干部教育培训工作迈向规范化的道路。

围绕中心、服务大局是干部教育培训的基本原则。党的十九大召开后,学校组织相关专家、教授和培训管理人员,利用学校的学科专业师资优势,围绕"打好精准脱贫攻坚""实施乡村振兴战略"两大主题,积极开展干部培训需求调研工作。制定了适合涉农市厅、县处、乡镇的党政干部,专业技术干部、企业干部、村级干部和职业农民的培训方案。这些方案得到陕西省委组织部、省委农工办的肯定和采纳。今年上半年,我校将陆续举办分管农业农村的市厅级干部"乡村振兴战略路径选择"专题研讨班,以及分管农业农村的县处级干部"精准脱贫与区域经济发展""农业供给侧结构改革""乡村文明与绿色发展"等专题研讨班,还将举办乡镇党委书记(乡镇长)"实施乡村振兴战略专题示范"培训班,村党支部书记、村委会主任"精准脱贫与乡村振兴"专题培训班。这些项目也得到河南、山西、河北等省相关部门农业科教干部及其他人士的高度认可,他们纷纷来校参与、研讨举办培训班的事宜,在不断完善培训方案的同时,同步开展了教材的开发和编写工作。

这本《精准脱贫与乡村振兴——农业农村干部培训读本》紧扣精准脱贫攻坚与实施乡村振兴战略精神,立足农业农村干部,特别是基层干部培训的需要，内容丰富，既有理论政策解读，又有任务举措分析，还包括现代农业产业发展的前沿动态和提质增效的相关知识。该书是长期参与培训、教学和管理的专家教授在不断提炼、深入研究授课内容的基础上精选而成的，突出了干部教育培训的时代性、针对性、实效性和创新性的特点。能够指导帮助农业农村干部提高改革政策水平、完善知识结构、拓宽发展视野，进一步提高他们胜任精准脱贫攻坚与实施乡村振兴战略的素质和能力。

近几年的中央一号文件，均将"三农"问题、乡村振兴问题作为农村工作的核心问题提出，为农村工作指明了前进的方向。我校作为我国农业战线上的一所有重要影响的教学科研单位，更感时不我待，责任重大。学校将以习近平新时代中国特色社会主义思想为指导，全面贯彻党的十九大精神，认真落实精准脱贫和实施乡村振兴战略的部署，加大干部教育培训的改革和创新力度，为培养和造就一支懂农业、爱农村、爱农民的"三农"干部工作队伍做出应有的贡献。

西北农林科技大学党委书记 李兴旺

2018 年 5 月 2 日

形势政策篇

乡村振兴战略解读 ·· 方建斌(3)
    一、全面学习贯彻党的十九大精神,加快实施乡村振兴战略············ (3)
    二、把握好实施乡村振兴战略的总体要求和方向道路 ················ (5)
    三、把握好实施乡村振兴战略的基本原则 ·························· (6)
    四、习近平谈乡村振兴的五个路径 ································ (8)

城乡融合发展与农业农村现代化 ································ 张　红(12)
    一、城乡融合发展的内涵·· (12)
    二、城乡融合与农业农村现代化的社会背景························ (13)
    三、城乡融合背景下农业农村现代化的重要举措与实现路径·········· (15)

农业供给侧改革与质量兴农 ···································· 王征兵(19)
    一、农业供给侧改革提出的背景·································· (19)
    二、农业供给侧改革的取向······································ (21)
    三、农业供给侧改革路径·· (22)
    四、农业供给侧改革与质量兴农·································· (24)
    五、结束语·· (27)

生态宜居与美丽乡村建设 ······································ 苏燕平(28)
    一、当前农村突出的环境和生态问题······························ (28)
    二、村干部在建设生态宜居美丽乡村中的作用······················ (29)
    三、建设生态宜居美丽乡村的举措································ (30)

脱贫攻坚中的扶贫、扶志与扶智 ································ 任　博(33)
    一、"志""智"缺失及扶贫不力是影响脱贫的重要原因················ (33)
    二、把扶贫、扶志与扶智结合起来成为脱贫攻坚的重要途径 ·········· (36)

  三、通过扶志为脱贫攻坚提供必要动力……………………（37）
  四、通过扶智为脱贫致富提供过硬本领……………………（39）
  五、通过精准扶贫使贫困户尽快持久脱贫致富……………（40）

乡村振兴中的乡村文化建设……………………………杨学军（43）
  一、乡村文化的内涵及其作用………………………………（43）
  二、乡村文化建设的重要性…………………………………（45）
  三、乡村文化建设的基本原则………………………………（46）
  四、乡村文化建设的基本策略………………………………（48）

自治、法治、德治相结合的乡村治理体系……………刘冬梅（50）
  一、自治是乡村治理体系的核心……………………………（50）
  二、法治是乡村治理体系的保障……………………………（57）
  三、德治是乡村治理体系的支撑……………………………（61）

农村产权制度改革与"三变"改革………………………董顺利（63）
  一、为什么要搞农村产权制度改革…………………………（63）
  二、农村产权改革怎么改……………………………………（64）
  三、什么是农村"三变改革"…………………………………（65）
  四、农村"三变改革"怎么改…………………………………（67）

农业供给侧改革与陕西贫困地区的发展………………王征兵（70）
  一、农业供给侧面临的问题…………………………………（70）
  二、农业供给侧结构性改革的必要性………………………（71）
  三、陕西贫困地区农业供给侧改革的方法与思路…………（72）
  四、总结………………………………………………………（75）

脱贫攻坚中的农村基层党组织建设……………………任　博（76）
  一、全面认识基层党组织在扶贫攻坚中的作用……………（76）
  二、基层党组织要正确应对所面临的挑战…………………（78）
  三、切实加强服务型基层党组织建设………………………（79）

农村金融改革与融资途径………………………………牛　荣（86）
  一、我国农村金融改革的历程………………………………（86）
  二、我国农村金融改革面临的问题…………………………（88）
  三、正规融资途径金融产品…………………………………（91）

现代农业篇

新农人队伍的培育发展 ·· 张　红　姚自立（103）
　一、新农人的内涵与特征 ·· （104）
　二、中国"农"情与新农人产生 ·· （105）
　三、新农人培育发展中的困境 ·· （107）
　四、新农人培育发展的思路与举措 ·· （108）

农村一二三产业融合创新发展模式及路径 ···································· 郭亚军（112）
　一、农村一二三产业融合的概念 ··· （112）
　二、农村一二三产业融合的发展背景 ··· （114）
　三、农村一二三产业融合的发展模式 ··· （115）
　四、农村一二三产业融合的发展路径 ··· （116）
　五、农村一二三产业融合的方法 ··· （118）
　六、农村一二三产业融合发展的案例 ··· （120）

新型农业经营主体与产业扶贫 ·· 郭亚军（122）
　一、问题的紧迫性 ··· （122）
　二、职业农民的概念 ·· （123）
　三、职业农民培养途径 ··· （123）
　四、借鉴发达国家的经验，保证农业后继有人的举措 ··························· （126）
　五、新型农业经营主体的发展现状 ·· （127）
　六、新型农业经营主体发展中存在的问题 ··· （129）
　七、新型农业经营主体培育与发展的思路 ··· （130）

农产品电子商务 ··· 党红敏（132）
　一、农产品电子商务概况 ·· （132）
　二、如何开展农产品电子商务 ·· （135）
　三、农产品电子商务发展面临的问题 ··· （136）
　四、物流问题可供选择的解决路径 ·· （139）
　五、开展农村电子商务的几点建议 ·· （140）

乡村品牌策划与农村发展 ·· 黄小星（142）
　一、现实：从中央一号文件说起 ··· （142）

  二、趋势：我国进入"城市消费乡村"新阶段…………………………(143)
  三、观念："村官"要当 CEO ……………………………………………(144)
  四、定位：号准乡村品牌的"脉"……………………………………(144)
  五、策划：让品牌"落"到产品上………………………………………(146)
  六、传播：学会讲品牌背后的故事……………………………………(147)

现代蔬菜产业体系建设……………………………………………李建明(149)
  一、产业发展分析………………………………………………………(149)
  二、标准化生产技术……………………………………………………(153)

休闲农业发展动态与开发模式……………………………………刘天军(165)
  一、休闲农业的概念、特征及功能……………………………………(165)
  二、我国休闲农业发展的背景及历程分析……………………………(166)
  三、我国休闲农业发展的现状及存在的问题…………………………(168)
  四、国外休闲农业发展的实践及经验…………………………………(170)
  五、我国休闲农业发展的模式与经营类型……………………………(172)
  六、我国休闲农业发展的对策和建议…………………………………(174)

农产品质量安全现状与风险分析…………………………………张建新(176)
  一、农产品质量安全现状………………………………………………(176)
  二、农产品风险分析……………………………………………………(180)
  三、食品质量安全监控体系……………………………………………(192)

现代畜牧业产业体系建设…………………………………………王永军(197)
  一、现代畜牧业生产体系………………………………………………(198)
  二、畜牧产业发展在区域性农村经济发展中的地位与作用…………(200)
  三、如何选择合适的畜牧业养殖项目…………………………………(202)
  四、提高畜牧业生产经济效益的基本思路和有效途径………………(203)

现场教学篇

现代农业发展动态——杨凌现代农业创新园……………………………(211)
  一、现场教学目的………………………………………………………(211)
  二、基本情况……………………………………………………………(211)
  三、主要特点……………………………………………………………(217)

四、功能优势 …………………………………………………… (218)
　　五、主要启迪 …………………………………………………… (218)
　　思考题 …………………………………………………………… (219)

区域主导产业选择——周至县哑柏裕盛苗木花卉村 ………… (220)
　　一、现场教学目的 ……………………………………………… (220)
　　二、基本情况 …………………………………………………… (220)
　　三、主要做法 …………………………………………………… (221)
　　四、主要启迪 …………………………………………………… (222)
　　思考题 …………………………………………………………… (223)

农业科技新视野——西北农林科技大学博览园 ………………… (224)
　　一、现场教学目的 ……………………………………………… (224)
　　二、基本情况 …………………………………………………… (224)
　　三、专业博览馆简介 …………………………………………… (225)
　　四、主要启迪 …………………………………………………… (231)
　　思考题 …………………………………………………………… (232)

现代畜牧业发展展示——陕西秦宝牧业发展有限公司 ………… (233)
　　一、现场教学目的 ……………………………………………… (233)
　　二、基本情况 …………………………………………………… (233)
　　三、主要做法 …………………………………………………… (234)
　　四、主要启迪 …………………………………………………… (234)
　　思考题 …………………………………………………………… (235)

"一村一品"与村级经济发展——杨陵区揉谷镇新集村 ………… (236)
　　一、现场教学目的 ……………………………………………… (236)
　　二、基本情况 …………………………………………………… (236)
　　三、主要做法 …………………………………………………… (236)
　　四、主要启迪 …………………………………………………… (239)
　　思考题 …………………………………………………………… (239)

农产品电子商务与物流园区建设运营——武功县农产品电子商务产业园
　　……………………………………………………………………… (240)
　　一、现场教学目的 ……………………………………………… (240)

二、基本情况 …………………………………………………（240）
　　三、主要做法 …………………………………………………（241）
　　四、创新实践，全面起航，初显电商经济新成效 ……………（242）
　　五、重视问题，再添举措，开创农村电商新局面 ……………（243）
　　六、主要启迪 …………………………………………………（244）
　　思考题 …………………………………………………………（245）

文明乡村建设示范——杨陵区五泉镇斜上村 ………………（246）
　　一、现场教学目的 ……………………………………………（246）
　　二、基本情况 …………………………………………………（246）
　　三、主要做法 …………………………………………………（247）
　　四、主要启迪 …………………………………………………（248）
　　思考题 …………………………………………………………（249）

传统文化与乡村旅游典型——马嵬驿民俗文化村 …………（250）
　　一、现场教学目的 ……………………………………………（250）
　　二、基本情况 …………………………………………………（250）
　　三、主要做法 …………………………………………………（251）
　　四、主要启迪 …………………………………………………（254）
　　思考题 …………………………………………………………（255）

村级特色农业产业选择与培育——杨陵区崔东沟村 ………（256）
　　一、现场教学目的 ……………………………………………（256）
　　二、基本情况 …………………………………………………（256）
　　三、主要做法 …………………………………………………（256）
　　四、主要启迪 …………………………………………………（259）
　　思考题 …………………………………………………………（260）

后　记 ……………………………………………………………（261）

精准脱贫与乡村振兴
——农业农村干部培训读本

形势政策篇

乡村振兴战略解读

西北农林科技大学教授 方建斌

党的十九大提出实施乡村振兴战略,并写入党章,开启了加快我国农业农村现代化的新征程。

从本质讲,实施乡村振兴战略就是要解决我国经济社会发展中最大的结构性问题,通过补短板、强底板,使我国发展能够持续健康、行稳致远、全面进步;就是要解决快速推进现代化进程中的"三农"问题,使农业农村同步现代化,防止出现农业衰落、农村凋敝;就是要贯彻以人民为中心的发展思想,使亿万农民共享现代化建设成果,使中国梦成为每个人的梦。

一、全面学习贯彻党的十九大精神,加快实施乡村振兴战略

(一)"实施乡村振兴战略",是新时代做好"三农"工作的总抓手

十九大报告里讲到了七大战略,乡村振兴战略是决胜全面建成小康社会、全面建设社会主义现代化强国的一项重大战略任务。这是以习近平同志为核心的党中央对"三农"工作做出的一个新的战略部署,提出的一个新的要求,意义重大。

1. 实施乡村振兴战略总要求,努力做到"产业兴旺、生态宜居、乡风文明、治理有效、生活富裕"

十六届五中全会曾经对建设社会主义新农村做出了一个概括,即"生产发展、生活宽裕、乡风文明、村容整洁、管理民主"。

乡村振兴战略的总要求,是农业农村发展到新的阶段提出的一个新目标和更高的要求,这个战略的实施将会为我国农业农村发展注入强大的动力。

2. 建立健全城乡融合发展体制机制和政策体系

五年来,"三农"发展交上了满意的成绩单,我国城镇化率年均提高1.2个百分点,8000多万农业转移人口成为城镇居民。但是无论城镇化如何发展,2030—2035年农村还会有将近4亿左右的人口,所以提出振兴乡村战略。

今后发展的目标是要促进城乡融合发展,敢于打破一切阻碍城乡融合发展的体制机制和政策障碍。单纯的忽视农村,认为通过城市发展就可以解决农村问题,这是天真的想法。我们的现代化不能够建立在城乡分离、城乡分割的基础上,而是要通过城市发展推进新型城镇化,从而带动农村发展。因为城市发展了,对农产品就有更大的需求,农产品的市场就更广大了。新型城镇化的推进可以带动农民就业,还可以让越来越多的人到城里落户。

乡村振兴战略是在深刻认识城乡关系、变化趋势和城乡发展规律的基础上提出的重大战略。城镇化和乡村振兴是不矛盾的,城市和农村的发展互相促进,互相联系,可以说,城市和农村是命运共同体。

3. 坚持农业农村优先发展

"优先"二字,让我们自觉地把"三农"工作放在全面建成小康社会和实现社会主义现代化的首要位置。

十九大报告里讲到"优先"的地方只有三处:优先发展教育事业、坚持农业农村优先发展、坚持就业优先战略。也就是说,教育、"三农"和就业,都是需要优先发展的事业。

4. 推进农业农村现代化

这是一个崭新的表述,推进农业农村现代化,涉及农村经济、政治、文化、社会、生态文明各个方面的建设。

当前,我国经济实力和综合国力显著增强,具备了支撑农业农村现代化的物质和技术条件。要动员社会各方面的力量加大对"三农"的支持力度,努力形成我国"三农"发展的新格局。

加快推进农业农村现代化,条件越来越完备。如现在农村基础设施、道路发展得非常快,互联网在农村越来越普及,现代物流体系进入农村,覆盖面越来越宽,农村教育、卫生、社会保障、文化事业等都有了长足进步,农业农村的发展可谓站在了新的历史起点上。

(二)乡村振兴战略的"新亮点"

1. 保持土地承包关系稳定并长久不变,第二轮土地承包到期后再延长三十年。
2. 深化农村集体产权制度改革,保障农民财产权益,壮大集体经济。
3. 确保国家粮食安全,把中国人的饭碗牢牢端在自己手中。
4. 构建现代农业产业体系、生产体系、经营体系,完善农业支持保护制度,发展多种形式的适度规模经营,培育新型农业经营主体,健全农业社会化服务体系,实现小农户和现代农业发展的有机衔接。

5.加强农村基层基础工作,健全自治、法治、德治相结合的乡村治理体系。

6.促进农村一二三产业融合发展,支持和鼓励农民就业创业,拓宽增收渠道。

7.培养造就一支懂农业、爱农村、爱农民的"三农"工作队伍。

二、把握好实施乡村振兴战略的总体要求和方向道路

(一)乡村振兴的总要求

坚持农业农村优先发展,按照产业兴旺、生态宜居、乡风文明、治理有效、生活富裕的总要求,建立健全城乡融合发展的体制机制和政策体系,加快推进农业农村现代化。

实施乡村振兴战略20字总要求,是"五位一体"总体布局在"三农"领域的具体体现,是新农村建设的升级版、宏观版,体现了时代的进步,回应了群众的期待。乡村振兴,落脚在实现农业农村现代化,这是一个新的重大提法,乡村振兴不仅农业要现代化,整个农村也要全面发展,不仅工农差别要缩小,城乡差别也要缩小,实现"四化同步"、工农互促、城乡共荣、一体化发展,实现乡村"五位一体"全面振兴。

(二)乡村振兴的总目标

乡村振兴是党和国家的大战略,是一项长期的历史任务,既是攻坚战又是持久战。

目标任务是:到2020年,乡村振兴取得重要进展,制度框架与政策体系基本形成;到2035年,乡村振兴取得决定性进展,农村农业现代化基本实现;到2050年,乡村全面振兴,农业强、农村美、农民富全面实现。

(三)乡村振兴的道路

推进乡村振兴,必须重塑城乡关系,走城乡融合发展之路;必须巩固和完善农村基本经营制度,走共同富裕之路;必须深化农业供给侧结构性改革,走质量兴农之路;必须坚持人与自然和谐共生,走乡村绿色发展之路;必须传承发展提升农耕文明,走乡村文化兴盛之路;必须创新乡村治理体系,走乡村善治之路;必须打好精准脱贫攻坚战,走中国特色减贫之路。

"七个之路"揭示了实施乡村振兴战略的重大任务和内在规律,指明了实施乡村振兴战略的目标路径和努力方向。

三、把握好实施乡村振兴战略的基本原则

习近平总书记强调,有了好的决策、好的蓝图,关键在落实。实施乡村振兴战略,一方面,需要发扬光大过去的许多成功经验;另一方面,需要适应新形势、解决新问题。为此要把握正确原则,采用科学方法,扎扎实实地抓落实。

(一)切实把农业农村优先发展落到实处

实现农业农村优先发展是一个重大战略思想,最重要的体现在两个方面。一是体现在五级书记抓乡村振兴上。党的领导是我们最大的政治优势。实施乡村振兴战略是一项系统工程,是一个长期任务,涉及方方面面的工作,不是哪个部门单独就能干得了的,不加强党的领导,不发挥党管农村工作的优良传统肯定不行。只有各级党委政府真正把乡村振兴作为一把手工程,五级书记齐抓共管,把乡村振兴摆到优先位置,才能把美好蓝图变为现实。二是体现在"四个优先"上。中央农村工作会议明确提出,把农业农村优先发展落到实处,要做到在干部配备上优先考虑,在要素配置上优先满足,在资金投入上优先保障,在公共服务上优先安排,这些都要体现到制度机制上,体现到具体政策上。

(二)推动乡村全面振兴

实施乡村振兴战略五句话20个字,不仅指经济振兴,还把农村政治、文化、社会、生态文明建设和党的建设作为一个有机整体,统筹谋划、协调推进。

其一,产业兴旺是乡村振兴的重点。要从农业内外、城乡两头共同发力,大力发展农村生产力,做大做强高效绿色种养业、农产品加工流通业、休闲农业和乡村旅游业、乡村服务业、乡土特色产业、乡村信息产业,促进农村一二三产业融合发展,培育农业农村发展新动能,保持农业农村经济发展旺盛活力,为乡村的全面振兴奠定物质基础。

其二,生态宜居是乡村振兴的关键。要统筹山水林田湖草保护建设,加强农村资源环境保护,大力改善水电路气房讯等基础设施,做到设施配套、服务高效,保护好绿水青山和清新清净的田园风光,留住独特的乡土味道和乡村风貌。

其三,乡风文明是乡村振兴的保障。乡村振兴不能丢了乡土文化这个魂。农耕文化是中华传统文化的源头,也可以说,农耕文明是中华文明的根。要促进农村文化教育、医疗卫生、体育健康等事业发展,提升农民科技文化素质,推进移风易俗、文明进步,弘扬农耕文明和优良传统,使农村文明程度进一步提高。

其四,治理有效是乡村振兴的基础。要创新乡村治理机制,健全自治、法治、德治"三治"相结合的乡村治理体系,加强基层民主和法治建设,加强基层组织建

设,让社会正气得到弘扬、违法行为受到惩治,使农村社会更加和谐、生活环境安定有序。

其五,生活富裕是乡村振兴的根本。推进乡村振兴,最根本是要让农民的钱袋子进一步鼓起来,日子过得更加富裕体面。要不断拓宽农民就业增收渠道,大力推进农业产业精准扶贫,打赢脱贫攻坚战,使广大农民衣食住行无忧,生老病死无患。

(三)尊重农民主体地位

农民是农业农村发展的主体,也是实施乡村振兴战略的主体。推进乡村振兴,是为了农民,也要依靠农民。

坚持农民主体地位不动摇,要从两个方面把握。一要考虑农民的利益。乡村是农民的立足之基、生活之本。要把促进农民共同富裕作为出发点和落脚点,让亿万农民共同分享改革发展成果,不断提升农民的获得感、幸福感、安全感。二要让农民积极参与乡村建设。今年是农村改革40年,40年里我们实施的家庭联产承包、建立的乡镇企业、发展的小城镇、农民工进城、土地流转、"三权分置"等都是农民的创造。

现在搞乡村振兴,各种投资主体都来了,但不能忘了农民是最重要的主体,要把他们的积极性、主动性、创造性调动起来、激发出来。乡村振兴干什么,怎么干,政府可以引导和支持,但不能代替农民决策,更不能违背农民意愿搞强迫命令。即使是办好事,也要让农民群众想得通。

(四)推动城乡融合发展

实施乡村振兴战略,是"三农"特别是农民面临的重大机遇,但光靠农民的力量不行,光靠农村资源也不够,需要大量现代资源要素投入农业农村建设。

要不断健全体制机制,打通城乡要素合理流动的渠道,关键是解决好"人、地、钱"三个问题。

一是围绕解决好"人"的问题,培养和吸引各路人才投身乡村建设。一手抓新型职业农民培育,壮大新型农业经营主体;一手抓"招才引凤",吸引城里人等各类人才到农村创业创新,让农村成为施展才华的广阔天地。二是围绕解决好"地"的问题,强化乡村振兴制度性供给。土地是农村的巨大财富。要创新土地收益分配机制,盘活闲置农房和宅基地,实现集体建设用地入市同地同权同价,通过建设高标准农田,实现土地占补平衡、异地交易,盘活资源要素。在这个问题上,一定要守住底线。城里人到农村买宅基地这个口子不能开,工商企业或个人下乡利用农村宅基地建设别墅大院和私人会所这类事情不能搞。

三是围绕解决好"钱"的问题,强化投入支持。乡村振兴要想真刀真枪地干,就得真金白银地投。公共财政要向"三农"倾斜,逐步解决基础设施、公共服务等欠账较多的问题,加快补齐扶贫领域的短板。一方面鼓励欢迎工商资本下乡,优化环境,引导服务,保护好他们的积极性;另一方面设立必要的"防火墙",既防止跑马圈地,搞度假村、乡村别墅,又防止排挤农民,剥夺农民的机会和利益,老板下乡要带动老乡,不能代替老乡、富了老板、亏了老乡。

(五)坚持从农村实际出发

中国农村情况千差万别,各地发展基础不尽相同,要因地制宜、精准施策,城乡有别,各尽其美。重点是三个方面。

一是有历史的耐心,科学规划、注重质量、从容建设。

二是遵循乡村自身发展规律,注重地域特色,充分挖掘具有农耕特质、民族特色的乡土文化遗产,保护好村庄林草、溪流、山丘等特色风貌,实现城市与乡村各尽其美。

三是加强规划引领,实现有序推进。要坚持规划先行,树立城乡融合、一体设计、多规合一理念,统筹考虑产业发展、人口布局、公共服务、土地利用、生态保护等,增强规划的前瞻性、约束性、指导性,一张蓝图干到底。

四、习近平谈乡村振兴的五个路径

2018年3月8日,习近平总书记在第十三届全国人民代表大会第一次会议参加山东代表团审议时强调,实施乡村振兴战略是一篇大文章,要统筹谋划,科学推进,并为乡村振兴战略指明五个具体路径:推动乡村产业振兴、乡村人才振兴、乡村文化振兴、乡村生态振兴和乡村组织振兴。

(一)推动乡村产业振兴

1. 构建乡村产业体系

要推动乡村产业振兴,紧紧围绕发展现代农业,围绕农村一二三产业融合发展,构建乡村产业体系,实现产业兴旺,把产业发展落到促进农民增收上来,全力以赴消除农村贫困,推动乡村生活富裕。

——2018年3月8日,习近平参加山东代表团审议时强调

2. 推进农业供给侧结构性改革

推进农业供给侧结构性改革,坚持质量兴农、绿色兴农,农业政策从增产导向转向提质导向。

——2017年12月18日至20日,习近平在中央经济工作会议发表重要讲话

3.发展特色产业、特色经济

发展特色产业、特色经济是加快推进农业农村现代化的重要举措,要因地制宜抓好谋划和落实。

——2017年12月12日至13日,习近平在江苏徐州市考察时指出

(二)推动乡村人才振兴

1.懂农业、爱农村、爱农民

培养造就一支懂农业、爱农村、爱农民的"三农"工作队伍。

——2017年10月18日,习近平在中国共产党第十九次全国代表大会上的报告

2.激励各类人才在农村广阔天地大施所能

要推动乡村人才振兴,把人力资本开发放在首要位置,强化乡村振兴人才支撑,加快培育新型农业经营主体,让愿意留在乡村、建设家乡的人留得安心,让愿意上山下乡、回报乡村的人更有信心,激励各类人才在农村广阔天地大施所能、大展才华、大显身手,打造一支强大的乡村振兴人才队伍,在乡村形成人才、土地、资金、产业汇聚的良性循环。

——2018年3月8日,习近平参加山东代表团审议时强调

3.造就新型农民队伍

要提高农民素质,培养造就新型农民队伍,把培养青年农民纳入国家实用人才培养计划,确保农业后继有人;把加快培育新型农业经营主体作为一项重大战略,以吸引年轻人务农、以培育职业农民为重点,建立专门政策机制,构建职业农民队伍,为农业现代化建设和农业持续健康发展提供坚实人力基础和保障。

——2013年12月24日,习近平在中央农村工作会议上的讲话

(三)推动乡村文化振兴

1.焕发乡村文明新气象

要推动乡村文化振兴,加强农村思想道德建设和公共文化建设,以社会主义核心价值观为引领,深入挖掘优秀传统农耕文化蕴含的思想观念、人文精神、道德规范,培育挖掘乡土文化人才,弘扬主旋律和社会正气,培育文明乡风、良好家风、淳朴民风,改善农民精神风貌,提高乡村社会文明程度,焕发乡村文明新气象。

——2018年3月8日,习近平参加山东代表团审议时强调

2.不能光看农民口袋里票子有多少

实施乡村振兴战略不能光看农民口袋里票子有多少,更要看农民精神风貌

怎么样。

——2017年12月12日至13日,习近平在江苏徐州市考察时指出

3. 物质文明和精神文明一起抓

农村精神文明建设很重要,物质变精神、精神变物质是辩证法的观点,实施乡村振兴战略要物质文明和精神文明一起抓,特别要注重提升农民精神风貌。

——2017年12月12日至13日,习近平在江苏徐州市考察时指出

(四)推动乡村生态振兴

1. 让良好生态成为乡村振兴支撑点

要推动乡村生态振兴,坚持绿色发展,加强农村突出环境问题综合治理,扎扎实实实施农村人居环境整治三年行动计划,推进农村"厕所革命",完善农村生活设施,打造农民安居乐业的美丽家园,让良好生态成为乡村振兴支撑点。

——2018年3月8日,习近平参加山东代表团审议时强调

2. 因地制宜搞好农村人居环境综合整治

建设社会主义新农村,要规划先行,遵循乡村自身发展规律,补农村短板,扬农村长处,注意乡土味道,保留乡村风貌,留住田园乡愁。要因地制宜搞好农村人居环境综合整治,创造干净整洁的农村生活环境。

——2016年4月25日,习近平在安徽凤阳县小岗村农村改革座谈会上强调

3. 留得住青山绿水,记得住乡愁

新农村建设一定要走符合农村实际的路子,遵循乡村自身发展规律,充分体现农村特点,注意乡土味道,保留乡村风貌,留得住青山绿水,记得住乡愁。

——2015年1月20日,习近平在大理市湾桥镇古生村考察工作时强调

(五)推动乡村组织振兴

1. 打造千千万万个坚强的农村基层党组织

要推动乡村组织振兴,打造千千万万个坚强的农村基层党组织,培养千千万万名优秀的农村基层党组织书记,深化村民自治实践,发展农民合作经济组织,建立健全党委领导、政府负责、社会协同、公众参与、法治保障的现代乡村社会治理体制,确保乡村社会充满活力、安定有序。

——2018年3月8日,习近平参加山东代表团审议时强调

2. 基层党组织必须坚强,党员队伍必须过硬

办好农村的事情,实现乡村振兴,基层党组织必须坚强,党员队伍必须过硬。希望你们不忘初心、牢记使命,传承好红色基因,发挥好党组织战斗堡垒作用和

党员先锋模范作用。

——2018年3月1日,习近平回信勉励浙江余姚横坎头村全体党员

3.把村两委班子建设得更强

农村要发展好,很重要的一点就是要有好班子和好带头人,希望大家在十九大精神指引下把村两委班子建设得更强。

——2017年12月12日至13日,习近平在江苏徐州市考察时强调

精准脱贫与乡村振兴——农业农村干部培训读本

城乡融合发展与农业农村现代化

西北农林科技大学副教授 张 红

党的十九大提出,中国特色社会主义进入新时代,社会主要矛盾已经转化为人民日益增长的美好生活需要和不平衡不充分的发展之间的矛盾。这个矛盾的转化,对农业农村农民发展提出了新要求。

第一,中国社会最大的不平衡是城乡发展不平衡,最大的不充分则是农村发展不充分。目前,中国农业虽然占国内生产总值中的比重逐步减小,农民和村庄数量也在减少,基本国情是:农业在国民经济中的基础地位和支撑作用依然强劲;农村还有约6亿人,农民是弱势群体的现实没有改变;农村是全面建成小康社会的短板没有改变。

第二,城乡发展不平衡、农业农村发展不充分的基本国情要求农业农村优先发展。改革开放以来,中国社会农业农村虽然发生了深刻而巨大的变化,但相比城市,农村经济社会发展明显滞后。这就需要在城乡融合的制度设计、政策创新上求突破,加快农业农村现代化发展。因此,十九大报告提出实施乡村振兴战略,这是未来中国社会非常重要的一项战略选择。推动城乡融合发展,最终目标是建立健全城乡融合发展体制机制和政策体系,实现农业农村现代化。

一、城乡融合发展的内涵

马克思主义城乡关系理论认为,城市发展加剧了城乡之间的对立,它贯穿全部文明的历史并一直延续到现在。一切发达的以商品交换为媒介的分工基础都是城乡的分离。在城乡关系发展趋向上,马克思主义理论指出,城乡的分离对立也就是社会的不协调,是社会进一步发展的障碍,未来的社会不是固化城乡分离,而是实现城乡融合。达到城乡融合是一个漫长的社会历史过程,要通过大力发展社会生产力,同时伴随着工业化、现代化发展而发展的城市化,最终实现城乡融合。由此可见,马克思主义关于城乡融合发展理论提出其实现的三个条件:漫长的社会历史过程;大力发展社会生产力;伴随工业化、现代化与城市化而发展。

城乡融合的内涵,是指相对发达的城市和相对落后的农村,打破相互分割的壁垒,逐步实现生产要素的合理流动和优化组合,促使生产力在城市和乡村之间的合理分布,城乡经济和社会生活紧密结合与协调发展,逐步缩小直至消灭城乡之间的基本差别,从而促使城市和乡村融为一体。

二、城乡融合与农业农村现代化的社会背景

(一)新时代农业农村主要矛盾的转化

新时代中国社会主要矛盾转化为人民日益增长的美好生活需要和不平衡不充分的发展之间的矛盾。这个矛盾的转化,对农业农村农民发展提出了新要求,具体表现在四个方面:一是农产品供给。过去要求保证农产品数量,现在要求提高农产品质量、保证农产品安全。二是农村产业发展。过去主要强调农业生产,现在强调一二三产融合发展;过去强调增产增收,现在要求提质增效。三是农村生态环境。过去强调改善农业生产条件和农民生活条件,要求村容整洁,现在强调乡村生态与文化价值,吸引城里人到农村度假、投资,以及为整个社会提供优良的生态产品、精神文化产品。四是农民收入。过去主要是指满足基本的生活需要,现在则要拓宽农民增收渠道,不仅要吃饱穿暖,还要在医疗、教育等方面向城市社会看齐。

(二)大规模的社会流动导致空壳村涌现

当前,伴随农村青壮劳动力的大量外流,农村社会进入一个大规模流动的时代。"大流动"与"空巢社会"已成为当前及未来一段时期内农村社会的"新常态"。从现实来看,大规模流动对于城乡融合发展以及农业农村现代化的突出影响主要表现在三点:第一,农村社会已演变为"空壳村"。在农村,随着青壮劳动力外出务工,农村社会变成了由老人、妇女和儿童构成的"386199部队"。第二,绝大部分新生代农民工既没有务农经历,也不习惯于农村生活,成为乡—城之间流动的"两栖人",实际反映出农村社会结构的非稳定特征。另外,老人和妇女成为农业生产经营的"主力军",这与现代农业发展需要高技术人才的目标相违背。第三,农村发展的不确定性增强。大规模流动使农村发展处于两难境地:一方面,大部分外出务工者难以在城镇获得持续稳定的非农就业机会,更不容易融入城市社会;另一方面,外出务工者在农村又难以获得理想的收入。针对这种既不"安居"又不"乐业"的状况,农村社会发展何去何从值得关注。

(三)城镇化中因土地征用引发的冲突事件增多

在城镇化、工业化、现代化发展进程中,土地增值成为地方经济重要推动力

和政府可支配财政收入的重要来源,由此频繁引发了一系列群体性事件。如何在人口城镇化和土地非农化的过程中解决土地问题,如何处理好发展和稳定的关系,需要予以高度重视。一是深化农村土地制度改革,完善承包地"三权"分置制度。这些都是近年来中央有关"三农"政策明确提出的要求。其中,"三权"分置是十八大以来的重大理论创新之一,为城镇化和农业现代化进程中农地流转提供了现实依据。二是保持土地承包关系稳定并长久不变,第二轮土地承包到期后再延长三十年。"长久不变"是根据以承包经营为标志的农村改革发展至今的清晰界定。从15年到30年,再到延长30年,加上正在推进的农地确权登记,与过去相比,农民对土地的财产权利将得到更明确的保护。

(四)农村社会组织方式的转变

随着经济体制的深刻变革,社会生活的组织方式发生了从"单位人"到"社会人"的转变。在这种情况下,政府往往要直接面对分散的个人,治理摩擦的成本急剧增加。基层发生的一些社会纠纷和社会矛盾,无法"解决在基层"。对于老百姓而言,"打官司"成本太高,所以,部分群众"信访不信法"。如何降低社会管理成本,形成有效地把问题化解在基层的社会机制?在城乡融合的背景下,农村社会组织方式应发生相应的变化。即借鉴现代城市社会的治理方式,逐步实现由村落→社队→村组→社区的转变。

(五)社会规范和价值观念的变化

传统农村社会的秩序可以概括为"礼治秩序",其基本特征是依靠乡土社会中的礼俗力量构建并维系。农村社会在经历了土地革命、农业社会主义改造、农村改革、农村市场转型等具有历史意义的社会变迁后,农村社会秩序发生重大变化。改革开放以来,个人利益的追求获得了正当性和合理性,但约束、监督追求个人利益的行为规范却没有建立完善;社会生活和生产行为的复杂性大大提高,但适应这种复杂性社会管理及其监督监控技术却没有得到提高;市场经济条件下人们的价值理念发生了深刻变化,与这种变化相适应的社会道德和诚信体系建设却滞后于变化。那么,礼治秩序趋于解体的情况下,农村社会治理何以可能?何以可为?

(六)后税费时代的美丽农村建设

2006年,国家向农民征收的各种农业税费基本上全面取消,标志着中国农村社会从此进入后税费时代。随着新农村建设及美丽乡村建设计划的推进,农村社会结构和乡村面貌发生了根本性变化。第一,国家与农村、国家与农民的关系发生本质性转变,由索取型转变为普惠型和扶持型。第二,干群关系发生巨大变化。在税费时代,干群关系极其紧张,构成农村社会的结构性矛盾与冲突。进入后税费时代,乡村干部角色实现了从执法者为主向管理与服务者为主的转换,干群矛盾已不再是农村社会最突出的矛盾。第三,农村基础设施和乡村面貌发生巨大变化,不仅改变了农村物质生活条件,也改变了农村社会空间结构。

三、城乡融合背景下农业农村现代化的重要举措与实现路径

十九大报告中提出"农业农村现代化",相较于以往中央文件更多的使用"农业现代化",这对"三农"工作提出了更高要求。那么,如何确保农业农村优先发展,农业农村如何加快实现现代化,涉及行动举措与践行路径问题。

(一)加快推进农业农村现代化

1. 如何推进农业现代化

第一,构建现代农业的产业体系、生产体系和经营体系。一是农业的产业体系。包括两方面:如何充分、科学、合理利用好农业资源,使得农业资源利用能够各得其所,产生最大效率,这关涉到产业结构的优化;如此众多的农产品生产出来后,如何适应社会需求的新变化,让其进入加工、流通、储运等领域,这涉及产业链延长和产业链增值。二是农业生产体系,从育种这一最基本的投入开始,一直到最后农产品成果展现,其中加工、增值都采取了哪些现代技术,这是农业生产体系中的核心要素——技术。三是农业经营体系,主要是指资源、资金、技术、劳动力等要素如何实现优化组合,达到最优水平的均衡。

第二,发展多种形式的适度规模经营,培育新型农业经营主体,健全农业社会化服务体系。小农户的概念出现在十九大报告,这是改革开放以来的第一次,其重点在于让小农户和现代农业的发展有机衔接。一是通过城镇化人口大规模转移,土地才能集中;二是农业科技要有明显进步,让更少的人种更多的地,避免粗放经营;三是一家一户办不了的事,应交给农业社会化现代服务体系。如,合作组织、农技推广、信息化服务等。

2. 如何推进农村现代化

第一,践行"五位一体"总体布局。十九大报告提出"产业兴旺、生态宜居、乡风文明、治理有效、生活富裕"的乡村振兴战略总要求,为新时代农业农村改革发展指明了前进的方向。早在十二年前,中央一号文件针对社会主义新农村建设就提出了"生产发展、生活宽裕、管理民主、村容整洁、乡风文明"的建设方针。经过十二年的努力,前四个方面都取得较大进步,但乡村文明尚存在比较大的努力空间。

第二,促进农村一二三产业融合发展。对当前农村存在的突出矛盾,十九大报告强调了农民就业和增收。20世纪80年代中期,乡镇企业异军突起,解决了大量农村剩余劳动力就业问题。但随着乡镇企业逐渐衰退,又兴起了规模庞大的民工潮。最近几年,更多的是让进城务工农民返乡创业。如果把土地作为农民的第一就业空间,农民到城镇、非农产业就业是第二就业空间。但仅靠两个就业空间还不足以解决农民的就业和增收问题,因此,还应推动农村一二三产业融合发展,发展农村的新产业新业态,如电商网购、乡村旅游、乡村养老等,为农民提供新的就业增收空间。

第三,农村基层基础工作。农村基层基础工作在党的文件中是第一次出现,主要包括两个方面:一是"三治结合",农村社会治理应当强调自治、法治和德治相结合;二是明确提出要建设一支懂农业、爱农村、爱农民的"三农"工作队伍。

(二)顶层设计"三农"融合发展路径

消费结构转型。连续15年的中央一号文件,政策导向显示出由农业现代化转向农业供给侧结构性改革,现实发展与黄宗智的论断不谋而合:中国的隐性农业革命经历着消费结构中粮食—蔬菜—肉蛋奶比例由8∶1∶1向5∶3∶2转型,未来将实现4∶3∶3的变革。

产业结构调整。市场上消费需求的转化,引起了大规模从传统以粮食为主食的种植业向菜果种植以及种养结合的饲养业转化。一是产业结构调整实现了由粮食作物向资本和劳力双密集的经济作物转变,即从以粮为纲转为粮—菜—果并重。二是农业内部的产业结构调整引发了产业链的延伸,进而促进农业内外部的产业融合。一方面,产前的农资供应、产中的种养环节与产后的加工储运有机衔接,极大提高了农产品的附加值;另一方面,实现了农业与农村环境保护、乡村旅游、农耕体验、农村教育、文化产业等多业态的深度融合。产业调整和产业融合吸纳了更多的就业人口,随之而来的效应则是农民职业分化。

职业结构分化。传统农业生产分工限于家庭内部的"男耕女织",但在现代农业生产经营中,务农不仅成为一种职业,而且随着农业功能的不断拓展,职业分化呈现细化深化之势。目前,职业农民已分化为三大类型:生产经营型、专业技能型、社会服务型。城乡融合背景下的职业农民既是农业生产经营者,也是食品安全的捍卫者、市场风险的承担者、美丽乡村的建设者。因此,他们的职业意识随之孕育出来,职业层次也打通了向上流动的渠道。

收入结构变化。农业变革与农民分化直接带来了农民收入水平与收入结构的变化。在收入水平显著提高的同时,收入结构的变化主要转变为工资收入、转移支付与农业收入三部分。农业增收及美丽乡村建设引发大量外出务工者返乡就业创业;农民由一味追求经济理性开始向追求环保意识、品牌建设的社会理性过渡。另外,收入结构变化也造成了良性循环的连锁反应——农村阶层结构分化。

阶层结构流变。黄宗智认为,中国隐性的农业革命造成社会构成变革——农村"中农"的崛起。不断壮大的中间阶层使得阶层分化由不合理的金字塔形趋向合理的橄榄形。促使农村社会阶层结构发生巨变的原因:一是始于20世纪80年代末的外出务工,近10年来快速地由农业向非农转移,其后果是形成了半工半耕的家庭经济模式;减少了附着在土地上的人口,进而通过土地流转催生农业规模化经营模式。二是留守乡村从事粮食生产的劳作者改种经济作物或从事非农产业,导致第一产业从业者急剧下降,二三产业人口上升。流变的社会机制促使一个更加开放的社会结构显现。

社会结构变革。一个现代农村社会结构的初显,预示着农村社会进步与农业经济发展进入一个崭新的变革时代:一是职业分化必然导致同质性群体发生经济地位与社会声望的异质性分化,现代意义的社会阶层结构显现;二是农业商品化和便利的交通、通信条件引导农产品流动,渭北苹果、秦岭北麓猕猴桃、陕南生态茶叶、陕北小杂粮等独具鲜明地理标识的特色农产品,显示出由初级市场→中间市场→中心市场→国际市场的延伸趋势;三是农民的流动不仅扩大了活动半径,而且成功地通过技术实现向上进阶:职业农民→农民技术员→初级农技师→高级农技师→技术输出;四是农业市场化与社会化的日臻完善,促使村落边界从经济边界→行政边界→文化边界→社会边界;社会关系沿着血缘→地缘→业缘渐次打开;五是以市场需求为导向,"三农"融合发展路径以农业产业结构转型为起点,职业农民分化为节点,农村社会结构变革终成终点。

(三)促进农业农村可持续发展

农业农村现代化是一个综合性、全方位的系统工程。从这个意义上讲,应当跳出"三农"看"三农",将"三农"置于中国社会现代化以及城乡融合的背景下,探讨农业农村农民与外在社会经济环境之间的关联性。

第一,实现生产—生态—生活的和谐共生,促进农业农村可持续发展。如果将农业视为人类的一种生存方式,则应当促成农业、人类与自然的对话。农业是唯一一个人与自然相互交换的部门,农业的特性与本质决定了其不仅具有经济价值,而且具有生态价值和社会价值,三者之间的有机协调将形成生产发展、环境美化与社会整合的均衡循环系统,实现农业与人、农业与社会、农业与自然之间的良性发展。基于此,如何有效践行现代农业在经济、生态、生活之间和谐均衡发展是首要问题。本研究认为,在发展目标上,现代农业应定位于社会、环境可持续发展的生态农业。通过综合性价值的实现,最终达到社会总福利最大化:即从生产的农业转向既能保护环境又能提供安全食品的生态农业;从人与自然的对立转向人与自然的共生;从无感增长转向有感发展。在发展路径上,农业的演变应与经济结构和社会结构的全面转变相辅而行,使农业在进入商品经济接受科学技术后,变革过时的结构,转"危险"为"机遇"。在发展内涵上,旨在说明特定地域的农业改造,有待于组织管理、配套措施、服务保障等创新性制度的重构。

第二,"三农"融合发展的顶层设计。农业是本体,农民是主体,农村是载体。农业现代化是一个历史演变过程,伴随农村社会的现代变迁、农民现代性的习得,渐进式地同时、同步实现。从农业、农村、农民三位一体的政策构想出发,研究"三农"融合发展的政策理念,即生产主义→后生产主义。目前,农业需要的是农产品质量保障和农业多功能发挥;农村需要"看见山、望见水、留住乡愁"的持续发展;农民需要的是生存环境的改善和自在的生活方式。十九大报告提出"产业兴旺、生活富裕、生态宜居、治理有效、乡风文明"的振兴乡村战略,反映出国家设定的发展理念今后将由单一的生产目标转向综合化的生产、生态和生活全面的方向发展。农村作为一个集生活消费、生产传承和生态保护于一体的生存空间,国家应在基础设施完善与公共服务供给两大方面继续加强农村建设,通过对农村"山水湖,田林路"的综合治理,使之成为一种可选择的生活方式。面对社会对食品安全、环境可持续及美丽宜居乡村的新要求,农业由单一的生产功能向生态、休闲、文化等多功能拓展日益重要,关注农民的权利需要与发展诉求,发挥他们在日常生活中自主性和能动性相结合,也就践行了国家创造魅力乡村的政策目标。

农业供给侧改革与质量兴农

西北农林科技大学教授　王征兵

2015年12月,中央农村工作会议首次提出"要着力加强农业供给侧结构性改革",以提高农业供给质量和效率,形成结构更合理、数量更充足、保障更有力、品质更高端的农产品供给体系。推进农业供给侧改革,是破解农业发展难题的必然选择,是促进农业持续稳定发展和农业现代化的根本要求。

一、农业供给侧改革提出的背景

(一)粮食产量、库存、进口"三量齐增"

"十二五"时期,农民收入获得年均9.5%的增长幅度,城乡居民收入比下降到2.9∶1以下,粮食生产连跨两个千亿斤台阶,农民生活水平明显提高,农业农村发展呈现一片繁荣景象。但是,目前及未来一段时间,处于经济转轨、体制转换、社会转型的新阶段,我国农业发展将会面临一系列问题和挑战,需要从供给侧入手加以改革化解,从而实现持续健康的发展。国家统计局数据显示,2017年中国粮食总产量12358亿斤,比2016年增加33亿斤,增长0.3%,粮食生产再获丰收,是历史上第二高产年。与此同时,我国粮食进口、库存水平达到历史新高。2017年我国粮食累计进口13062万吨,较2016年增加13.9%,形成产量、库存、进口"三量齐增"现象,面临粮食价格低迷甚至下跌趋势,加快调整农业生产和供给结构的任务艰巨而迫切。

(二)农产品供需结构矛盾突出

改革开放以来,我国经济获得了快速发展,生产与消费领域产品数量和消费需求日益增长并趋于稳定,农村经济也在加快发展步伐。适应这一态势,消费作为经济活动的一个重要组成部分,在与其他经济活动联系中发挥着不可替代的作用,它影响着社会生产、分配和交换形式,影响到社会总需求、总供给的平衡和经济发展的速度与质量。随着我国经济发展和人们民购买力的不断增长,农村农产品的消费价值不仅着眼于消费"基本生存"目的,而且在消费方式、内容、质量和品牌等方面更加彰显出社会符号和群体价值,这需要农产品在生产结构、发展方向上要与社会消费市场、群体消费意愿集合在一起,形成产业化、市场化的农产品生产和营销体系。但是,从整体看,我国农村生产技术水平和基础设施落后,导致农产品质量不优、生产门类偏重产量,农业生产忽视了与消费、与市场的衔接,不能满足消费者更高的需求。在社会食物消费结构不断升级的情况下,传统的农产品供给结构与消费需求升级之间供需平衡问题越来越突出,甚至出现了"生产的卖不掉,需要的买不来"的经济现象。我曾在其一篇博客中写道:"农业大学教授都为买不到好猕猴桃发愁",中国农产品供需矛盾可见一斑。

(三)农业供给结构性生产发展内涵显得相对滞后

当前,我国农业生产相对滞后主要表现在偏远地区农业基础设施落后,交通、水力、电力、信息工程建设有待加强;农业内部种植结构不优,发展不快,种养业结合不紧,产业链不长,一二三产业融合度不高;农村年轻农民流失严重,农业生产与变革缺少改革与创新的主体和优势,新型农民经营规模不大、不强,典型示范带动作用有限;农村文化小农思想浓厚,集体合作精神缺乏,市场观念与开放思维有待加强,在对外拓展农产品市场上存在诸多阻碍与困难;农业生产区域结构不合理,缺乏差异性生产与特色生产,对品种、品质和品牌建设重视不够,导致总量有余,优质农产品不足;受国际市场影响,粮食市场出现阶段性、结构性、区域性过剩,粮价下跌,种粮效益下降,种粮大户积极性受挫。

(四)生产成本攀升导致农产品供给竞争力下降

农业产品供给的水平和竞争优势的提高不仅与生产质量、数量以及满足社会消费的程度有密切联系,而且还与生产要素消耗、成本大小以及科学技术投入息息相关。一方面,农业基础设施建设和技术支持高风险、低收益的特点,导致农村资本市场缺乏吸引力,在缺少政策的导向下,社会资本配置难以引向农业生产领域,特别是大企业很难真正入驻农村,与农民建立利益均沾、风险共担的一体化组织,导致农村经济较难走向市场,造成农业发展与市场变化在一定程度上出现脱节。加之农业投资具有区域性,而大部分农村居民收入比较低,组织结构难以集中,因此难以胜任此类型的投资。这就给农业融资带来一定困难,导致农业技术发展滞后,设施落后,生产成本过高,直接造成农业产品供给竞争力的下降。

另一方面,农业生产性要素市场价格的波动上升也在一定程度上造成农产品生产成本的攀升,随着种子、农药、化肥、机械化生产等必要性投入的价格上升,在与国际接轨的市场开放格局中,国内各地区与国外农产品价格之间优劣竞争趋于激烈,我国农业产品供给面临着国内国外两个市场的双重冲击,农业供给侧改革在经济新常态下势在必行。

(五)有限资源承载力阻碍农业产品供给发展转型

长期以来,我国农业发展的一个突出特点就是片面追求低水平的土地垦殖面积扩张,强调农产品数量优先增长,以满足国内粮食需求和实现国家粮食安全战略目标。同时大量使用化肥、农药等石化物质,提高农产品供给量。这种盲目追求产量的发展方式引发的危机,使农业生态环境呈现恶化趋势,人为增加耕地面积和水资源消耗,以及工业化、城镇化造成的工业污染和城市生活污染,给我国农业生态环境可持续发展造成了严重威胁。一方面,农业资源环境发展瓶颈引发农产品质量安全问题直接影响市场竞争力。发达国家对我国出口农产品的技术壁垒也越来越高,一些传统大宗出口创汇农产品甚至被迫退出国际市场,国内则出现消费者对农产品生产和市场信任度不高,国内农产品消费就地转化差。另一方面,农业资源环境发展瓶颈也给我国农业造成了严重经济损失,特别是农业污染对渔业、畜牧业、旅游业等造成了不同程度的经济损失,对我国农业造成的间接经济损失更难以计量,这些都构成了制约我国农业发展和社会稳定的重要因素。

二、农业供给侧改革的取向

当前,我国农业供给侧改革的关键在于为农产品的市场供给者提供良好的发展环境,降低市场主体运行的"噪音"和负担,激发市场主体更好地提供产品和提供优质产品的动力,借助工业化的技术成果和组织体系优势、城镇化的产业布局和三产融合优势,以及信息化的金融服务和"互联网+"优势,实现我国农业供给侧改革工作目标实现。

(一)遵循经济规律

以市场需求为导向,利用市场信息和市场办法引导、指导农业生产,发挥市场配置资源的决定性作用。

首先大力调整优化农业结构,树立大农业、大食物的观念,按照规模化经营、标准化生产、品牌化营销的要求,加快农业结构调整,推进粮经饲统筹、农牧渔结合、种养加一体、一二三产业融合发展。其次在稳定粮食产量和生产能力基础上,构建粮饲兼顾、农牧结合、循环发展的新型种养结构。宏观上要求立足资源禀赋和市场,优化农业生产力布局,形成优势产业带。微观上要因时因地制宜,根据需求调品种,调品质。

(二)高度重视农产品品质

提升农产品品质是农业持续健康发展的生命线,提高农产品品质首先需要政府在政策层面上予以引导和支持。

一是要制定完善的农业生产标准体系及配套政策,加快探索和制定农作物种植、家畜养殖等农业生产的技术标准与生产规范,通过资金补贴、政策倾斜等措施,引导经营主体执行统一的标准体系,对不按标准组织生产的经营主体予以惩罚,进一步扩大农业标准化生产的覆盖范围。

二是针对有机农业制定完善相关支持政策,比如,对生产有机肥、无公害农药的企业给予减免税,对发展有机农业的生产经营者给予资金补贴,提高农业生产者生产有机农产品的积极性,促进农产品质量提升。

(三)推动农民增收

推动农民增收是农业供给侧改革的重要目标,否则改革将失去意义。

具体而言,一是节省成本提高效益,比如节地、节水、节油、节肥等,提高农户家庭经营效益。二是推进农业产业化,包括发展农产品深加工、地方特色农副产品、农业农村电子商务、休闲农业、乡村旅游、农家乐等产品和产业,延长和升级产业链,让农民更多分享到高附加值新农业带来的红利。三是完善国家财政对农业生产的支持力度,尤其是收入方面的补贴力度,让农民能从政策中获得实实在在的好处。四是通过农村产权制度改革,形成农业资源变农民资产、资金变股金、农民变股东的多重财产收入渠道,让农民获得更多的财产性收入。五是推进城乡一体化,包括推进城乡基本公共服务的均等化,以及深化户籍制度改革,稳步推进农民工市民化进程,拓宽农民收入渠道。

三、农业供给侧改革路径

(一)加快粮食加工转化与发挥市场机制作用,将粮食库存降到合理水平

对一个人口大国而言,需要一定规模的粮食储备,但粮食库存过多会导致粮食质量下降,同时会影响市场价格的合理化,而且需要大量利息费用补贴。当前,应努力化解供需双方信息不对称问题,减少盲目生产;逐步将粮价决定权交给市场,完善农产品价格形成和调控机制;支持粮食加工企业发展生产,加快粮食加工转化,把粮食库存降到合理水平。

(二)通过适度规模经营与发展模式创新,降低农业生产、交易和生态成本

一是发展精细密集农业。发展"密集农业"经营可提高土地、资源利用效率和劳动效率,有利于降低农业生产成本,提高农民收益;发展"精细农业",通过发展农业科技,降低要素成本,依靠农业科技进步和农业机械化,减少农业生产资料投入、降低物化成本、提高生产率。

二是通过完善农业产业链,降低交易成本。包括加强农产品流通设施和市场建设、创新农产品流通方式、支持合作社发展加工流通和直供直销,广泛运用物联网、云计算、大数据等现代信息技术,形成"互联网+现代农业"发展模式,整合延伸农业产业链、签订长期合作合同、发展"六次产业"。

三是通过发展绿色农业,降低污染成本。包括实施农业生态保护和修复,减少化肥农药使用水平,推进种养业废弃物资源化利用与无害化处理,降低外源性污染流入农业。

(三)加强农业基础设施建设与高品质农产品生产,补齐农业供给侧短板

目前,我国农业供给侧短板主要表现在农业基础设施相对薄弱,市场紧缺的高品质农产品生产不足。

一是由于农业基础设施薄弱,农机装备水平相对较低、抗灾减灾能力不强,我国粮食安全依然存在隐患,必须加大农业基础设施建设,农业科技投入力度,加快补上以上短板。

二是我国农产品缺少特色、品质不优的劣势愈发凸显。高品质农产品供不应求,一般性农产品又供大于求,出现"买不到"和"卖不掉"共存的供需困境。为此,必须加快补上农产品特色、品质短板,由过去的数量为先转变为质量数量并重,积极适应消费需求的新变化,增强有效供给能力,而不是生产后就大规模转为储存。适当减少普通农产品的生产,扩大并推广优质农产品种植,建立特色农产品种植区,实现专业化、优质化种植。

(四)加强农业科技研发与成果转化,推动农业创新发展

农业发展需要科技创新,只有通过科技创新才可能推出优良品种,降低生产成本,提高农业生产效率。

一是加强农业科技创新基地与平台建设。以此为依托,组织实施重大自主创新项目,吸引和凝聚高水平科技人才,推动项目、基地与人才的有机结合。

二是建立健全农业科研与高新技术开发、推广与生产应用相结合的管理机制。

三是注重农业科技成果转化,尽快建设全国性的农业科技成果交易平台,积

极尝试科技成果转换股份,让研发人员能不断受益,形成可持续的良性创新机制。

(五)发展"互联网＋现代农业",推动农业信息化

信息化对于加快农业转方式、促进现代农业建设具有重要的引领和驱动作用。

一是要按照产业链、价值链与供应链运行的客观要求,大力发展农业电子商务,促进产品双向流动、供需精准对接。

二是要将物联网技术、移动互联网技术等应用到农业现代化建设中,积极培育智能化、精细化、网络化的现代生态农业新模式,全力打造新型农业生产经营体系、精准化农业生产方式、农副产品质量安全追溯体系。

三是要进一步拓展"互联网＋"在农业农村的新领域,如农业普惠金融、农村高效物流、智慧新农村等。

(六)以土地改革与激励保障为着力点,完善农业制度体系

一是在梳理农村土地改革政策及其效果的基础上,进一步深化土地制度改革,包括农村土地承包经营权权属落实,农村集体经营性建设用地改革、农村宅基地制度改革和土地征收制度改革。

二是建立优质农产品生产的激励制度和保障制度。对于从事优质农产品生产的农户,政府要在项目资金、银行贷款、基础设施保障等方面建立相应的制度和专项基金,用于引导激励。

三是建立相应的安全生产制度。针对农产品质量不高和卫生不安全的问题,进一步完善安全生产标准体系和管理制度,而不是简单地少施化肥、少用农药,要通过制度促进效率提高。

四、农业供给侧改革与质量兴农

在一定程度上说,由于需求侧的变革才引起了供给侧改革的理念,这是实现全面小康的必由之路,也是实现农业现代化的必然选择。以往农产品产量的逐年提高,解决了广大人民群众的温饱问题,而在全面建成小康社会的阶段,人们对品质和健康提出了更高的要求。"不仅要吃饱更要吃好"的观念已经深入人心。正如习总书记在党的十九大报告中提出的我国社会主要矛盾的全新表述:"人民日益增长的美好生活需要和不平衡不充分的发展之间的矛盾"。

(一)相关理论

关于农业供给侧改革与农产品质量提升的关系,目前的代表性研究包括:

郑风田认为,我国农业供给侧面临的突出问题是,粮食过剩和优质农产品严重短缺两种现象同时存在,农产品供给要从单纯追求数量增产转向追求品质、安全和生态环保;

孔祥智指出,一个国家的农业供给结构是动态变化的,应该不断适应居民生活水平的变化,通过市场进行引导,真正实现农产品的优质化和安全化;

许经勇认为,农业供给侧结构改革,是通过农业结构调整提高农产品供给质量,使农业供给结构适应消费者需求结构的变化;

胡晓云认为,农业供给侧结构调整,不能仅是盲目进行农产品结构调整,更为关键的是适应市场中消费需求的不断变化,多生产一些高品质的农产品;

朱俊峰指出,农业供给侧改革需要推行农业标准化生产和品牌化营销,这样才能使广大消费者对农产品供给的信任程度逐渐提高。

通过以上研究可以看出,农业供给侧改革已经成为一个热点研究领域,目前国内学者均认为,提高农产品质量是农业供给侧改革的重要目标之一。由于消费者需求侧结构的变化,单纯追求农产品产量的提高已经不能解决问题,必须满足消费者对优质健康农产品日益增长的需求,也就是实现农业供给侧从注重数量向注重质量的转变。

(二)品牌建设与农产品质量提升

当今世界已经进入品牌经济时代,例如奔驰汽车,苹果手机,可以说,品牌已经成为品质的象征。对于农产品来说也是如此。农产品品牌包括两种类型:企业农产品品牌和农产品区域公用品牌,后者简称为农产品区域品牌。相对于企业农产品品牌,农产品区域品牌以"区域名+品类名"的形式出现,依托地区优势农产品进行培育,通过地区整体力量进行建设,发展规模经济,推行统一的标准化生产,更有利于提高农产品质量,满足消费者需求层次的变化。

由于农产品质量具有隐蔽性,消费者很难掌握其品质的真实信息,农产品区域品牌便成为农产品的"身份证",用地理产地传递农产品质量和声誉,提高消费者对农产品的信任程度。然而,我国大多数农产品区域品牌集中在东部地区,在中西部省份并没有得到很好推广。

比如,"烟台苹果"是山东省名优特产,苹果不仅品质好,销售价格高,而且品牌影响力大,市场口碑佳。浙江大学中国农业品牌研究中心评估数据显示,2015年,"烟台苹果"品牌价值达105.86亿元,已经连续多年在水果产业区域品牌中排名第一位,成为享誉全国的农产品区域品牌。"烟台苹果"区域品牌的成功之处,不仅是烟台300万果农免费共同使用"烟台苹果"商标,更是不断追求品种改良、品质提升和品牌建设的结果。

相比较而言,我国第一水果大省的陕西,多年来一直处于"有口碑、缺名牌"的发展困境中,虽然大多数水果品质好、口感佳,但是相应的区域品牌数量偏少,品牌竞争力偏低,产品价格提升空间小。

全面提高我国农产品质量水平是一个系统工程,需要完善从生产、加工到流通的整个产业链体系,只有实施标准化、专业化生产和品牌化营销,才能适应消费者对农产品的需求层次,提高消费者对农产品的信任程度。农产品区域品牌实现了所在地区农业生产的统一运营,能够有效规范农户的种植行为,改变传统农户只重视产量的生产方式,有利于推动优质高效农业发展,实现我国农产品从低质低价到优质优价的转变,增强我国农产品市场竞争力。

(三)品牌建设与合作社运营

由于单个企业和农户缺乏建设区域品牌的积极性,而且也没有足够的能力建设区域品牌,这就需要一种联合组织来推动农产品区域品牌建设。农民专业合作社有较强的行为协调能力,可以发挥规模经济作用,有效降低交易费用,对推广农产品区域品牌建设可以起到积极的促进作用。

合作社运营农产品区域品牌过程需要有效的推动机制和监督机制,地方政府起着非常关键的作用。一方面,建设农产品区域品牌需要地方政府引导和推动,给予合作社必要的资金扶持和政策倾斜,协调好合作社和农户之间的利益;另一方面,农产品区域品牌的公平使用需要地方政府进行监督,通过管制解决"免费搭便车"问题,对破坏区域品牌形象的行为则给予惩罚和制裁。与此同时,农业高校与农业龙头企业扮演着农业技术革新与推广的重要角色,带动着广大农户实现优品种普及、种植手段改进和生产技术改良。因此,在农产品区域品牌建设过程中,地方政府、合作社和科研机构、龙头企业三者要相互协调,缺一不可。

(四)关注农民自身

农民是实施农业供给侧改革的主体,必须解决好"人"的问题。地方各级领导干部可根据本地农村经济发展情况与农民合作组织建设情况,着重培养农村合作经济组织的骨干力量和带头人。

种粮大户、家庭农场和各类合作社是农业新技术、新品种的主要应用者,特别是合作社促进了高效农业规模经营和先进适用技术的推广应用,是农业转方式、调整结构的先行者,深入推进示范社创建,实行动态管理、优胜劣汰;家庭农场重在"增量",要大力发展规模适度的农户家庭农场、种养结合的生态家庭农场;同时也要着力打造农业产业化龙头企业,通过建设农业综合开发优势特色产业带,依靠龙头企业推动农业生产不断向优势区域集中,把产业链、价值链等现代产业发展理念引入农业,促进农村一二三产业融合发展,实现农业增效、农民增收。

五、结束语

康有为曾说过,"治国之有法,犹治病之有方也,病变则方亦变。"治国如此,发展农业亦是如此。在需求侧倒逼供给侧改革的大背景下,唯有紧跟市场前沿,紧紧抓住消费者的需求变化,"直达病灶,对症下药",才能"舒筋活络,上下通畅"。

实现农业供给侧改革、提升农产品质量是一项浩大的工程,需要政府、企业、科研机构和农民等都参与其中。在这一过程中,加强农产品品牌建设,发展规模经济,推广优质产品,创新营销手段,无疑是提升农产品质量的一条可循之路。以品牌化引领区域农业经营规模化和现代化,最终推动农产品区域品牌向更高层次发展,从而实现企业和农民互利共赢,实现农业供给侧改革提升农产品质量的目标。

生态宜居与美丽乡村建设

西北农林科技大学副教授　苏燕平

十九大报告指出,建设生态文明是中华民族永续发展的千年大计。建设美丽中国,首先要建设美丽乡村。中央一号文件指出,农业农村农民问题是关系国计民生的根本性问题。没有农业农村的现代化,就没有国家的现代化。当前,我国发展不平衡不充分问题在乡村最为突出,农村基础设施和民生领域欠账较多,农村环境和生态问题比较突出,乡村发展整体水平亟待提升。

决胜全面建成小康社会,按照十九大报告关于农村发展的产业兴旺、生态宜居、乡风文明、治理有效、生活富裕的总要求,实施乡村振兴战略,生态宜居是关键。建设一个人与自然和谐共生的美丽乡村,是全面贯彻党的十九大精神,牢固树立新发展理念,落实乡村高质量发展的要求。面对当前农村环境和生态方面存在的问题,在基层政府的领导和支持下,村级干部应积极组织村民建设美丽乡村,使本村达到生态宜居的目标,为乡村全面振兴提供美丽的生态环境。

一、当前农村突出的环境和生态问题

随着农村工业化和城镇化程度的加深,农业生产方式粗放、农村生活生产污染物胡乱排放、农业基础设施薄弱等成为普遍现象,农村生态遭到严重破坏,环境污染问题严峻,已经严重影响到农村的整体发展。

(一)土壤污染严重

当前农村土壤污染严重,主要原因是农药和化肥的过量使用,利用率低。主要表现为氮、磷肥过多,有机肥、微量元素缺少,这不仅导致农田土壤污染,还通过农田径流造成周围水体的有机污染和富营养化,甚至使大气和地下水污染。农药使用导致土壤的有害物质残留日益严重。

其次是农业生产中使用塑料薄膜以及农村生活中使用的购物袋等,难降解的白色垃圾与生产生活废电池等有毒固废物,随意丢弃在田间地头,对土地产生了较大危害。农村土壤呈现出多源、复合、量大、面广、持久、有毒的现代环境污染特征,正从常量污染物转向微量持久性毒害污染物。

(二)农村生活垃圾胡乱排放

近年来,农村生活改善,经济水平提高,但是人居环境与城市存在着巨大差距。

农村生活垃圾胡乱排放体现在:多数村庄没有垃圾集中收集系统或设备,农村生活垃圾露天堆放,有的村子内部环境整洁,村外垃圾环绕,田边地头、河沟到处都是随意倾倒的垃圾,各类颜色的塑料袋和其他垃圾到处都是;一些村庄厕所简易,无化粪池,易生蚊蝇。我国农村约有6.5亿常住人口,每年产生生活垃圾约1.1亿吨,其中0.7亿吨未做任何处理,相当于每年推出200多座百层"垃圾高楼"。

(三)农村地表水污染

受生活污水、生活垃圾和各类企业污水排放等的污染,农村地区河渠、坑塘成为垃圾排放场。农村地区的地表水大都呈恶化趋势,已经不能作为农村饮用水源使用,只能不断打深井,抽取深层地下水。河渠、池塘本应成为农民休憩的好地方,理应成为美丽乡村诗情画意的集中体现,但散发着臭味、颜色青黑的河渠、坑塘已经变成垃圾填埋场,影响村容村貌,也影响农民的身体健康。在华北地区,有些县域的农村,企业排放污水甚至污染到了深层地下水,导致附近村庄的群众生活用水都成问题。

(四)乡镇工业无序发展造成的污染

随着中国农村现代化、城镇化进程的加快,农村地区乡镇企业越来越多;加之产业梯级转移加速,越来越多的开发区、工业园区特别是化工园区在农村地区悄然兴起,造成城镇工业污染向农村地区转移的趋势进一步加剧。这些企业不仅占用、毁坏农田,还污染了大量农田。此外,乡镇工业企业数量多、布局混乱、工艺陈旧、设备简陋、技术落后、能源消耗高,绝大部分企业没有污染防治设施,使工业污染危害变得非常突出,成为农村社会的最大污染源。

二、村干部在建设生态宜居美丽乡村中的作用

建设生态宜居的美丽乡村的主体是县级政府。根据党和国家关于乡村振兴和生态宜居的方针政策,中央环保等部门政策指示,以及省、市政府的有关部署,由县级政府各部门协同展开乡村环境治理,从县域环境整体建设的角度,建设美丽乡村,使乡村环境成为社会发展良性循环的助推器,成为民众生态宜居的好地方。

(一)村干部是乡村环境治理政策的基层执行者

在乡村振兴战略中,县镇级政府是建设生态宜居的具体规划者,每个环境治理项目的具体实施,都需要村干部的配合执行。村干部对于本村的环境情况最为熟悉,能够在环境治理工作中发挥基层执行的作用。

(二)村干部是环境治理中沟通群众的关键人

在乡村环境治理中,部分群众对于治理举措存在不理解是必然的。这时,就需要村干部去做群众的思想工作,说服群众配合政策。

(三)村干部是乡村环境治理的带头羊

建设美丽乡村,离不开村干部对乡村振兴战略关于生态宜居的深刻理解,也离不开村干部在履行工作职责中,主动去申请环境治理项目,规划本村环境治理的举措和步骤,上传下达,外联内应,组织、领导全村群众积极展开美丽乡村建设工作。

三、建设生态宜居美丽乡村的举措

(一)定期清理"四堆十乱"和门口旱厕

乡村街道是群众生活和休闲娱乐的公共空间,比如吃饭时坐在门口邻居们互相聊天,闲时男女老少在乡村休闲娱乐,都需要干净整洁的街道风貌。当前农村村容村貌已经得到很大改善,基本达到村容整洁,但一些村庄还存在门口旱厕和"四堆""十乱"的情况。"四堆"即柴草堆、土堆、粪堆、建筑垃圾堆,"十乱"即乱贴乱画、乱堆乱倒、乱拉乱挂、乱搭乱建、乱停乱放。乡村应定期清理整治"四堆""十乱",使乡村环境变得更加美丽,适宜人居,正像习总书记所说"我们既要着力美化环境,又要让人民群众舒适地生活在其中,同美好环境融为一体。"

个案:河南中牟县清理"四堆""十乱"

2017年元月,河南郑州中牟县开展深度清理"四堆""十乱"活动,争取各村环境卫生达到"三无一规范一眼净"(即:村内及周边无垃圾堆放、无污水横流、无杂物挡道,日常生产生活物品堆放规范有序,主次干道两侧环境干净)标准。中牟县各村村干部组织人力、机械,发动群众,对各大街小巷、卫生死角垃圾杂物、漂浮物进行清理,出动铲车、钩机、自卸车、叉车、三轮车等机械200多台次,对村庄内外、背街小巷、房前屋后、沟边路侧等的垃圾杂物、漂浮物、积土、杂草、枯枝败叶等进行清理,共清理出各类杂物7700多方。

(二)以"减量化、无害化、资源化"为原则,做好生活垃圾分类工作

随着乡村生活城市化、工业化的进展,大量的生活垃圾处理成了问题,生活垃圾乱倒乱放乱堆的现象,严重影响乡村的美丽环境。对于生活垃圾,分类处理成为必由之路。目前,浙江金华市,杭州五四村,陕西西安高陵区、长安区都采取了村民简单好记的"二级四分"法进行垃圾分类,即农户按"可烂"和"不可烂"对垃圾进行初次分类,分别投放至门前的分类桶内,由环卫工上门分类收集垃圾,"可烂"的运送至各村垃圾堆肥房,经生物发酵处理后作为有机肥料资源化利用;"不可烂"垃圾按"能卖"和"不能卖"两类二次分类;"能卖"的垃圾由再生资源利用公司有偿回收,"不能卖"的垃圾按"户集、村收、街运、区处理"的模式,运至垃圾填埋场做无害化处理。

个案:高陵区何村垃圾分类

2017年4月26日,西安市高陵区建成互联网+垃圾分类的智慧垃圾分类资源化处理项目。在高陵区通远街道何村社区,每户村民家门口都有一个简易垃圾分类箱,里面有两只可以活动的垃圾桶,绿色的写着"可腐烂",灰色的写着"不可腐烂"的字样。"剩饭、骨头、瓜果皮这类能腐烂的放到绿盒子里面,像烟头这些不可腐烂的东西,都放到不可腐烂的地方。"

何村全村466户,每户都有一张智能垃圾分类卡,凭着这张卡,村民们可以在智能垃圾袋发放机上免费领取印有二维码的可降解垃圾袋,绿色装可腐烂垃圾,橘黄色装不可腐烂垃圾。何村为村民们发放了垃圾分类宣传图,并且挨家挨户进行垃圾分类指导演示。

生活垃圾初步分类后,由村民分别放在门口的垃圾分类箱里,保洁员每天上门收集。保洁员对村民的垃圾进行二次细分后,烂菜叶和厨房垃圾等可腐烂的垃圾就会被运送到机械堆肥房和阳光堆肥房进行处理。

通过机械堆肥和阳光堆肥,何村每天60%的生活垃圾变成了生物有机肥,不可腐烂的垃圾按可回收和不可回收进行再次分类。智能垃圾分类投放站可对垃圾自动称重,并通过互联网转化成积分,由废旧物资回收公司进行有偿回收。村民们用积分可以到村里指定的小商店兑换相应的生活用品。分拣后剩下20%的不可回收的垃圾,将会被运到垃圾填埋场做无害化处理。据统计,何村每天产生约2000公斤生活垃圾,实行分类后,可回收约200公斤,堆肥1400公斤,垃圾填埋400公斤,实现垃圾减量约80%。

(三)打造绿色生态产品和服务

打造特色小镇,发展乡村旅游,正确处理开发与保护的关系,运用现代科技和管理手段,将乡村生态优势转化为发展生态经济的优势,为社会提供更多更好

的绿色生态产品和服务,促进生态建设和经济发展良性循环。加快发展森林草原旅游、河湖湿地观光、冰雪海上运动、野生动物驯养观赏等产业,积极开发观光农业、游憩休闲、健康养生、生态教育等服务。创建一批特色生态旅游示范村镇和精品线路,打造绿色生态环保的乡村生态旅游产业链。

个案:宜川县壶口镇羊家庄发展乡村旅游

近年来,壶口镇党委、政府借做大做强黄河壶口瀑布和发展乡村旅游的良好机遇,抢抓旅游服务产业发展,成功举办自采节,接待游客累计超过15万人次,经济收入超过1400万元。通过发展羊家庄知青旧居体验和昝家山旅游文化新村建设,全面促进当地餐饮、住宿业、农副产品销售等行业发展,为旅游产业的加速发展奠定了坚实的基础。

结合美丽乡村建设工作,壶口镇党委以壶口瀑布景区为中心,将黄土高原、知青旧居、晋陕峡谷等旅游元素向周边村落辐射,将羊家庄村建设成为一个富有乡村旅游气息、老知青革命历史底蕴以及旅游服务业为主的生态宜居新村。

目前,在老支书崔兴财和市人大代表郭香香的带领下,全村共建成以餐饮、住宿为主的农家乐7家,住宿接待容量达800人,拥有农家土特产销售车24辆。同时,充分利用北京老知青旧窑洞和晋陕峡谷风情,在村内设立了两个旅游景点,引导群众向游客销售无公害、纯天然的土特产,以旅游元素增加村民经济收入。2017年羊家庄村旅游总收入超过600万元。

脱贫攻坚中的扶贫、扶志与扶智

杨陵区人大常委会主任　任　博

扶志能强化脱贫的内在动力,扶智能提高脱贫的本领能力,扶贫是使贫困户尽快持久脱贫致富的根本途径,扶贫、扶志、扶智是最终脱贫的重要保障。在脱贫攻坚中,必须把扶贫与扶志、扶智有机结合起来,才能真正打赢脱贫攻坚战,让贫困人口彻底脱贫。

一、"志""智"缺失及扶贫不力是影响脱贫的重要原因

1. 缺乏脱贫致富的志气,从而丧失了脱贫动力

影响贫困户脱贫的重要原因是缺乏致富脱贫的志气。不少贫困村、贫困户扶不起,脱不了贫,贫困依旧,不是他们不能致富,而是缺乏脱贫致富的勇气,从而失去了内在动力,调动不起脱贫积极性。

(1)没有自信。由于所处环境较差,农业比较效益较低,缺乏发展资金,没有致富本领,不少农村贫困户对自己致富脱贫没有自信。不少人从来没有想过自己可以富有,也从来不相信自己可以富有。不想的事情自然没有什么结果。人一旦失去了自信,便失去了全部。如果一个人没有了自信,即使机会来到身边,也不会主动争取、积极利用。由于失去机会,也就失去了成功的可能性。许多农村贫困户,对自己致富脱贫没有自信,认为自己祖祖辈辈都是这样过着贫穷的生活,而对市场经济,国家给予的好政策,不是积极响应并加以利用,谋求自我发展,致富脱贫,而是自暴自弃,甘于贫穷。

(2)自我认命。不少农村贫困户认为命里当有自然有,命中没有莫强求。他们认为自己生在农村、长在农村,一直都过着相对贫穷的生活,认为这是命运的安排,只能认命,从而不去奋斗,不去追求,不去改变命运。其实命运由两个字组成,命是天生的,你生在哪里,长在谁家,这些可能不是自己所能决定的,这就叫命。可运是自己走出来的,人生的路朝哪个方向走,该怎么走,要过什么样的生活,要成为什么样的人,这可以通过后天努力去实现,二者的结合就叫命运。如果贫困户自认贫穷为命,不可改变,而不是通过自身努力,致富脱贫,就会失去良

机,愈加贫困。

(3)缺乏勇气。许多人贫穷的原因往往只是欠缺一点点勇气,从来不敢尝试,他们被"万事开头难"所吓倒,他们真正需要的只是勇气和突破的精神。美国生物学家做过一个实验,他们把一群跳蚤放到一个玻璃罐里,上面盖上玻璃盖,跳蚤不停地往上跳,可一跳就会碰到上面的盖子。时间一久,跳蚤可能也知道一跳就要碰头,于是它们就不再使劲跳了,离盖子一定距离就会落下来。科学家把盖子往下移动,跳蚤又开始碰到盖子,过段时间,它们又降低了跳跃高度。当科学家拿开盖子后,也不见跳蚤往外跳。就这样,科学家不断地把盖子的高度降低,直到降至玻璃罐底部,把盖子拿开时,看到的是所有跳蚤都在底部爬行,没有再跳的了。是他们不会跳了吗?科学家拿了一个酒精灯,放到玻璃罐底部燃烧,只见所有的跳蚤一跃而起,跳出了玻璃罐。它们之所以不往外跳,那是它们认为自己再也跳不出去。可见动物们在面临绝境时,也会奋起一搏。人类更应如此。

(4)安于贫穷。有一个人想知道自己十年后会不会贫穷,就去找算命先生,算命先生看了他的手相后说:"很遗憾,十年后你还是很穷。"他听后心里很不舒服,又找了另外一个算命先生,让他看看自己二十年后会不会贫穷,算命先生看了他的生辰八字后说:"很抱歉,二十年后你依然很贫穷。"他听了还是不服气,又找了一个更高明的算命先生,并对算命先生说:"你算算我三十年后会不会贫穷?"这个算命先生拿出卜卦一算,对他说:"三十年后,你不穷啦。"他听了非常高兴,问道:"说说看,我怎么不穷了?"算命先生说:"其实你还是很穷,只是你习惯了贫穷了,不认为自己穷了!"随着时间的推移,不少贫困户对贫穷生活麻木了,没有了奋斗精神,不思进取、安于现状。

(5)观念贫困。对待贫困户,一些地方一味送钱送物,不管劳动不劳动,都坚持财政兜底,让贫困户衣食无忧,客观上让一些贫困户滋生了"等靠要"的思想,久而久之,贫困户的生活、生产如果遇到困难,就会坐等政府解决;一旦缺衣少穿,没有生活来源,就一味靠政府救济;如果没有钱花、没有粮吃,就找政府要。即使政府给他们找一些公益性岗位,他们也挑三拣四,怕累、嫌钱少,不愿去干。不少地方出现"干部干、群众看""干部着急、群众不急""靠着墙根晒太阳,等着政府送小康"。这种现象是一种观念贫困。他们面对贫困状况,不是发挥自己的主观能动性,积极奋斗,穷则思变,而是"安贫乐道",一味希望通过"等靠要"来脱贫。没有评上贫困户的群众难免心生不满,认为扶贫政策不透明、不公平,是在养懒人。

2.缺乏脱贫致富的智慧,没有脱贫致富的能力

影响贫困户脱贫的重要原因是缺乏致富脱贫的智慧和能力。不少贫困村、贫困户扶不起,脱不了贫,贫困依旧,不是他们不愿脱贫,而是没有能力脱贫。

(1)文化程度低,缺乏脱贫智慧。当前我国农民受教育程度普遍不高,农民

整体文化素质较低。根据国家统计局统计,到2008年为止,全国人口的10%左右是文盲、半文盲人口,而农村人口就占到9%左右。农村劳动力中,小学文化程度占34%左右,初中文化程度占46%左右,高中以上文化程度仅占到11%左右。西部地区农民平均受教育程度仅有7年。由于农民文化素质不高,学习理解能力不足,很难利用现代网络等学习途径,对现代科技的学习应用推广能力低下,缺乏开拓创新精神。面对工业化、城市化的发展趋势,不少农民难以进入城市,寻找发展机会,从事二三产业。面对农村集约化、机械化、科技化、规模化的现代农业,不知所措,更难以脱贫致富。

(2)没有一技之长,缺乏脱贫能力。从收入效益上看,现代农业比传统农业效益高。由于现代农业规模大,具有规模效益,一二三产业融合可以延长农业产业链,获得种养加工、销售全产业链的收益,因而要比规模小、产业链短、仅从事养殖种植的传统农业效益高得多。由于习惯于小农生产,农村贫困户缺乏现代农业科技知识,缺乏现代农业机械化操作技能,更没有使农产品加工增值的必要技术,因此难以从事现代农业生产、经营。同样,尽管二三产业的效益要比第一产业效益高得多,但由于贫困户缺乏从事二三产业必备的知识和技能而无法从事二三产业。从一定意义上讲,缺乏技能,没有致富能力,既是导致贫困的原因,也是影响贫困户脱贫的重要因素。

3. 扶贫不力,影响贫困户脱贫致富效果

精准扶贫是精准脱贫的根本手段,政府及社会各界积极参与,才能帮助贫困户脱贫致富。但在实施过程中,由于还存在急功近利,方法不当,不够精准,帮扶不力等问题,造成产业扶贫效果不明显,影响贫困户脱贫致富的效果。

(1)宣传引导不够广泛深入。目前,精准扶贫与精准脱贫工作的宣传引导还不够广泛深入,利用各类媒体,采取不同形式,宣传扶贫攻坚的先进经验和典型方面还需要加大力度,一些村组干部、贫困人员对扶贫政策知晓不多,对当地出台的《精准扶贫实施办法》等扶贫政策了解不够透彻,运用扶贫政策不够充分,缺乏切实可行的脱贫致富规划及措施。

(2)产业扶贫成效不明显。有的贫困村产业发展缓慢,缺少能够支撑长效增收、脱贫致富的特色效益产业,有的贫困村虽然已经发展一批产业,也仅处于起步阶段,特色效益尚未凸显,带动长效致富的能力不强。在精准扶贫到户实施过程中,由于各户情况和产业发展需求不同,乡村在一户一策、因户制宜、因地制宜引导上做得不到位,造成个别农户对扶持项目不感兴趣、参与积极性不高、产业项目推进落实困难等问题。同时,大户带散户、公司带农户、合作社带社员涉及贫困户甚少,多数贫困户缺乏技术指导,产业扶贫效果不明显。

(3)驻村结对帮扶需再加力。驻村帮扶参差不齐,帮扶效果不理想。帮扶措施单一,对帮扶工作仅停留在对贫困户的物质帮扶,有的单位把帮扶按照民政救济做,把看望慰问、发油发米发红包算作帮扶,流于形式,在立足村情和贫困户实际,有针对性地开展项目扶持、技术援助、人员培训等方面缺乏有效支持,没有起到开发式扶贫帮扶应有的作用。有的驻村干部不熟悉基层工作,知识面不广,在协助村"两委"班子理清发展思路、制定村级扶贫规划等方面没有发挥应有的作用。

(4)公共产品供给不足。长期以来,政府注重为城市提供公共产品,而为农村公共产品提供不足。改革开放以来,尽管给农村公共产品供给不断加大,但相对城市仍然有较大差距。农村水、电、气、污水处理、道路等基础设施依然比较落后,农户居住分散且远离场镇,交通不便,工业发展缓慢,一二三产业融合发展受到严重制约,一定程度上影响了贫困户经济的发展。

二、扶贫、扶志与扶智相结合,成为脱贫攻坚的重要途径

1. 扶志解决脱贫的内在动力

事物的发展是内因和外因共同作用的结果。内因是事物发展变化的根据,外因是事物发展变化的条件,外因通过内因而起作用。面对贫困人口,如果只靠外界的帮和扶,而不激发贫困户的内在动力,精准扶贫和精准脱贫就会事倍功半。如果贫困人口失去了摆脱贫困的精神和志气,那么无论外界如何努力,也会像得了"软骨病"的病人一样,无论如何都扶不起来。扶贫攻坚的对象是贫困户,主体也是贫困户,只有激发贫困户的潜能,充分调动贫困户的积极性,才能在政府帮助下,通过自身努力,摆脱贫困,走上富裕。扶志就是要淡化贫困意识,树立脱贫致富的志气,增强摆脱贫困的信心。富兰克林说:"贫穷本身并不可怕,可怕的是自己以为命中注定贫穷或一定老死于贫穷的思想。"习近平指出:"扶贫先要扶志,要从思想上淡化贫穷意识。不要言必称贫、处处说贫。"贫困的一个重要原因是缺乏脱贫致富的勇气、信心和进取的精神,如果不扶志,贫困户缺乏脱贫的志气,就失去了脱贫的动力,就难以调动贫困户内在脱贫的愿望和积极性,就难以真正致富脱贫。

2. 扶智解决脱贫的能力缺失

人类社会先后经历了采集社会、农牧社会、工业社会和知识经济社会,在人类社会渐次演进的过程中,科学技术始终起着杠杆作用,发挥着重要的推动作用。当今社会,国家与国家、组织与组织、人与人之间的竞争,在于单位时间知识的增量。在知识经济社会,商品的物质越来越少,而科技含量越来越高,人们获取利润的不是物质,而是物化在商品中的科技。当今社会,挣钱不是靠力气,而是靠智慧、知识与技能。牛的力气很大,但没有人给牛发美元、发人民币。当今

挣钱最多的不是力气大的人,而是拥有智慧、有知识、有技能的人。对于脱贫攻坚而言,扶智就是通过思想教育、文化教育等技能培训,提高贫困人口的素质,让他们掌握一定的文化知识和技能,从而拥有致富脱贫的本领,才能使贫困人口不仅要想致富脱贫,而且能致富脱贫。习近平指出:"科学技术是脱贫致富的关键,我们应当有意识地在推进科学技术进步的进程中,不断提高人们的科学文化素质。建立在科学技术进步基础上的生产实践,是人们提高科学文化素质的最广阔的课堂。依靠科学技术进步可有效地提高劳动者的素质。"扶智的根本手段就是发展教育。教育是解决贫困的根本路径。

3. 扶贫是脱贫的重要途径

脱贫攻坚意义重大,全面建成小康社会内在要求要脱贫攻坚。没有农村的小康就不会全面建成小康社会。发展经济必然要求脱贫攻坚。扩大内需是推动经济发展的重要动力。只有脱贫攻坚,让所有农村走向富裕,才能从根本上扩大内需,推动经济健康发展。而要脱贫攻坚,就要通过教育扶贫,不断提升贫困人口综合素质和就业技能,逐步消除因学致贫问题;需要健康扶贫,加快推进基本公共卫生服务均等化,有效缓解因病致贫问题;需要生态保护扶贫,通过生态保护补偿机制,使贫困群众通过参与生态保护实现脱贫;需要政府兜底保障扶贫,通过筑牢社会保障安全网,解决好特殊困难群体和弱势群体的脱贫问题;需要产业发展扶贫,通过包括农业产业扶贫、旅游扶贫、电商扶贫、科技扶贫等,解决贫困户脱贫问题;需要就业扶贫,通过开展职业培训,促进就业,从而脱贫;需要异地搬迁扶贫,通过异地搬迁,实现搬得出、稳得住,能脱贫。

三、通过扶志为脱贫攻坚提供必要动力

1. 公开贫困户享有的国家扶贫政策情况

贫困户是村民选出来的,都经过了公示,谁是贫困户在村子里已不是秘密,因此每家贫困户享有的国家政策也应该公开。这样做可以提升贫困户内生动力,增强脱贫致富的紧迫感;便于群众对贫困户致富脱贫的监督;让广大群众知晓党和国家的扶贫政策,从而培养感党恩、跟党走的信心和决心,明明白白致富;让村干部清清白白干事,杜绝了村干部截留克扣扶贫资金的机会。每隔一段时间,可以将贫困户脱贫进展、扶贫资金使用、政策运用等情况在村里公示,奖励脱贫致富进展成效好的贫困户。同时对脱贫成效不明显的贫困户进行督促帮助,提高脱贫实效。

2. 用乡规民约规范贫困户行为

村规民约是农村基层组织自我教育、自我管理、自我约束、自我服务的重要

的且行之有效的方式。国家投入了大量人力物力,推动精准扶贫工作,非贫困户也十分关心这项工作。贫困户不能只享有扶贫政策,而不履行相应义务。有的贫困户按照政策享受了资金扶助,却不是用来脱贫,而是购买生活用品,甚至奢侈品,在群众中造成很坏的影响。因此有必要通过村规民约将贫困户应履行的相应义务进行明确规范,有利于强化贫困户脱贫的责任感,增强脱贫致富的动力。通过村规民约,不少地方把应自动退出贫困户的行为进行了明确规定,诸如大操大办婚丧宴请;酗酒、赌博、借高利贷;子女无故辍学;拒缴新农保、新农合资金;参与非法宗教活动、暴恐活动;出售宰食扶贫牲畜和买卖扶贫物资;信谣、造谣、传谣,传播暴恐音视频;漏报、瞒报、错报家庭基本信息;出国旅游;出国朝觐等。

3. 引导贫困户就脱贫致富公开承诺

如果贫困人口只享受扶贫政策,自己不干、不出力、不劳而获,实际上是对勤劳致富、艰苦奋斗价值观的颠覆,也很难彻底、长久脱贫。因此要积极引导贫困户树立劳动光荣、好逸恶劳可耻的理念,让他们做到自食其力,消除"等靠要"思想。要引导鼓励贫困户在村民大会上,讲讲自己脱贫的具体想法,表表脱贫致富的决心,有利于形成一种积极向上的责任感,特别是在群众面前公开承诺,会形成一种无形的舆论压力。让贫困户认为,如果不兑现承诺,就会失信于民,就会难以在村上立足,有利于贫困户形成积极向上,努力作为,奋力致富脱贫的动力,有利于促进贫困户发挥主体作用,尽快脱贫致富。

4. 加强对贫困户的扶志教育

要改变以往用扶智代替扶志的做法,加强扶志教育,在丰富内容和方式上下功夫。要丰富扶志内容,通过社会主义核心价值观教育,树立正确的荣辱观,培育积极健康向上的精气神。进行自力更生、艰苦奋斗等中华民族传统美德教育,培育人穷志不穷,穷则思变、穷则思勤的奋斗精神和脱贫的勇气和决心。进行征信品德教育,强化借钱必还的诚信意识。要因户施策,探索多种多样的扶志教育方式。利用好电视、报纸、杂志、网络、多媒体精准扶贫精准脱贫的影像、图片、文字等宣传工具,用生动活泼的文化、艺术形式影响村民、改变村民,营造"贫穷落后不光荣,好吃懒做很可耻"的舆论氛围。利用居民空白墙、文化广场、宣传栏等绘制图画、漫画、书法歌谣等,宣传精准扶贫的目标、要求和成果。要多措并举,帮助贫困户找准自己贫困的原因,分析当前脱贫致富的优势条件,认识到贫穷与自己努力不够有直接关系,脱贫是自己的责任,要用自己的双手脱贫,以时不待我、只争朝夕的拼搏精神,树立战胜贫困的信心斗志,在精神上与贫困绝缘。

5. 举办脱贫励志报告会

面对贫困户存在的"等、靠、要、比、怨"思想,主动脱贫动力不足的实际情况,不少地方邀请脱贫户给贫困户讲述自己艰苦的"创业史"与"致富经",激励贫困户树立脱贫致富的决心。例如下面的这些故事:召开脱贫励志报告会,演讲者之一谭启封是个残疾人,3岁时因患小儿麻痹症导致下肢萎缩。不过谭启封身残志坚,不畏艰辛发展起养猪产业,创办了"三山科技示范养殖场",成为一名"养猪达人"。另一位演讲者李秀英本是柔弱妇女,在丈夫致盲又丧失劳动力的情况下,依靠贷款发展起养牛养猪产业,让家庭成功甩掉贫困户的帽子。贫困户秦余文听了报告会后说:"以往,我老觉得自己身体差、没技术、家底薄,失去了脱贫信心。听了两位演讲者的脱贫报告,让我这个健康人惭愧得很。"不久,秦余文种植5亩辣椒,仅此一项增收1.5万余元。贫困户李传生也是个残疾人,参加完脱贫励志报告会后,利用乡村旅游发展资金办起了农家乐,如今也摘掉了贫困户帽子,成了当地脱贫致富的典型。

6.引导互帮互助活动

要充分发挥农村党组织、村委会、妇联、共青团等作用,号召引导党员干部、致富能手,以"奉献、友爱、互助、进步"的志愿服务精神为指引,充分发挥村干部和农民党员、团员的带头作用,建立健全农村志愿服务队伍,使志愿服务成为广大农村"扶贫与扶志相结合,共建美丽乡村"的重要载体。广大农村志愿者利用就近、熟悉、便捷的优势,开展送温暖、献爱心、邻里守望等志愿服务活动,亲帮亲、邻帮邻,互助友爱,守望相助,营造"人人为我、我为人人"的和谐村风。某地通过"营造一种氛围'树志'、开展一次宣讲'植志'、启动一个大篷车'传志'、培育一批典型'励志'、打造一组文化套餐'提志'、建设一支队伍'聚志'、建设一组阵地'培智'、实施一个项目'育智'"的"八个一"工程农村志愿服务项目,打造农村志愿服务品牌。

四、通过扶智为脱贫致富提供过硬本领。

1.发展教育,强化脱贫致富智慧

摆脱贫困需要智慧。培育智慧,教育是根本。教育是拔穷根,阻止贫困代际传递的重要途径。再穷不能穷教育。习近平多次强调:"扶贫必扶智,阻止贫困代际传递。""教育是阻断贫困代际传递的重要途径。""扶贫必扶智。让贫困地区的孩子们接受良好教育,是扶贫开发的重要任务,也是阻断贫困代际传递的重要途径。"一方面要通过教育扶贫优惠政策,减免贫困家庭孩子上学学杂费,提供餐宿补助,帮助贫困家庭孩子,上得起学,通过教育,获得高学历,拥有致富高的强本领。另一方面,要城乡融合,利用城市知识分子较多的优势,为农村贫困家庭、广大农民提供文化、健康、经济、法律、管理等方面知识,同时对农民进行开放教育,农民特别是贫困户可以免费进修更高层次学历教育。利用社区大学、网络大学,对农民特别是贫困户进行教育,让广大农民特别是贫困户拥有更高的学历,改变我国目前城市高学历聚集,农村低学历聚集的现象,通过持续推进农村继续教育,不断强化贫困人口脱贫致富的智慧。

2. 强化培训,提高脱贫致富能力

扶志解决想不想脱贫的问题,给贫困户提供脱贫致富的内在动力;而扶智是解决会不会脱贫的问题,给贫困户提供过硬的脱贫本领。一是要坚持按需培训。不少地方在组织农民、贫困户培训时,与生产需要脱节,与培训对象需求脱节,因而调动不起他们参加培训的积极性、主动性,往往导致培训效果较差。多年来,西北农林科技大学成教学院举办培训时,都要组织教师深入培训的对象当中,了解当地产业状况,听取培训对象的实际需求,征求当地政府对培训的建议。由于能够按照产业、培训对象的需求,以及党的路线、方针决策确定培训内容,深得各方支持,保证了培训效果,受到了上级表彰,形成了独具特色的培训品牌。二是培训要注重实用技术。广大农民特别是贫困户,由于文化程度偏低,理解能力、学习能力相对较低,讲过多的理论他们听不懂,理解不了,也没有兴趣,培训效果自然就受到影响。贫困户脱贫关键在于掌握脱贫致富相的关技术,因此,培训内容应以养殖、种植、加工、贮藏、销售等技术为主,突出实用技术,重点在怎么做。三是培训方式灵活多样。可选送贫困户到大学进行集中培训,学习相关实用技术;也可以邀请专家教授到村子里去,面对面在农村给贫困户现场讲授相关实用技术;也可组织贫困户到发达地区现场学习。各地区还可以通过致富能手带动贫困户,手把手教贫困户相关技术。杨陵区建立了科技扶贫创业园,由政府出资,盖起高质量的大棚,假如让贫困户在创业园进行打工,就能一边学技术,一边还能有一定的务工收入。

五、通过精准扶贫使贫困户尽快持久脱贫致富

1. 统一思想,筑牢精准扶贫的思想基础

一要把握精准扶贫的核心要义。扶贫开发,贵在精准,重在精准。要做到六个精准,即扶贫对象精准、项目安排精准、资金使用精准、措施到户精准、给贫困村派人精准、脱贫成效精准。二要坚持分类指导和整体推进。认真贯彻习近平分类指导的扶贫理念,通过扶持生产和就业发展一批,通过移民搬迁安置一批,通过低保政策兜底一批,通过医疗救助扶持一批。同时要注重整体观念。同时做到五个坚持,即坚持扶贫攻坚与全局工作相结合,走精准扶贫的路子;坚持行政推动与市场驱动相结合,走开放扶贫的路子;坚持"三位一体"与自力更生相结

合,走造血"扶贫"路子;坚持资源开发与生态保护相结合,走生态扶贫的路子。三要从根本上进行精神扶贫。扶贫先扶志,不论造成贫困有何种直接原因,精神贫困始终是主观上的首要根源。要树立脱贫信心,营造脱贫环境,帮助贫困群体充分认识到自身优势,充分发挥其主观能动性,拿出敢想敢干的毅力和决心,积极推动精神扶贫。

2. 创新制度,激发精准扶贫的内生动力

一要推进农村土地和资产制度改革。要有序开展农村集体资产确权、土地确权、宅基地与房屋确权、乡镇企业经营权和所有权确权等工作。实现土地、劳动力等农村资源要素的市场价格形成机制,提高资源配置效率,提高贫困人口收益水平。逐步将公共资源股份化并授予贫困户,增加贫困人口的财产性收入。二要推动农村金融制度改革。改革财政扶贫资金分配方式和项目审批管理机制,通过可用财力增量的一定比例用于扶贫等方式,建立长期稳定的财政扶贫投入机制。鼓励金融机构开展服务和产品创新,建立以精准扶贫专项贷款、农户小额信用贷款、贫困村互助资金增信计划和小额信用保证保险贷款为主体的精准扶贫金融服务体系。建立地方政府和金融机构在担保、保险和信贷等综合金融扶贫方面的合作模式,降低信贷主体成本和风险。三要健全农村社会保障保险制度。坚持应扶尽扶、应保尽保、动态管理、资源统筹的原则,将政府兜底保障与扶贫开发政策相结合,形成脱贫攻坚合力,实现对贫困人口的全面扶持。完善医疗保障机制和农村兜底保障机制,做到医疗保障,农村低保与扶贫开发有效衔接。完善社会救助、商业保险体系。由政府出资补助为特困人口购买新型农村医疗、养老保险。加快完善社会救助体系,及时为突发重大伤病、重大灾害或其他重大变故家庭提供救助。

3. 强化善治,完善精准扶贫的治理体系

一要加强农村社会治理的权威机制建设。厘清乡镇政府与村委会关系,明确界定乡镇政府与村委会之间的关系和职能范围。二要完善农村治理的村民自治机制。坚持村务公开,加强对村务公开工作的监督,实施村务公开民主管理工作责任追究机制。健全民情表达沟通制度,开展村干部走访活动,拓展民情表达沟通的灵活性。充分发挥村规民约对村民自我管理、自我教育、自我服务的作用。三要提升农村社会治理的综合治理机制。加快立法步伐,出台相关法律。加强法律宣传,引导群众知法、懂法、遵法。加强社会主义道德建设,引导群众开展家庭美德、职业道德、社会公德教育,用道德的力量加强农村社会治理。加强村民自治,充分发挥村委会在民主决策、民主选举、民主管理、民主监督的作用,不断发挥自治、法治、德治的综合治理作用。

4. 精准施策，形成精准扶贫的合力

一要辩穷户，制定科学脱贫标准。强化贫困人口的动态管理，建立和完善贫困人口的管理与服务平台。及时总结减贫经验，洞察新型致贫原因，破解扶贫的精准难题。二要把穷脉，制定合理帮扶措施。要视片区贫困的独特性和差异性，制定具有地方和个人适应性和有效性的扶贫攻坚战略战术。重视不同地区贫困村与贫困户的特殊现实状况，坚持落实"一户一策"的帮扶措施。三要断穷根，建立产业扶贫机制。把产业帮扶与贫困户有机结合起来，下大力气将贫困地区的农产品变成有市场竞争力的商品，建立有特色、有规模、有实效的扶贫产业链条，真正把贫困群体纳入精准帮扶的产业链条主体中去，实现持续发展和永续脱贫。四要强力智，提升脱贫致富能力。培育新时代的新型农民，要着力提高农民文化技术水平、市场意识和自主自强意识。从学费、生活费用方面资助贫困家庭孩子上学，阻断贫困代际传递。五要真帮扶，健全干部帮扶制度。改进干部选派制度，选派政治素质高、综合能力强的干部参与驻村精准扶贫工作。落实干部精准帮扶责任制，制定精准帮扶方案，协调帮扶资源和项目，认真监管项目进展情况，力争扶出实效。

5. 提供保障，建立精准扶贫的考评反馈机制

一要建立精准扶贫工作考核机制。健全考核标准、考核办法、考核信息收集、考核结果反馈、评估以及综合运用等流程，提升精准扶贫考核的合理性、标准性及科学性。发展非官方专业评估，提升精准扶贫考核效果。二要建立精准扶贫工作评估机制。完善相关监测评估程序，设置专业化、规范化、制度化的扶贫资金监察模式，将扶贫资金使用情况纳入正规管控机制，防止挪用、和滥用，力求资金监管评估精准化。三要建立精准扶贫绩效反馈机制。建立精准扶贫各部门间的信息共享机制，形成包括贫困精准识别、扶贫精准决策，项目精准管理以及扶贫成效精准监测的扶贫绩效反馈机制，强化精准扶贫主体和对象之间的相互沟通反馈，为及时调整和优化扶贫措施提供依据。四要把扶贫成效与干部任用相结合起来。精准扶贫实际成效要与扶贫干部任用、选拔、考核以及提升相结合，凭扶贫绩效使用干部，促使扶贫工作人员提高工作效率和服务质量，提升精准扶贫总体成效。

乡村振兴中的乡村文化建设

西北农林科技大学副教授　杨学军

文化是一个国家、一个民族的灵魂。文化兴则国运兴,文化强则民族强。没有高度的文化自信,没有文化的繁荣兴盛,就没有中华民族的伟大复兴。党的十九大报告提出,要坚定文化自信,推动社会主义文化繁荣兴盛。要坚持为人民服务、为社会主义服务,坚持百花齐放、百家争鸣,坚持创造性转化、创新性发展,不断铸就中华文化新辉煌。十九大报告还提出实施"产业兴旺、生态宜居、乡风文明、治理有效、生活富裕"的乡村振兴战略。不论是文化自信还是乡村振兴,都需要充分认识和高度重视乡村文化建设的重要意义,通过加强和推动乡村文化建设,实现乡村文化振兴。

一、乡村文化的内涵及其作用

(一)乡村文化的内涵

乡村文化源于乡村生活,是乡村居民在长期从事农业生产和生活的过程中创造的物质成果和精神成果的总和,乡村文化带有浓厚的乡土气息和人文气息。乡村文化的物质方面包括乡村的房屋住所、劳动工具、生活器具、服饰以及艺术品等,是乡村文化的外在表现形式;真正具有乡村文化内涵的还是乡村的非物质文化,包括乡村风俗习惯、乡民信仰、乡间道德伦理,当地特有的语言、艺术以及一些其他约定俗成的东西。这些物质与非物质的乡村文化中蕴含的深刻内涵是乡村居民的价值观及乡村的共同的价值观。

中国作为一个传统农业大国,乡村历史极为悠久。在深厚的历史积淀中,乡村文化逐渐形成和发展起来,中华民族传统文化就是在乡村文化的基础上诞生的。乡村文化是中华民族的本土文化。

(二)乡村文化的作用

乡村文化是乡村社会得以延续的核心。在人们的乡愁中,不仅有乡村的青山绿水,更有乡土社会中邻里互助的社会关系、祖先崇拜的仪式和庙会、乡村戏剧的热闹,这些规则、仪式和活动将乡村生活的居民团结在一起,形成了乡村社会。如果没有乡村文化,那么乡村也就成为一潭死水,无从振兴。如果乡村振兴只是在乡村建设几间民宿,开几个咖啡馆,让一些城里人到乡村来换换空气,尽管可以增加就业、提高收入,但却不是真正的乡村振兴,至少不是农民的乡村振兴。从这个意义上说,乡村振兴的核心是乡村文化的振兴。

1. 乡村文化赋予了生活的意义

乡土社会是由人组成的,同时又超越了个体,是文化将这些个体连接成为一个有机的整体,并赋予乡村生活价值。比如乡土社会中有许多节日,每个节日都有着不同的意义。许多农耕社会有庆祝丰收的节日,比如藏族的旺果节,是沟通人与自然,祈求风调雨顺、保证农业丰收的节日。春节是家庭、家族和社区共同庆祝周而复始,新的一年开始的节日。清明节和七月节是供人们缅怀逝去的亲人,沟通生者与亡者的节日,通过与亡者的交流,逝去的亲人仍然活在现实世界的人们的心中。人们在庆祝这些节日的过程中,人与自然、人与人、生者与亡者保持了沟通,成为联系密切的共同体。即使远离家乡,许多农民也要长途跋涉在节日回到家乡,参与这些节日,是因为有了这些节日,他们的生活才有意义。

2. 乡村文化赋予乡村社会以秩序

尽管我国是法治社会,但是乡村日常生活中有很多事情是法律无法管,或管理成本很高的事情。在乡村社会中,文化发挥了更重要的作用,是乡村社会实行德治和自治的基础。传统的乡村社会中,社会变化相对比较缓慢,老年人积累了丰富的知识可以教导青年人,因此老年人在社会中具有较高的地位。但是到了现代社会,社会发展的速度越来越快,人们有很多渠道获取知识,受过现代教育的年轻人更容易利用互联网等获取知识。而老年人在知识上的优势已经不复存在,要维持年轻人对老年人的尊重,就需要文化的力量,有文化的乡村可以看到长幼有序,秩序井然的和谐景象,而文化的断裂经常会导致乡村中的矛盾和冲突。

3. 乡村文化为实现乡村振兴提供了基础

在迅速的工业化和城市化过程中,西方国家以乡村社会消亡为代价获得农业快速发展。与西方国家不同,东方社会希望在快速的城市化过程中保留乡村,如日本、韩国和中国的台湾地区,在高速工业化和城市化过程中,都曾经以不同名义推动乡村振兴,希望避免西方乡村消亡的道路。东方社会振兴乡村的重要内容之一就是保护乡村文化。

二、乡村文化建设的重要性

文化是民族的血脉,是人民的精神家园。乡村文化是乡村振兴的源头活水。乡村文化建设是振兴乡村、发展农村的关键所在。

(一)乡村文化建设是凝心聚力的重要途径

乡村振兴是一项前无古人的伟大事业,是一项前景光明的崇高事业,更是一项需要凝聚各方力量同心同向发力的世纪伟业,需要营造乡村振兴的良好氛围。要宣传党的乡村振兴方针政策和各地丰富的实践经验,振奋基层干部群众的精神;在全社会树立"乡村振兴人人有责"的强烈意识,促进各级党委和政府的有关部门在干部配备、要素配置、资金投入、公共服务等方面,对乡镇优先做出制度性安排;以"乡情""乡愁"为纽带,吸引社会各界能人和各方力量投向乡村文化建设。

(二)乡村文化建设是树人扶志的主要抓手

扶人先扶志。扶志就是扶思想、扶观念、扶信心,克服小富即安的小农思想,树立产业兴旺发展和乡村振兴的斗志和勇气。农民既是乡村振兴的主体,也是乡村振兴的受益者。没有发展的主观愿望,乡村无法振兴。调查发现,一些地方和一些农民,日常生活基本处于"两打"状况:一是打工,二是打牌,小富即安的思想盛行;还有一些人"靠着墙根晒太阳,等着别人送小康"。对于这些对象,要通过宣传教育,让他们有想法,要发展。按照中央要求,就是要切实发挥农民在乡村振兴中的主体作用,调动亿万农民的积极性、主动性、创造性,要激发内生动力。志气提升主要来自学识、素养等文化内涵的提升,因此,要重视乡村振兴中文化对人心的浸润,提升农民思想境界,提振农民精气神,提高农民生产生活价值追求。

(三)乡村文化建设是增长才能和智慧的有效平台

实施乡村振兴战略,急需破解人才瓶颈制约,获得智力支持。调查发现,不少农民确实有发展致富的愿望,也有干劲,下得苦,舍得干。但是花了不少气力,还是做不成产业,形不成规模。原因是起点低,不懂专业、技术,更不懂产业、市场,也不懂管理。实践证明,乡村经济要发展,乡村产业要兴旺,必须提升农民科学文化素养,培养培育知识型、技能型、创新型农民,增强农民的市场竞争能力。所以,乡村振兴必须要有智力支持,强化人才支撑。一方面,着力培育新型职业农民和乡土人才,扶持培养一批农业职业经理人、经纪人、乡村工匠、文化能人和非遗传承人等。另一方面,要聚天下英才而用之,以更加开放的胸襟引来人才,用更加优惠的政策留住人才,用共建共享的机制用好人才,掀起新时代"上山下乡"的新热潮。

(四)乡村文化建设是淳化民风的基本手段

乡村振兴,乡风文明是保障。实现乡村振兴,全面建成小康社会,不仅需要有农民增收致富的指标,更需要有乡风文明建设的要求。过去一个时期,乡村建设存在重经济发展、轻文化建设的倾向,乡风文明建设没有得到足够重视,以至于出现经济发展了,但道德滑坡的现象。一些地方村落共同体解体,德孝文化和诚信文化削弱,守望相助传统消失。邻里矛盾突出,干群关系紧张,乡村增加了不和谐的音符,各种矛盾的积累甚至成为社会不稳定的因素。一些地方人情风压头,老百姓苦不堪言。还有的村庄打牌赌博、迷信盛行等。因此,乡风文明不仅是全面小康社会的重要内容,更是乡村振兴战略的重要抓手。只有按照中央的要求,坚持物质文明和精神文明一起抓,提升农民精神风貌,培育文明乡风、良好家风、淳朴民风,不断提高乡村社会文明程度,才能发展农村、振兴农村,才能不断提高农村老百姓的获得感和幸福感。

(五)乡村文化建设是留人留心的庇护所

乡村振兴,要让乡村留得住人,更要留得住人才。调查发现,农村青壮年在农村留不下来,主要是因为"冒得钱、冒得事、冒得味,还有小孩子冒得好书读"。冒得事,当然就冒得钱。解决有事做、有钱赚的问题,要靠发展经济、发展有活力有前途的产业才能解决,也就是要产业兴旺。冒得味,主要是缺乏健康有益的文化生活,传统农耕文明流传下来的乡情、乡愁也日益寡淡。所以,中央文件提出来,要加强农村公共文化建设,按照有标准、有网络、有内容、有人才的要求,健全乡村公共文化服务体系。要高度重视发展农村义务教育,推动建立以城带乡、整体推进、城乡一体、均衡发展的义务教育发展机制,让农村儿童都能受到良好的教育。此外,还要加强健康乡村建设和农村社会保障体系建设。这些问题能够妥善解决,乡村才留得住人,农村空心化、老龄化的问题才能得到缓解,乡村振兴才有基础。

三、乡村文化建设的基本原则

(一)以乡村为本位,推进乡村文化建设

我们要振兴的乡村,不是为了别人的乡村,而是以乡村为本位的乡村,是以

农民为本位的乡村,因而是传统的、本土的、公共的、农民说了算的自主的乡村。

首先,要提高农民的文化和职业教育素质。乡村振兴并不是让农民回到乡村,自己在家里头,哪里都不去,自己去建设,用传统的办法振兴农村。而是要提高农民的素质,让农民更好地适应现代社会,增加就业能力。其次,要恢复乡村本土文化,以此激发村民的认同感和自豪感。乡村的很多文化价值在现代社会依然具有重要价值,值得发扬光大。如果农民感到自己在村庄里是一个有价值的人,获得尊严感,那么,农民在也是有发展前途的。

第三,开拓乡村公共文化空间,建设村民自主的社会共同体文化。目前,党和政府以公共文化服务的方式开展了系列农村文化活动,特别是基础设施,比如广播电视"村村通"、文化信息共享工程等,这些对乡村非常必要,但更重要的是要激活农民本身的文化认同感与自豪感,要让村民们对本村特有的社会共同体文化有认同感。

(二)以保护为前提,推进乡村文化建设

乡村文化是传统文化的基因库,是充满个性和多样化的文化。个性和多样化是指每个农村都有特殊的个性,都有自身特殊的历史传承和文化特点。特定的乡村文化是由特定的自然环境、植被作物、生产方式、社会组织、风俗习惯、村落格局、民居建筑、语言器具等组成的传统文化资源。这些传统文化资源的存在,才使乡村拥有了与现在的城市不同的价值。

在乡村传统村落保护上,要把村落整体保护起来,既要保护其物质文化遗产,也要保护其非物质文化遗产,这是一个独立的整体,缺一不可。

另外,要注重活体保护。传统村落不同于古建筑,古建筑属于过去时,乡土建筑因为人还居住着,所以是现代时,所有的建筑都有人居住,有人生活,所以必须不断修缮,乃至更新与重建。传统村落的保护不是文保单位,而是村民生产和生活的基地,所以传统村落的保护必须立足于改善村落人民生活质量的提高,保护必须与发展结合,这让村民们分享传统村落的功能而获得利益。

(三)坚持城乡文化优势互补、资源共享,推进乡村文化建设

城市文化和乡村文化是对等和平等的关系。城市文化是契约社会的文化,讲究的是效率、公平、法治,崇尚的是创新、富有活力、尊重个性空间,但城市容易出现交通拥堵、环境恶化,人与人之间的关系冷漠等城市病。乡村文化则是熟人社会文化,崇尚的是互助和谐、邻里守望、诚实守信、集体意识,注重传统、富有包容性,但如果没有外界文化的介入和交流,乡村文化大多会走向封闭、保守,乃至僵化。

在城镇化过程中,乡村文化优势更加显现出来。第一,城市需要乡村文化作

为稳定器、大后方;第二,当城市失去文化,失去方向的时候,乡村是指南针;第三,在城市能源枯竭时,乡村文化是创新的源头活水;第四,在城市面貌趋同时,多样化的乡村文化可以为城市建设提供形态丰富的样本。

乡村则需要城市文化来激发活力,需要城市的先进经验、眼界和方法以及人才。所以,要以新型、良性的城乡二元结构为基础,搭建更多的文化平台,让城乡文化在更平等、更公平的空间里互相交流、互相融合,共建共赢。要让进城的农民生活得有尊严,让留在农村的农民有盼头,让城里人觉得农村有意思。

(四)以生态文明战略为指导,推进乡村文化建设

在现代化进程中,农业所蕴含的生态文明价值逐步显现,比如尊重自然、爱物惜物、崇尚节约、循环生活的意识。乡村文化的多重功能主要落在休闲、养老、文化创意、有机慢生活等理念上,在新时代更具前景。

四、乡村文化建设基本策略

中国乡村充满个性和多样性,村与村之间千差万别。乡村文化建设应根据自身不同情况进行建设。现在的农村有60%的乡村将来将要融入城市,在这60%乡村中,乡村文化建设重点应该是保障农民利益;有10%的乡村是要消失的,要为这些农民做好进城的文化教育和人才准备;还有30%的乡村要成为真正的乡村,这是整个乡村文化建设的重点。

(一)在文化建设中唤起村民的文化自觉

乡村文化是村民自身的文化。乡村文化建设中首先要唤起村民的文化自觉。要让村民懂得:第一,村民是乡村物质财富的创造者;第二,村民是乡村文化的建设者和享有者;第三,村民是乡村文化最核心的资源。要唤起村民的自觉,以尊重乡村,尊重农民的方式来建设乡村文化。

1. 发挥公共文化服务功能

公共文化服务是一种重要资源,要将文化融入整个经济、社会发展整体布局中,比如把文化融入教育,把文化融入科技,把文化融入民俗,把公共文化服务融入经济社会整体发展的各项事业当中,文化和社会才能够相互依存、相互支持,更好发展。

2. 发挥地方文化作用

"文化三下乡"等于是"吃大餐",大餐不能天天吃,日常吃的还是地方"家常饭"。家常饭是指地方文化、地域文化、本土文化、乡土文化,所以,最重要的是要

发展地方文化,让文化接上地气。在乡村,孝道文化在农村是最起作用的文化。如果一个村庄孝道成风,那一定是和谐的村庄。

3. 发挥乡贤作用

乡贤是指本土本乡有德行,有才能,有声望,而且被本地村民所尊重的贤人。传统的中国乡村历来是"皇权不下县",靠乡绅来治理。要用乡贤的嘉言懿行垂范乡里、涵育文明乡风,让社会主义核心价值观在乡村深深扎根,同时以乡情、乡愁为纽带,吸引和凝聚各方面的成功人士,用其学识专长、创业精神反哺桑梓,建设美丽乡村。

4. 培育乡村文化新人

要给年轻人搭建更多的平台,挖掘更多的乡村价值,让年轻人感觉到在乡村有奔头,有前途,而且能够成就自己的事业。

(二)改善乡村生活环境和乡村景观

2013年,农业部启动了"美丽乡村"工程,在全国掀起了美丽乡村建设热潮。建设乡村,首先要建设一个生态乡村,一个有发展有前途的乡村,一个文化的乡村,即"让鸟回来,让人回来,让传统民俗回来"。

改善生活环境和村庄景观最成功的是郝堂村(哪个地方的)模式,也是一个可复制、可借鉴的模式。首先是实现村庄整洁。其次是"一建四改"(建沼气池、改水、改厕、改厨、改圈)。三是恢复农业生态,涵养土地。在此基础上,要对旧村进行有序改造。旧村改造的过程最好不要大拆大建,应实行"三尊重"(尊重自然环境,尊重群众意愿,尊重村庄的文化肌理)和"四不"原则(不挖山、不填塘、不砍树、不拆房)。在此基础上,将人吸引回来,人回来了,民俗也就回来了。

(三)政府引导,以农民为主体,借助社会力量壮大乡村文化

政府引导是乡村文化发展的第一要素。政府要有科学发展乡村的理念,有尊重群众需求的襟怀,有包容众多意见的肚量,有沉稳如一的工作作风和功成不必在我的风度。要给基层干部和老党员、老干部搭好做事的平台。同时,借助外来的力量,促进乡村的内生发展。

自治、法治、德治相结合的乡村治理体系

西北农林科技大学副教授　刘冬梅

党的十九大报告提出健全自治、法治、德治相结合的乡村治理体系,这是首次在党的重大报告中针对乡村治理问题提出这一要求。建设"三治合一"的乡村治理体系,既是全面依法治国的背景下加强基层民主法治建设的应有之举,也是实现乡村振兴战略的本质要求。

一、自治是乡村治理体系的核心

村民自治作为中国特色的基层民主政治制度,有着深厚的历史根基和群众基础,是中国共产党领导和推进国家治理体系和治理能力现代化的保障。村民自治包涵民主选举,民主决策,民主管理,民主监督。

(一)民主选举是村民自治的基础

1. 村民选举资格

案例1:丁某属于某村村民,但是不在村中居住,一直在县城居住,从事水果营销,村里的事几乎不过问。进行换届选举时,村民委员会认为,丁某虽然户籍还在农村,但是由于一直在县城居住,脱离了该村的实际管辖范围,不宜认定为此次换届选举的村民。但是,丁某认为自己一直是该村的村民,且户籍仍在该村,多次表示要参加选举。到最后,村民委员会并没有将丁某写进选民名单,村委会的做法是否正确?

案例2:某村村民委员会换届选举,李某户籍虽不在本村,但是在本村已经居住生活了3年。李某希望参加此次换届选举,并且向村民委员会提交了申请。村民委员会做出同意李某参加此次村民委员会选举的决定。但是,有的村民对此有不同的意见:认为李某虽然已经在本村居住了3年,但是户籍不在本村,如果以后有更多的人来本村居住几年,是不是都有权参加村民委员会换届选举?李某能否参加该村的选举?

《村委会组织法》第十三条第一款和第二款规定:"年满十八周岁的村民,不分民族、种族、性别、职业、家庭出身、宗教信仰、教育程度、财产状况、居住期限、

都有选举权和被选举权;但是,依照法律被剥夺政治权利的人除外。

村民委员会选举前,应当对下列人员进行登记,列入参加选举的村民名单:

(一)户籍在本村并且在本村居住的村民;

(二)户籍在本村,不在本村居住,本人表示参加选举的村民;

(三)户籍不在本村,在本村居住一年以上,本人申请参加选举,并且经村民会议或者村民代表会议同意参加选举的公民。

已在户籍所在村或者居住村登记参加选举的村民,不得再参加其他地方村民委员会的选举。"

2. 对选民名单有异议的处理程序

案例:李某是新光村村民,早年丧偶,外出打工,但户籍所在地一直还在新光村。2017年4月,新光村启动了村民委员会换届选举工作,新光村村民选举委员会认为李某没有选举权,不予进行选民资格登记。李某当即与选举委员会的负责人理论,但对方告诉他,选举委员会已经经过集体讨论,认为他没有选举资格。之后,李某起诉到法院,要求确认他具有选举龙游县湖镇镇新光村村民委员会成员的选举资格。最终法院驳回了李某的起诉。

根据《村委会组织法》第十四条规定:"登记参加选举的村民名单应当在选举日的二十日前由村民选举委员会公布。对登记参加选举的村民名单有异议的,应当自名单公布之日起五日内向村民选举委员会申诉,村民选举委员会应当自收到申诉之日起三日内做出处理决定,并公布处理结果。"也就是说,对村民委员会选民资格资格审查的权力、解释或者纠正的权力,包括主持选举工作的全部权力,都在村民选举委员会,属于村民自治范围,不属于法院受案范围。

案例:2013年11月19日,重庆某村举行村民委员会选举,由乡政府负责指导、监督村民的选举活动。但村民彭某认为选举活动程序违法,没有严格按照《重庆市村民委员会选举办法》规定进行,选举结果无效。于是2015年1月5日向法院提起行政诉讼,要求确认乡政府指导村民选举程序违法,并确认选举结果无效。

根据《村民委员会组织法》第五条的规定,乡镇人民政府与村委会的工作关系是指导、支持和帮助的关系,乡镇政府对村委会无直接领导权,只是指导村民选举委员会的选举活动,而没有做出具体的行政决定。同时,根据《最高人民法院关于执行〈中华人民共和国行政诉讼法〉若干问题的解释》的规定,"不具有强制力的行政指导行为"不在行政诉讼范围之内。因此,本案具有不可诉性。

3. 村民选举投票要求

案例:大刘村有村民1465人,18周岁以上的村民1220人,参加选民登记的有1002人。2015年4月,大刘村进行村委会换届选举,村委选举委员会进行现场统计,到会人数886人,有选举权的503人,选举开始,选出王某等5人为村委会成员。宣布结果后,计票员发现收到的总票数只有499张,到场的选民中有4人中途离开,没有投票。问选举是否有效?

《村民委会组织法》第十五条规定:选举村民委员会,有登记参加选举的村民过半数投票,选举有效;候选人获得参加投票的村民过半数的选票,始得当选。当选人数不足应选名额的,不足的名额另行选举。另行选举的,第一次投票未当选的人员得票多的为候选人,候选人以得票多的当选,但是所得票数不得少于已投选票总数的三分之一。

(二)民主决策是村民自治的关键

1. 村民会议决策

(1)村民会议的组成、召集及表决要求

《村民委会组织法》第二十一条:"村民会议由本村十八周岁以上的村民组成。村民会议由村民委员会召集。有十分之一以上的村民或者三分之一以上的村民代表提议,应当召集村民会议。召集村民会议,应当提前十天通知村民。"

《村民委会组织法》第二十二条:"召开村民会议,应当有本村十八周岁以上村民的过半数,或者本村三分之二以上的户的代表参加,村民会议所作决定应当经到会人员的过半数通过。法律对召开村民会议及做出决定另有规定的,依照其规定。"

此外,相关法律还包括,《农村土地承包法》第二十七条规定,承包期内,因自然灾害严重毁损承包地等特殊情形对个别农户之间承包的耕地和草地需要适当调整的,必须经本集体经济组织成员的村民会议三分之二以上成员或者三分之二以上村民代表的同意,并报乡(镇)人民政府和县级人民政府农业等行政主管部门批准。第四十八条规定,发包方将农村土地发包给本集体经济组织以外的单位或者个人承包,应当事先经本集体经济组织成员的村民会议三分之二以上成员或者三分之二以上村民代表的同意,并报乡(镇)人民政府批准。

(2)村民会议决策事项

《村民委会组织法》第二十三条:"村民会议审议村民委员会的年度工作报告,评议村民委员会成员的工作;有权撤销或者变更村民委员会不适当的决定;有权撤销或者变更村民代表会议不适当的决定。村民会议可以授权村民代表会议审议村民委员会的年度工作报告,评议村民委员会成员的工作,撤销或者变更村民委员会不适当的决定。"

《村民委会组织法》第二十四条:涉及村民利益的下列事项,经村民会议讨论决定方可办理:

(一)本村享受误工补贴的人员及补贴标准;

(二)从村集体经济所得收益的使用;
(三)本村公益事业的兴办和筹资筹劳方案及建设承包方案;
(四)土地承包经营方案;
(五)村集体经济项目的立项、承包方案;
(六)宅基地的使用方案;
(七)征地补偿费的使用、分配方案;
(八)以借贷、租赁或者其他方式处分村集体财产;
(九)村民会议认为应当由村民会议讨论决定的涉及村民利益的其他事项。村民会议可以授权村民代表会议讨论决定前款规定的事项。

《村民委会组织法》第二十七条:村民会议可以制定和修改村民自治章程、村规民约,并报乡、民族乡、镇的人民政府备案。

案例:王村土地被政府征收,由村委会出面与政府签订了征地协议,政府依据相关法律和地方性政策对王村进行了征地补偿。王村156户村民以村委会没有召开村民会议为由,请求法院判决宣告征地补偿协议无效。问:征地协议是否需要村民会议决定?

《土地管理法》第十条规定,农民集体所有的土地依法属于村农民集体所有的,由村集体经济组织或者村民委员会经营、管理。《物权法》第六十条规定,对于集体所有的土地和森林、山岭、草原、荒地、滩涂等,属于村农民集体所有的,由村集体经济组织或者村民委员会代表集体行使所有权。据此,村民委员会代表农民集体行使所有权,有权与土地征收实施部门签订征地协议。《村民委员会组织法》作为规范村民自治制度的基础性法律,第二十四条第一款对须经村民会议讨论决定方可办理的涉及村民利益的事项作了列举式限制性规定,村民委员会或者村民委员会代表与土地征收实施部门根据国务院或省级政府征地批复签订征地协议,并不属于村民会议讨论决定、行使村民自治权的范畴。

案例:李女是李家村人,嫁到了50里外的八斗冲,因为是独生女,常要照顾父母,所以三天两头回娘家,基本上娘家、婆家各住一半。户口也没有迁出仍在娘家。可是自她出嫁后,村里就收回了她的承包地;而婆家八斗冲因为没有她的户口,也不给她分配承包地。她去找村主任理论此事,村主任说:"这可是村民会议所决定的,三分之二以上的村民都要求收回你的承包地,我一个人做不了主,你别找我。找我也没有办法解决此问题。"

《农村土地承包法》第三十条规定:"承包期内,妇女结婚,在新居住地未取得承包地的,发包方不得收回其原承包地;妇女离婚或者丧偶,仍在原居住地生活或者不在原居住地生活但在新居住地未取得承包地的,发包方不得收回其原承包地。"按照此法律规定,李家村不应该剥夺李女的土地承包经营权,更不应该收回其承包地。村民会议的决定不得违反国家法律。《物权法》第六十三第二款规定:"集体经济组织、村民委员会或者其负责人做出的决定侵害集体成员合法权益的,受侵害的集体成员可以请求人民法院予以撤销"。按照此法律规定,李女完全可通过诉讼撤销村委会的决定,来维护自己的土地承包权。

2. 村民代表会议决策

(1)村民代表会议的组成

《村民委会组织法》第二十五条:人数较多或者居住分散的村,可以设立村民代表会议,讨论决定村民会议授权的事项。村民代表会议由村民委员会成员和村民代表组成,村民代表应当占村民代表会议组成人员的五分之四以上,妇女村民代表应当占村民代表会议组成人员的三分之一以上。村民代表由村民按每五户至十五户推选一人,或者由各村民小组推选若干人。村民代表的任期与村民委员会的任期相同。村民代表可以连选连任。

(2)村民代表会议的召集

《村民委会组织法》第二十六条:村民代表会议由村民委员会召集。村民代表会议每季度召开一次。有五分之一以上的村民代表提议,应当召集村民代表会议。村民代表会议有三分之二以上的组成人员参加方可召开,所作决定应当经到会人员的过半数同意。

(3)村民小组会议决策

《村民委会组织法》第二十八条第三款规定:属于村民小组的集体所有的土地、企业和其他财产的经营管理以及公益事项的办理,由村民小组会议依照有关法律的规定讨论决定,所作决定及实施情况应当及时向本村民小组的村民公布。

案例:时任河南省邓州市桑庄镇湖堰村村支部书记兼村委主任的徐某(甲方)与王某(乙方)签订了土地承包经营合同一份,将属于邓州市桑庄镇湖堰村第四村民小组所有的2.36亩耕地承包给被告王某经营。合同签订后,该2.36亩土地一直由王某管理、使用。后该村民小组以土地承包经营合同无效、王某擅自变更用途用于个人房地产开发为由向法院提起诉讼。诉讼中,王某辩称,在签订土地承包经营合同时,湖堰村村委会召开了村民代表会议,参加会议人数达到在家居住村民的三分之二,不违反我国村民委员会组织法的规定,合同有效。

《土地管理法》第十二条规定:农民集体所有的土地依法属于村农民集体所有的,由集体经济组织或者村民委员会发包。已经分别属于村内两个以上农村集体经济组织的农民集体所有的,由村内各该农村集体经济组织或者村民小组发包。根据《村民委会组织法》,属于村民小组的集体所有的土地、企业和其他财产的经营管理以及公益事项的办理,由村民小组会议依照有关法律的规定讨论决定。

(三)民主管理是村民自治的重点

民主管理是村民自治的重点,村民自我管理是村民自治的根本内容。在民主管理中一是村民根据法律、法规及政策,结合本村实际情况,通过村民会议制定本村村规民约,村务管理规则等,建立各种村级管理制度,将村民自我管理纳入法制化轨道,实现对村级事务的规范化管理;二是建立村民自治章程,做到"依法治村,以制度治村,全面系统,民主管理。

案例:某村经常发生狗咬伤人的事件,为此,村委会成员开会,经表决一致通过制定了一项"打狗令"的村规民约。从即日起,养狗村民必须将自家的狗进行圈养,否则,一经发现狗跑了出来,任何村民都可将狗打死不管,且一律罚款50元。之后,村委会并组建了若干打狗小分队进行逐村巡逻,开展"打狗行动"。某日,村民王某的狗挣脱绳索从家里跑了出来,正好被在村中巡逻的打狗小分队发现,当即将狗打死。王某听说自家狗被打死遂要求打狗队赔偿,打狗队以村里有村规民约为由拒绝赔偿。

《村民委会组织法》第二十七条:村民会议可以制定和修改村民自治章程、村规民约,并报乡、民族乡、镇的人民政府备案。村民自治章程、村规民约以及村民会议或者村民代表会议的决定不得与宪法、法律、法规和国家的政策相抵触,不得有侵犯村民的人身权利、民主权利和合法财产权利的内容。村民自治章程、村规民约以及村民会议或者村民代表会议的决定违反前款规定的,由乡、民族乡、镇的人民政府责令改正。

(四)民主监督是村民自治的保障

1. 村务公开,接受村民的监督

《村民委会组织法》第三十条:村民委员会实行村务公开制度。村民委员会应当及时公布下列事项,接受村民的监督:

(一)本法第二十三条、第二十四条规定的由村民会议、村民代表会议讨论决定的事项及其实施情况;

(二)国家计划生育政策的落实方案;

(三)政府拨付和接受社会捐赠的救灾救助、补贴补助等资金、物资的管理使用情况;

(四)村民委员会协助人民政府开展工作的情况;

(五)涉及本村村民利益,村民普遍关心的其他事项。

前款规定事项中,一般事项至少每季度公布一次;集体财务往来较多的,财务收支情况应当每月公布一次;涉及村民利益的重大事项应当随时公布。

村民委员会应当保证所公布事项的真实性,并接受村民的查询。

案例:2015年3月19日,通过书面邮寄的方式,习水县良村镇大安村村民谢某向大安村村委会申请就相关征地补偿款的发放和使用情况提出村务公开,大安村村委会签收后,未对谢某进行答复。谢某不服,2015年4月22日向习水县良村镇人民政府提交督促履行申请书,要求良村镇人民政府督促村委会履行村务公开的法定职责。可是大安村村委会仍然不予公开,良村镇人民政府也未依法履行监督的法定职责,督促大安村村委会公开。于是,谢某依法向习水县人民政府申请行政复议,2015年10月15日,习水县人民政府作出行政复议决定,内容为由良村镇人民政府在60日内根据《村民委员会组织法》第三十一条规定履行法定职责。习水县人民政府作出行政复议决定后,良村镇人民政府并未提起诉讼,也未在60日内履行行政复议决定确定的义务,没有公开谢某所需的村务信息。为此,谢某将习水县人民政府诉至法院,要求习水县人民政府督促村委会继续履行义务,公开谢某所需的信息。法院判决习水县人民政府于本判决生效之日起60日内,督促良村镇人民政府履行监督大安村村委会向原告公开相关村务信息的法定职责。

《村民委会组织法》第三十一条:村民委员会不及时公布应当公布的事项或者公布的事项不真实的,村民有权向乡、民族乡、镇的人民政府或者县级人民政府及其有关主管部门反映,有关人民政府或者主管部门应当负责调查核实,责令依法公布;经查证确有违法行为的,有关人员应当依法承担责任。

2.村务监督机构的监督

《村委会组织法》第三十二条规定,村应当建立村务监督委员会或者其他形式的村务监督机构。2017年12月,中共中央办公厅、国务院办公厅印发了《关于建立健全村务监督委员会的指导意见》,主要内容如下:

(1)人员组成与任期

村务监督委员会一般由3至5人组成,设主任1名。村务监督委员会成员其中应有具备财会、管理知识的人员。村民委员会成员及其近亲属、村会计(村报账员)。村务监督委员会成员由村民会议或村民代表会议在村民中推选产生,任期与村民委员会的任期相同。任何组织和个人不得指定、委派村务监督委员会成员。村文书、村集体经济组织负责人不得担任村务监督委员会成员。

(2)职责权限

村务监督委员会的职责是:对村务、财务管理等情况进行监督,受理和收集村民有关意见建议。

村务监督委员会及其成员有以下权利:

知情权。列席村民委员会、村民小组、村民代表会议和村"两委"联席会议等,了解掌握情况。

质询权。对村民反映强烈的村务、财务问题进行质询,并请有关方面向村民作出说明。

审核权。对民主理财和村务公开等制度落实情况进行审核。

建议权。向村"两委"提出村务管理建议,必要时可向乡镇党委和政府提出建议。

村务监督委员会及其成员要依纪依法、实事求是、客观公正进行监督,不直接参与具体村务决策和管理,不干预村"两委"日常工作。主持民主评议权。村民会议或村民代表会议,对村民委员会成员以及由村民或村集体承担误工补贴的聘用人员履行职责情况进行民主评议,由村务监督委员会主持。

(3)监督内容

村务监督委员会要紧密结合村情实际,重点加强以下方面的监督:村务决策和公开情况,村级财产管理情况,村工程项目建设情况,惠农政策措施落实情况,农村精神文明建设情况,其他应当监督的事项。

3. 村民委员会成员实行任期和离任经济责任审计

村民委员会成员的任期和离任经济责任审计,由县级人民政府农业部门、财政部门或者乡、民族乡、镇的人民政府负责组织,审计结果应当公布,其中离任经济责任审计结果应当在下一届村民委员会选举之前公布。

二、法治是乡村治理体系的保障

(一)法治乡村措施

法治是安邦定国的重要手段,"小智治事,中智治人,大智立法"。对于乡村治理而言,法治是重要保障。党的十八大以来,我国乡村治理坚持法治为本,树立依法治理的理念,基本实现有法可依。但当前农村法治建设方面仍存在一些不尽如人意之处。比如,基层法律人才缺乏,群众信访不信法的问题比较突出;基层干部法治观念、法治为民的意识不强,依法行政的水平不高;普遍缺少法律服务机构,法律服务比较薄弱。针对建设法治乡村的问题,《中共中央国务院关于实施乡村振兴战略的意见》提出了六项措施:

1. 坚持法治为本,树立依法治理理念,强化法律在维护农民权益、规范市场运行、农业支持保护、生态环境治理、化解农村社会矛盾等方面的权威地位;

2. 增强基层干部法治观念、法治为民意识,将政府涉农各项工作纳入法治化轨道;

3. 深入推进综合行政执法改革向基层延伸,创新监管方式,推动执法队伍整合、执法力量下沉,提高执法能力和水平;

4. 建立健全乡村调解、县市仲裁、司法保障的农村土地承包经营纠纷调处机制；

5.加大农村普法力度,提高农民法治素养,引导广大农民增强尊法学法守法用法意识；

6.健全农村公共法律服务体系,加强对农民的法律援助和司法救助。

考虑到目前农民最关心的问题是土地问题,因此,本课程重点讲解第 4 项措施。

(二)农村土地承包经营纠纷调处机制

1.农村土地承包纠纷解决方式

《农村土地承包经营纠纷调解仲裁法》第三条规定,发生农村土地承包经营纠纷的,当事人可以自行和解,也可以请求村民委员会、乡(镇)人民政府等调解。第四条规定,当事人和解、调解不成或者不愿和解、调解的,可以向农村土地承包仲裁委员会申请仲裁,也可以直接向人民法院起诉。

(1)当事人自行和解

(2)调解

《农村土地承包经营纠纷调解仲裁法》第七条规定,村民委员会、乡(镇)人民政府应当加强农村土地承包经营纠纷的调解工作,帮助当事人达成协议解决纠纷。第八条规定,当事人申请农村土地承包经营纠纷调解可以书面申请,也可以口头申请。口头申请的,由村民委员会或者乡(镇)人民政府当场记录申请人的基本情况、申请调解的纠纷事项、理由和时间。第十条规定,经调解达成协议的,村民委员会或者乡(镇)人民政府应当制作调解协议书。调解协议书由双方当事人签名、盖章或者按指印,经调解人员签名并加盖调解组织印章后生效。第十一条规定,仲裁庭对农村土地承包经营纠纷应当进行调解。调解达成协议的,仲裁庭应当制作调解书；调解不成的,应当及时作出裁决。

(3)仲裁

关于农村土地承包经营民事纠纷可以提前仲裁,如因征收集体所有的土地及其补偿发生的纠纷,不属于农村土地承包仲裁委员会的受理范围,但可以通过行政复议或者诉讼等方式解决。

《农村土地承包经营纠纷调解仲裁法》第十二条规定,农村土地承包仲裁委员会,根据解决农村土地承包经营纠纷的实际需要设立。农村土地承包仲裁委员会可以在县和不设区的市设立,也可以在设区的市或者其市辖区设立。

第十八条规定,农村土地承包经营纠纷申请仲裁的时效期间为二年,自当事人知道或者应当知道其权利被侵害之日起计算。

第四十七条规定,仲裁农村土地承包经营纠纷,应当自受理仲裁申请之日起六十日内结束；案情复杂需要延长的,经农村土地承包仲裁委员会主任批准可以延长,并书面通知当事人,但延长期限不得超过三十日。

第四十八条规定,当事人不服仲裁裁决的,可以自收到裁决书之日起三十日内向人民法院起诉。逾期不起诉的,裁决书即发生法律效力。

第四十九条规定,当事人对发生法律效力的调解书、裁决书,应当依照规定的期限履行。一方当事人逾期不履行的,另一方当事人可以向被申请人住所地或者财产所在地的基层人民法院申请执行。受理申请的人民法院应当依法执行。

(4)诉讼

当事人就农村土地承包经营纠纷直接向法院起诉的,法院应当受理。当事人对仲裁裁决不服并在收到裁决书之日起三十日内提起诉讼的,人民法院应予受理。

案例:刘某系某村村民,属该村集体经济组织成员,1998年某村分地时,未与刘某签订土地承包合同,未向刘某颁发土地承包经营权证书,刘某亦未实际取得承包土地。此后,刘某找到该村村委会,要求村委会向其分地,村委会予以拒绝,故刘某诉至北京市通州区人民法院,要求确认其享有4.4亩土地的承包经营权。法院经审理认为刘某未实际取得4.4亩土地承包经营权,故裁定驳回刘某的起诉。

根据《最高人民法院关于审理涉及农村土地承包纠纷案件适用法律问题的解释》第一条规定,集体经济组织成员因未实际取得土地承包经营权提起民事诉讼的,人民法院应当告知其向有关行政主管部门申请解决。人民法院只受理权利人依法取得土地承包经营权之后产生的纠纷,在没有取得之前,不具备民事纠纷的可诉性。要求取得土地承包经营权,只能向集体经济组织或者指导该集体经济组织的相关行政机关提出,不能提起民事诉讼。另外,集体经济组织成员就用于分配的土地补偿费数额提起民事诉讼的,人民法院不予受理。

2.农村土地承包经营纠纷典型案例

(1)农户弃耕、撂荒后的土地承包经营权

案例:赵某携带妻子弃耕撂荒,南下深圳打工。2005年以来,中央落实一系列惠农政策,在外饱受漂泊之苦后,赵某想回家继续经营承包地。但回村后,村委会以土地已经发包给他人为由拒绝了赵某的要求。几经协商后双方没有达成共识,赵某向法院起诉要求返还土地。

最高人民法院《关于审理涉及农村土地承包纠纷案件适用法律问题的解释》第六条规定:因发包方违法收回、调整承包地,或者因发包方收回承包方弃耕、撂荒的承包地产生的纠纷,按照下列情形,分别处理:(一)发包方未将承包地另行发包,承包方请求返还承包地的,应予支持;(二)发包方已将承包地另行发包给第三人,承包方以发包方和第三人为共同被告,请求确认其所签订的承包合同无效、返还承包地并赔偿损失的,应予支持。但属于承包方弃耕、撂荒情形的,对其赔偿损失的诉讼请求,不予支持。前款第(二)项所称的第三人,请求受益方补偿其在承包地上的合理投入的,应予支持。

(2)土地承包经营权的继承问题

案例:占某的父母去世,占某想把父母生前的承包地转包给堂兄种植。村组干部得知后,认为占某与妻子多年前将户口迁到某设区的市,没有本村户口,不能处理其父母生前承包地的转包。但占某认为,《物权法》出台就是要保护私有财产,父母只有自己一个子女,他们生前的承包地理应由其继承,继承后他就有权转包,占某遂诉至法院。

《农村土地承包法》第三十一条规定,承包人应得的承包收益,依照继承法的规定继承;林地承包的承包人死亡,其继承人可以在承包期内继续承包。该法第五十条规定,土地承包经营权通过招标、拍卖、公开协商等方式取得的,该承包人死亡,其应得的承包收益,依照继承法的规定继承;在承包期内,其继承人可以继续承包。根据上述规定,占某父母生前承包的并非林地或通过招标、拍卖、公开协商等方式取得的"四荒",因此占某只能继承承包收益,不能继承承包权经营权。

(3)土地承包经营权抵押问题

案例:曲某打算购买农用车跑运输,找到同村的陈某借款,同时请邻居张某担保。为保证各方利益,三人签订了一份借款合同,约定:如果曲某不能偿还借款,陈某可以要求张某无条件偿还全部借款,如果张某无财产偿还,陈某有权将张某以家庭承包方式承包的大棚土地收归己有。不久后,曲某遇车祸不幸身亡,陈某遂要求张某尽快还款。在多次催要未果的情况下,陈某将张某告上法庭,请求判令张某的大棚土地归自己所有。

我国现行法不允许将集体所有的土地使用权进行抵押,《担保法》第三十七条第二款规定,耕地、宅基地、自留地、自留山等集体所有的土地使用权不得抵押,法律另有规定除外。《物权法》第一百八十四条也规定土地所有权,耕地、宅基地、自留地、自留山等集体所有的土地使用权不得抵押,法律规定可以抵押的除外。《农村土地承包法》第四十九条规定,通过招标、拍卖、公开协商等方式承包农村土地,经依法登记取得土地承包经营权证或者林权证等证书的,其土地承包经营权可以依法采取转让、出租、入股、抵押或者其他方式流转。因此,农村土地除了通过招标、拍卖、公开协商等方式取得并经依法登记取得土地承包经营权证或者林权证等证书的不得抵押。

中共中央十八届三中全会《关于全面深化改革的决定》提出,要赋予农民对承包经营权抵押、担保权能。2014年中央一号文件则进一步指出,"允许承包土地的经营权向金融机构抵押融资"。为了落实十八届三中全会的规定,2015年

12月27日,全国人大常委会授权国务院在北京市大兴区等232个试点县(市、区)进行农村承包土地经营权抵押贷款试点,陕西省试点地区包括杨凌区、平利县、西安市高陵区、富平县、千阳县、南郑县、宜川县、铜川市耀州区。也就是说在试点地域,农村土地承包经营权是可以抵押的。

(4)向本集体经济组织以外的人发包土地的条件和程序

案例:2000年5月,甲村的季某通过招标形式承包了乙村100亩的荒山,承包期为10年,经该村集体经济组织成员的村民代表会议三分之二以上村民代表的同意,并报乡人民政府批准。季某通过多年努力,2003年实现净收入40余万元。乙村集体经济组织干部见种植山药材有利可图,就以季某不是本村村民,无权承包本村荒山为由,强行收回其承包的荒山。季某为维护自己的合法权益,诉至温州市农村土地承包仲裁委员会,请求依法裁决。

《农村土地承包法》第四十八条规定:发包方将农村土地发包给本集体经济组织以外的单位或者个人承包,应当事先经本集体经济组织成员的村民会议三分之二以上成员或者三分之二以上村民代表的同意,并报乡(镇)人民政府批准。因此本案中乙村将荒山承包季某程序合法。

(5)承包期间,承包方全家转为非农户口的承包经营权问题

案例:原告张某一家三口原住綦江县安稳镇大堰村六组,现住綦江县古南镇。1998年张某作为承包户主依法取得承包地。2004年农转非前,原告三人均系农业户口。2004年原告办理农转非后将户口迁到綦江县古南镇,村委会要求张某一家将承包的土地交回,张某不答应,双方起了纠纷。张某起诉到当地法院。

《农村土地承包法》第二十六条规定:承包期内,发包方不得收回承包地。承包期内,承包方全家迁入小城镇落户的应当按照承包方的意愿,保留其土地承包经营权或者允许其依法进行土地承包经营权流转。承包期内,承包方全家迁入设区的市,转为非农业户口的,应当将承包的耕地和草地交回发包方。承包方不交回的,发包方可以收回承包的耕地和草地。

根据国发〔2014〕25号文件精神,现阶段,不得以退出土地承包经营权、宅基地使用权、集体收益分配权作为农民进城落户的条件。对全家迁入设区市以上转为城市户口的,承包地已经交回或收回的,本次不予确权登记。没有交回或收回的,尊重其本人意愿,愿意交回的不予确权登记,不愿意交回的应予确权登记。

三、德治是乡村治理体系的支撑

乡村是人情社会、熟人社会,而人情与道德、习俗等相连,善加利用引导便可形成与法治相辅相成的德治。而实际上,德治在我国古代基层治理中有着较为

丰富的借鉴资源,所谓"无讼"即是依靠乡土社会的礼治秩序对人们形成规范。进入新时代,我们要传承弘扬农耕文明的精华,塑造乡村德治秩序,培育弘扬社会主义核心价值观,形成新的社会道德标准,有效整合社会意识;注重树立宣传新乡贤的典型,强化道德教化作用,引导农民向上向善、孝老爱亲、夫妻和睦、重义守信、勤俭持家。建立道德激励约束机制,引导农民自我管理、自我提高,实现家庭和睦、邻里和谐、干群融洽。广泛开展好媳妇、好儿女、好公婆等评选表彰活动,开展寻找最美乡村教师、医生、村干部、家庭等活动。用榜样的力量带动村民奋发向上,用美德的感召带动村民和睦相处。

农村产权制度改革与"三变"改革

陕西省委原政策研究室副巡视员 董顺利

一、为什么要进行农村产权制度改革

(一)破除城乡二元结构的必然要求

新中国成立以后,为了在一穷二白的基础上,加快推进工业化和城镇化,1958以来逐步建立了城乡二元体制,并形成城乡二元结构。二元体制主要由以下制度支撑:

1.户籍制度:把人口分为农业户口和非农业户口两种;

2.土地(征地)制度:把土地分为国有土地和农民集体所有土地两种;

3.产权(金融)制度:城市产权发证、可抵(质)押;农村产权不发证、不能抵(质)押;

4.税费制度:向农民收取10项税费("三提五统"加"两税");此外,还有就业制度、兵役制度、赔偿制度、选举制度等。

建立二元体制的目的是"以农补工""以乡补城"。

十六大以来,中央相继提出了"多予少取放活""以工补农以城带乡"的两个基本方针和"统筹城乡发展"的基本方略,并进行了一系列改革。税费制度、就业制度、兵役制度、赔偿制度、选举制度等难度不大的改革已基本到位,二元体制只剩下土地制度和产权制度两个难啃的硬骨头。从城乡统筹、城乡一体化到城乡融合,破除城乡二元结构到了最后攻坚期。

(二)实现"两个飞跃""两个转变"的必然要求

"两个飞跃":1990年3月,邓小平在谈到农业问题时指出:"中国社会主义农业的改革和发展,从长远的观点看,要有两个飞跃。第一个飞跃,是废除人民公社,实行家庭联产承包为主的责任制。这是一个很大的前进,要长期坚持不变。第二个飞跃,是适应科学种田和生产社会化的需要,发展适度规模经营,发展集体经济。这又是一个很大的前进,当然这是很长的过程。"

"两个转变"：2008年10月，十七届三中全会通过的《中共中央关于推进农村改革发展若干重大问题的决定》提出："家庭经营要向采用先进科技和生产手段的方向转变，增加技术、资本等生产要素投入，着力提高集约化水平；统一经营要向发展农户联合与合作，形成多元化、多层次、多形式经营服务体系的方向转变，发展集体经济、增强集体组织服务功能，培育农民新型合作组织，发展各种农业社会化服务组织，鼓励龙头企业与农民建立紧密型利益联结机制，着力提高组织化程度。"

通过近40年农村改革发展，"第一个飞跃"和"第一个转变"已基本完成。随着农村经济社会深刻变革，"分"得充分、"统"得不够的问题越来越突出，由于资源分散、资金分散、农民分散，难以适应农村经济规模化、组织化、市场化发展需要，统分结合双层经营体制的优越性没有得到充分发挥。现在是推进"第二个飞跃"和"第二个转变"的时候了。

(三)实施乡村振兴战略的必然要求

2017年10月，顺应亿万农民对美好生活的向往，党的十九大做出了"实施乡村振兴战略"的重大决策，2018年中央一号文件对实施乡村振兴战略做了全面部署，明确指出这是新时代"三农"工作的总抓手。乡村振兴，资金从哪里来？一是政府财政；二是金融机构；三是社会资本；四是农村自身，即通过产权改革，唤醒农村巨量"沉睡资产"，通过"三变"改革，实现"资源变资产"。

二、农村产权改革如何改

(一)十八届三中全会的顶层设计赋予农民更多财产权利

保障农民集体经济组织成员权利，积极发展农民股份合作，赋予农民对集体资产股份占有、收益、有偿退出及抵押、担保、继承权。保障农户宅基地用益物权，改革完善农村宅基地制度，选择若干试点，慎重稳妥推进农民住房财产权抵押、担保、转让制度，探索农民增加财产性收入的渠道。建立农村产权流转交易市场，推动农村产权流转交易公开、公正、规范运行。

产权制度改革的核心是"还(确)权赋能"。

(二)农村产权制度改革的中央和省级部署

1.中央部署。2016年12月26日，中共中央国务院下发《关于稳步推进农村集体产权制度改革的意见》，共六个部分、十九条意见，对农村集体产权制度改革的指导思想、目标任务、原则要求等做了全面部署。文件明确指出：农村集体产权制度改革要以明晰农村集体产权归属、维护农村集体经济组织成员权利为目的,以推进集体经营性资产改革为重点任务,以发展股份合作等多种形式的合作与联合为导向,坚持农村土地集体所有,坚持家庭承包经营基础性地位,探索集体经济新的实现形式和运行机制,不断解放和发展农村社会生产力,促进农业发展、农民富裕、农村繁荣,为推进城乡协调发展、巩固党在农村的执政基础提供重要支撑和保障。

2. 陕西部署。2017年3月21日,中共陕西省委陕西省人民政府下发《关于稳步推进农村集体产权制度改革的实施意见》,共六个部分、十七条意见,对陕西推进农村集体产权制度改革的总体目标、进度安排、重点内容等做了全面部署。

(三)产权制度改革的主要任务及步骤

1. 确权颁证(农户3项、集体4～5项);
2. 清产核资(集体三类资产);
3. 身份界定(集体经济组织成员资格);
4. 健全组织(股份经济合作社或公司);
5. 股权量化(经营性资产);
6. 产权交易(产权交易市场)。

三、农村"三变"改革实例及中央领导的部署

(一)贵州省六盘水市创新实践

六盘水市地处贵州西部乌蒙山腹地,喀斯特地貌突出,山高沟深,耕地零碎,生态脆弱,农业生产条件恶劣,脱贫攻坚任务十分艰巨。2014年以来,六盘水市创造性地提出了农村"资源变资产、资金变股金、农民变股东"的"三变"改革。总体思路是:发挥政府主导作用和龙头企业、农民合作社的带动作用,构建以农民为主体的产业发展平台;通过股份制改革,盘活农村自然资源、存量资产和人力资本,以股权为纽带,整合农村、政府和社会的各种资源要素,注入产业发展平台,形成推进产业发展的强大聚力合力,提高组织程度,发挥规模优势,壮大集体经济,促进农民增收。

具体而言,资源变资产,就是村集体将集体土地、林地、水域等自然资源要素,通过入股等方式加以盘活。资金变股金,就是在不改变资金使用性质及用途的前提下,将各级财政投入到农村发展类、扶持类等资金,量化为村集体或农民持有的股金投入各类经营主体,享有股份权利。农民变股东,就是农民将个人的资源、资产、资金、技术等入股到经营主体,成为股东、参与分红。

六盘水市"三变"改革的核心是打造"股份农民",通过集体资源调动政府资源、政府资源撬动社会资源的"双轮驱动"机制,有效活化了要素资源,实现了"产业连体""股权连心",极大地调动了农民积极性,具有典型的制度创新意义。

(二)陕西省赵家峁村创新实践

2013年,榆林市榆阳区赵家峁村在外创业成功人士赵卫军回村创建红雨农业发展有限公司,2014年,该村被确定为省级农村集体产权制度改革试点村,2017年3月16日,挂牌成立了赵家峁村股份经济合作社。四年多时间,作为一个典型的省级贫困村,赵家峁依托农村集体产权制度改革,探索出了资源变股权、资金变股金、村民变股民的"三变"改革模式,走上了发展壮大村集体经济的新路子,成功转变为全区精准脱贫标杆村、全省农村产权制度改革试点村和乡村旅游示范村。

赵家峁村股份经济合作社共有股民630人,设置5种股权,其中土地股占38%、人口股占22%、劳龄股占5%、资金股占23%、旧房产股占12%。合作社以人确股,以户颁证,全体股民共持有224642股。合作社定位发展现代设施农业和乡村旅游两大主导产业。围绕两大主导产业,累计投资4000多万元,初步建成了现代养殖区、时令水果采摘区、新农村住宅区、旱作农业示范区、杏树文化观光区和文化旅游度假区六大功能区域。2016年7月试运营以来,先后发展空中滑索、丛林穿越、水上娱乐、观光车等休闲旅游产业项目,至今累计完成营业收入265万元,运营支出65万元,不计投资成本,合作社纯收入200万元。按照合作社章程"合作社收入50%用于股民分红"的规定,经股民代表大会集体表决通过,2018年合作社分红100万元,其中土地股分红38万元、人口股分红22万元、劳龄股分红5万元、资金股分红23万元、旧房产股分红12万元。每股实现分红4.45元,整体换算后人均分红1580元,户均分红4504元。

(三)中央决策部署

1. 中农办调研报告(略)

2. 中央领导指示、批示

(1)习近平总书记重要指示

要通过改革创新,让贫困地区的土地、劳动力、资产、自然风光等要素活起来,让资源变资产、资金变股金、农民变股东,让绿水青山变金山银山,带动贫困人口增收。(2015年11月27日在中央扶贫开发工作会议上讲话)

要稳步推进农村集体产权制度改革,全面开展清产核资,进行身份确认、股份量化,推动资源变资产、资金变股金、农民变股东,建立符合市场经济要求的集体经济运行新机制,确保集体资产保值增值,确保农民受益,增强集体经济发展

活力,增强农村基层党组织的凝聚力和战斗力。(2017年12月23日在中央农村工作会议上讲话)

(2)汪洋副总理四次批示

请锡文、长赋、静林、永富同志认真研酌。"三变"似有值得更深层次上考虑其价值的意义,请先分别作考虑,择机再议。(见2015年5月9日《贵州今日重要信息》(第186期),"贵州六盘水市农村在'三变'中迸发活力")

请锡文、长赋、静林、永富同志认真阅酌,怎样把"盆景"变"风景"。(见2015年8月27日"农业部赴六盘水市调研三变的调查报告")

请农业部、扶贫办注意贵州方案的实施情况,及时总结推广成功做法。(见2016年3月3日《贵州省委关于六盘水市农村"三变"改革的情况报告》)

探索很有价值,怎样面上推广,请农办考虑提出意见。(见2016年12月12日中央农办《万变不离其宗:打造"股份农民"》报告)

(3)中央文件表述

2017年中央一号文件提出,从实际出发探索发展集体经济有效途径,鼓励地方开展资源变资产、资金变股金、农民变股东等改革,增强集体经济发展的活力和实力。

2018年中央一号文件提出,深入推进农村集体产权制度改革。全面开展农村集体资产清产核资、集体成员身份确认,加快推进集体经营性资产股份合作制改革。推动资源变资产、资金变股金、农民变股东,探索农村集体经济新的实现形式的运行机制。

"三变"改革是"农村集体产权制度改革"的延伸和创新。产权制度改革旨在唤醒农村沉睡资产,增加农民财产性收入;"三变"改革重在壮大农村集体经济,实现农民共同富裕。

四、农村"三变"改革怎么改

(一)"三变"改革的条件

从贵州六盘水市的实践看,推进"资源变资产、资金变股金、农民变股东"改革,主要有以下四条经验:

1.党委政府重视,财政大力支持;
2.新型主体活跃,产业发展健康;
3.搭建融资平台,方便产权融资;
4.健全利益机制,确保农民受益。

从赵家峁等地方实践看,推进"资源变股权、资金变股金、农民变股东"改革,应当具备以下条件:一是村庄穷;二是有能人;三是有项目;四是政府重视和支持。

(二)"三变"改革的思路

贵州六盘水市的经验:应股尽股,无所不股。

我的观点:不要为"变"而变,而要因"需"而变。特别是对资源性资产,应当按照需要什么"变"什么;需要多少"变"多少;什么时候需要,什么时候"变"思路,稳步推进。在变前或变后的经营方式上,应当采取"宜户则户、宜社则社;宜租则租、宜股则股;租股结合、保底分红"等方式,灵活发展,关键是确保农民在改革中得到实惠。

(三)如何解决人才问题

乡村振兴、"三变"改革,最需要的一是人才,二是资金。中国现在可以说"不差钱"。但资金一是需要争取项目,二需要通过产权交易"变现",而这些都需要"特殊人才"策划、设计、包装、运作。同时,通过"三变"改革,农村将涌现出一批土地等生产要素集中起来的村级集体经济组织或新型经营主体。如何发展农业农村新产业、新业态、新模式,也需要专门的"特殊人才"策划、设计和运营。

1."特殊人才"的条件或标准

无论是乡村振兴还是"三变"改革后发展集体经济,都必须按照农业供给侧结构性改革、农村三产融合、城乡融合等新思想、新理念来发展,这就需要一批满足"三懂""三爱""三有"条件的"特殊人才"。

"三懂"即懂农民、懂市民、懂电商。

懂农民:讲实惠、重当前;隔手的金不如到手的铜。也可能出现赔了看笑话、发了害"红眼"的情况。针对这一实际,通过"股份合作+保底分红"的机制与农民合作,解决他们的后顾之忧。

懂市民:现阶段的市民的生活理念发生了很大的转变:由吃饱、吃好,到吃安全、吃健康;由有私家车,喜欢避暑、躲霾,到养生、辟谷、休闲、体验等;他们爱洗澡、喜欢室内卫生间。这就可以引导农民根据市民的喜好和习惯,发展三产融合类的新产业、新业态,变消费性资产为经营性资产。

懂电商:微信、微店、微商、H5、公众号、朋友圈、美篇、众筹、网购、网团、扫码、快递、微信支付、支付宝支付等,已成为最时尚的新型营销方式。发展三产融合类的新产业、新业态,必须学会运用这些新型营销方式。

"三爱"即爱农村、爱生活、爱自然。

爱农村:在农村有根脉、有血缘、有童年、有乡愁。

爱生活:阳光、爱美、大气、向善、向上。

爱自然:爱山、爱水、爱花、爱草、爱动物。

"三有"即有良心、有理想、有毅力。

有良心:有良心的人才配做食品,才会对消费者负责,不挣"昧心钱"。

有理想:以种养为主的,要"为市民提供健康食品,为农民搭建致富桥梁";发展休闲农业的要"为市民提供休闲养生之地,带农民发展特色产业致富。"

有毅力:农业生产效益低、农村条件差、农民讲实惠;搞农业挣钱不容易。必须能吃苦、有耐心。

2.这些"特殊人才"哪里找

(1)在新农人里面找;

(2)在专业机构请;

(3)在相关院校里培养;

(4)建立乡村振兴专家团队或智库。

(四)如何解决资金

1.通过策划包装项目,争取各级政府财政支持

(1)水电路气讯房等基础设施和农林水土等传统项目资金;

(2)产业扶贫、电商扶贫、教育扶贫、卫生扶贫等专项资金;

(3)三产融合类新产业、新业态扶持项目。

2.通过产权抵押在金融机构贷款

3.通过搭建产权交易(融资)平台在市场融资

(1)农户产权通过流转交易或入股变现;

(2)各类新型主体可以通过自己的产权招商合作;

(3)"三变"后的集体经济组织可通过产权入股或招租、招商等方式,吸引社会资本特别是城市工商资本投资合作。

农业供给侧改革与陕西贫困地区的发展

西北农林科技大学教授 王征兵

农业是人类社会的衣食之源,生存之本,是国民经济发展的基础,对于坐拥14亿人口的大国来说,其更是具有举足轻重的作用。从2004年党中央、国务院制定了第一个指导农业农村发展的中央一号文件至今,农业持续发展,但问题与发展相随。近年来我国国内粮食产量、进口粮食产品、社会总库存量出现了三量齐增的局面,虽然从农产品总量来看,供求基本平衡,但结构性问题日益突出,且主要表现在供给侧方面。因此为了促进农业更好的发展,我们必须清醒地认识到农业发展供给侧存在的问题,并为此制定相应的政策以应对变革。

一、农业供给侧面临的问题

(一)供需结构性失衡

有效供给不能及时跟上需求的变化,导致农产品供给出现结构性失衡,其主要表现为结构性的过剩和结构性的短缺。

结构性的过剩:有的农产品品种过多,如玉米出现阶段性供大于求,库存积压较为严重。而有的品种稀缺,比如大豆,国内产量不断降低。据统计,2015年大豆进口量达到8 169万吨,占到当年粮食进口的70%以上。2009—2014五年间稻谷、小麦、玉米三大主粮种植面积共计增加8 064千公顷,其中玉米增加6 747千公顷,占比达83.6%,与此同时,大豆种植面积逐年递减,由9 190千公顷减到6 553千公顷,减幅达28.68%。这种结构性的过剩就会导致增产的未必是需要的,减产的却是大众所需的。

结构性的短缺:农民往往为了追求数量的增多,而大量使用一些化学药品进行催熟等,前些年的涂药黄瓜、有毒豇豆、甲醛白菜等事件正是其体现。另一方面因为国内优质农产品的短缺,以至于许多食品加工企业每年都从国外进口大量农产品。追求数量而不论其质量,生产出来的东西却不是人们需要和接受的,就会导致生产得越多,亏损的越多的局面。

(二)生产成本过高

近年来,由于生产规模小,农用生产资料价格高,农业服务价格攀升等原因,导致粮食生产成本不断提高。据测算,2006年以来我国粮棉油生产成本年均增长10%以上,2013年我国5种农产品(水稻、玉米、小麦、大豆、棉花)生产成本已经全部高于其他主产国,亩成本差幅在20%～30%,有的甚至超过了60%。大宗农产品生产成本及增幅普遍高于国外,加上人民币升值、海运费下降等因素叠加,导致国内主要农产品价格普遍高于进口农产品价格,有的甚至高于配额内的进口到岸价格(祝卫东,陈春良,2016)。这样高的粮食成本使得我国农产品在国际粮食市场上缺乏竞争力,国内企业也不愿意收购,为了不影响农民利益,国家只有收购,这样就形成了国家收购粮食的"天花板"与农民种植成本"地板"的结构性矛盾。

(三)资源透支利用,土地超垦超牧,面源污染严重

一些地区为了多种粮食而进行过度开垦,一些地方水资源紧缺,但却过多种植高耗水作物,导致地下水位不断下降等,不仅影响当前生产发展和农民增收,而且直接影响农业的可持续发展(孙金龙,2016)。数据显示,我国水稻、玉米、化肥和农药利用率分别为35.2%和36.6%,平均比欧美发达国家化肥农药利用率低15%～30%左右,农业生产生态环境越来越恶化,农业面源污染不断加重,生态环境承载能力越来越接近极限。甚至有些大路货产品完全靠高耗水、高施肥,甚至毁林、毁湿地,成本居高不下,对环境资源损耗极大(《山西农经》,2016)。

二、农业供给侧结构性改革的必要性

(一)信息城镇化的推进

随着中国城镇化率的不断加大,农村进城务工人员甚至定居城镇的人员不断增多,很多地方出现了无人种田的局面,且中国经济也越来越倾向于依赖第二三产业的发展,在经济新常态的背景下,我们必须寻求农业发展的转型升级,朝着现代化农业发展迈进,通过农业供给侧结构的改革,促进一二三产业的融合发展。

(二)农业国际化的趋势

与国外发达国家农业相比,我国农业生产成本高,生产效率较低,这就导致了在农业国际化趋势不断深化的国际市场中,我国农产品将面临国际竞争力不高的压力。另一方面,近年来我国农产品贸易逆差不断增加,即我国农产品进口额大于出口额,甚至出现"洋货入市,国库入库"的尴尬现象。对于一个有着悠

久历史的农业发展大国来说,这种现象不容小觑。

(三)人们对食品质量的要求提升

伴随着经济社会的不断发展,人们对生活饮食的要求不再只是简单的吃饱,而更多的是吃得好,吃得放心,吃得有营养。然而中国的品牌农产品和优质农产品却很少,很难满足人们的需求,因此就出现了很多中国大妈们利用节假日去国外购物、囤货的现象。特别是2015年国庆期间,很多中国游客到日本旅游,购买日本一斤售价高达200元的大米,这足以看出人们对优质食品的极大渴求,不怕花大价钱,花大把时间,最重要的让自己吃得放心,吃得安心。

(四)传统的农业生产方式导致农民收入提升缓慢

随着经济社会的发展,人们的收入不断提高。但对于农民来说,由于农产品生产成本较高,而收益较低,再加上农产品生产周期长且固定,生产效率提高缓慢,以至于农民收入很难有较大的提升。为了更好地提高农民收入,我们要不断寻求新的农业发展方式,改善农业供给结构,发展绿色农业、观光农业、生态农业等。

三、陕西贫困地区农业供给侧改革的方法与思路

2015年召开的中央农村工作会议提出,要着力加强农业供给侧结构性改革,提高农业供给体系质量和效率,使农产品供给数量充足,品种和质量契合消费者需要,真正形成结构合理、保障有力的农产品有效供给。那么农业供给侧结构性改革究竟改什么?如何改呢?

(一)改什么

(1)改思路。转变农业发展方式,调整农业发展思路。在发展思路上要从源头上牢固树立围绕需求、围绕消费进行生产和调整的观念,充分发挥市场这只手的作用,让农业生产者真正成为市场经营的主体,使种养殖结构与市场需求匹配。在发展方式上要由以往依靠数量为主转到数量、质量、效益并重,由主要依靠要素投入转到主要依靠科技进步和提高劳动者素质的轨道上来,由过去资源消耗转到可持续发展的道路上来,全方位提高要素生产率,降低农产品成本,提高农产品质量,增强农产品市场竞争力(许经勇,2016)。通过多种方式的适度规模经营,提高农业效益,同时农业支持政策要向经营规模主体倾斜。另一方面以互联网+为驱动,发展智慧农业、精细农业、高效农业、绿色农业、观光农业、生态农业等,提高农业质量效益和竞争力,实现由传统农业向现代农业转型,从而提高农民收入。通过大力推进以互联网+为代表的农业信息化发展,推动农村一二三产业融合,使农业与装

备、技术、信息、生态、文化深度融合,为农业转型升级提供新动能。

(2)改结构。结构调整是农业供给侧改革的核心内容。2015年中央一号文件提出"深入推进农业结构调整",其基本要点为:促进粮食、经济作物、饲草料三元种植结构协调发展。促进一二三产业融合互动,提高农业发展的质量和效益。充分利用国内国际两个市场、两种资源,挖掘国内国际两种资源潜力,促进农业增产,农民增收,促进现代农业发展和"四化"同步。从供给侧结构性改革入手,就需要减少普通农产品或者劣质农产品供给量,扩大优质农产品供给量;增加高产区,减少低产区。我国玉米成本过高的原因之一就是单产水平低,而单产低的原因是农田条件差,因此应减少劣质农田面积,增加优质高产农田面积;增加特色农产品供给,根据消费者需要,促进农业生产由数量为主转向数量质量并重;鼓励各地因地、因业制宜,探索多种融合方式,构建一个适应市场经济要求的新型农业经营体系。

(3)改制度。主要包括土地制度改革,建立农产品安全卫生生产制度,以及促进生产的激励机制和保障制度的改革。

土地制度改革。一是农村土地承包经营权权属落实,主要指确权、登记、颁证,通过实测、图解等方法,核实农户的承包面积,绘制出农户承包地块示意图,建立农村土地经营权登记簿,颁发统一规范的农村土地经营权证书。二是农村集体经营性建设用地改革,是指原乡镇企业的建设用地,企业倒闭或者搬迁到开发区后闲置的土地,按照中央有关政策,允许农村集体经营性建设入市,并按照同地同价原则进行交易。三是农村宅基地制度改革,盘活农村闲置宅基地,使部分迁入城镇且有转出房屋或宅基地意愿的农民工顺利实现交易。四是土地征收制度改革,按照现行政策,探索土地征收目录,严格界定公益性用地范围,完善多元保障机制,合理规范被征地农民的权益。深化农村土地制度改革,可进一步激发广大农民从事农业生产经营的积极性,避免土地掠夺式经营,推动土地流转,培育农业新型经营主体,发展农业适度规模经营,保护农民土地财产权益(孔祥智,2016)。

建立农产品安全卫生生产制度。我国农产品质量不高和卫生不安全的问题比较突出,很多人认为对此就要少施化肥,少用农药,但是若不施化肥,不用农药,农作物可能就无法健康成长。因此,政府可建立快速的农产品质量检测体系,以此激励农民生产优质农作物,也让消费者大胆放心的购买。

建立促进生产的激励机制和保障制度。我国目前最缺乏的是优质农产品,对于从事优质农产品生产的农户,政府应该在项目资金、银行贷款、基础设施保障等方式给予优先支持。

(二)如何改

中央工作会议在部署2016年"三农"工作重点时明确提出,面对我国农产品结构过剩情况,农业供给侧结构性改革的重点是:去库存,降成本,补短板。

(1)去库存。对于人口大国来说,一定的粮食储备必不可少,但是若库存过多就会影响粮价的合理走势,而超重的存储规模又会加重财政负担,甚至会导致整条粮食产业链的政策失灵与市场失灵,出现新粮难储,旧粮难出的局面。统计资料显示:我国政策性粮食积压较为严重,有10%的库存达到或超过正常储存年限。因此去库存就显得异常必要。

去库存就是要加快消化积压的农产品库存量,当前主要就是玉米。据统计,玉米库存每年需要的贷款利息和保管费用300亿元,再加上品质陈化,损失相当严重。因此可通过积极支持粮食加工企业发展生产,促进其加工转化;加强信息引导,加大收储政策与市场形势的宣传力度,帮助农民卖好粮;抓住京津冀,长三角,珠三角等区域车用燃料乙醇市场扩容的时机,扩大粮食乙醇产能和使用范围,加快消化库存积压;通过提高产品出口退税,减轻企业税负,给予销售补贴等方式创造需求增量(张志栋,2016)。另一方面要调整种植结构,适当减少非优势区的玉米种植,控制其增量。但需要注意的是去库存不是简单的压缩粮食生产,中央农村工作会议指出,粮食一时多一点少一点是技术问题,但粮食安全是战略问题,因此保障国家粮食安全是农业供给侧结构性改革的基本底线。

(2)降成本。主要指降低农业的生产成本,通过减少化肥农药的不合理使用,发展适度规模,开展社会化服务等措施,实现节本增效,提高农产品竞争力。

减少化肥农药的不合理使用。农业部资料显示,中国农作物亩均化肥用量21.9公斤,远高于世界平均水平(每亩8公斤),是美国的2.6倍,是欧盟的2.5倍,且玉米,小麦等农作物的化肥利用率低于欧美发达国家15%~20%。农民普遍认为,多施肥、多打药能够促进农作物生长,实则不仅加大了生产成本,而且可能影响其质量,因此政府应提倡农民根据自己所种土地地质、所种作物特点,以及种植规模,合理高效地使用化肥和农药,把过去一味追求高产量,追求要素投入,超过合理边界的一部分投入降下来。

发展多种形式的适度规模经营。我国承包农村土地的农户有2.3亿,农户平均承包土地规模为0.5公顷,农业经营规模最小。小农经营不仅让农村经济发展受到很大的束缚,且在国内外市场不断完善、竞争不断加剧的情况下,时刻面临破产的风险。而适度规模经营产出高,抗风险能力强,顺应国际发展的趋势,因此应积极培育家庭农场、专业大户、农民合作社、农业产业化龙头企业等新型农业经营主体,支持多种类型的新型农业服务主体开展代耕代种、联耕联种、土地托管等专业化规模化服务,通过多种形式的适度规模经营降低生产成本。

开展社会化服务。社会化服务主要包括社会化服务组织和社会化服务体系。近年来通过"点餐"或"点菜",从农业社会化服务组织购买各个环节的服务已经成为有一定生产规模的农户完成农业生产的主要方式,有效缓解了谁来种地的压力。通过社会化服务体系为农民提供技术推广、资金投入、农业信息、政策和法律等服务,包括产前产中产后的综合配套服务,如产前的资料供应,产中的耕种技术、栽培技术、病虫害防治技术等,以及产后的销售、运输、加工等,提高了运营效率、经济效益和整体竞争力,帮助农民解决了生产中的各种难题,避免了农民因盲目生产所带来的额外成本。

(3)补短板。就是要加大弥补农业发展过程中所存在的薄弱环节。加强农业基础设施的供给,提高农业物质技术装备水平;增加市场紧缺农产品的生产,积极适应消费需求变化;提高农民素质,确保科学种养;加强农业生态环境保护,加强农业资源高效利用。

加强农业基础设施的供给。政府虽然对农业基础设施进行了一定投入,但是投入力度依然不够,因此要健全农村基础设施长效机制,完善农村基础设施建设,推进城乡基础设施互联互通、共建共享,创新农村基础设施和公共服务措施决策、投入、建设、运行管护机制,积极引导社会资本参与农村公益性基础设施建设,为农业生产提供先进的物质技术装备水平。

增强紧缺农产品的生产。对于紧缺的农产品,一种是由于生产种植未达到面积而导致的低中端产品的短缺;另一种是优质农产品的紧缺。对于前者应该根据地域特征相应增加其种植面积,在保质保量的情况下满足人们的需求。对于后者应采用或者引进科学的栽培技术以及优良的品种,在适当的种植区域加大优质产品的生产,使其满足人们对优质农产品的需求。

提高农民素质。为了避免农民盲从生产,应加强对农民的人力资本投资,通过开展阶段性的教育培训课程,提高其知识水平,使其对当前的农业形势及相关政策有清晰的认识,通过提供相关的技术指导,让人们学会科学合理种植,从而提高农产品质量。通过开展农业经营管理培训,使人们具备相应的经营管理能力,成为新型职业农民。

加强农业生态环境保护。实施山水林田湖生态保护和修护工程,扩大退耕还林还草,治理农业面源污染,推动农业绿色发展。要把划入基本农田的陡坡耕地实事求是调出来,该耕的耕,改退的退,让超垦超牧的土地休养生息,让不堪重负的地下水资源压采回补(祝卫东、陈春良,2016)。

四、总结

习近平总书记指出:"重民固本,是安民之基。"对于14亿人口的大国来说,农业的重要性怎么强调都不为过,推进农业供给侧结构性改革,解决农业供给侧面临的种种问题,推动我国农业发展迈向新台阶,最终要落实到发展农业、造福农村、富裕农民上,落实到按时全面建成小康社会上。

精准脱贫与乡村振兴——农业农村干部培训读本

脱贫攻坚中的农村基层党组织建设

杨陵区人大常委会主任　任　博

全面建成小康社会,最艰巨的任务在农村,最重要的一项措施是脱贫攻坚。农村基层党组织是农村各项工作的组织者、参与者、规划者、实践者,脱贫攻坚成为农村基层党组织的首要政治任务。要搞好脱贫攻坚工作,必须切实加强基层党组织建设。

一、全面认识基层党组织在扶贫攻坚中的作用

一是发挥带头作用。长期以来,农村之所以相对落后与贫穷,一个十分重要的原因是思想落后、观念落后,习惯于传统农业,习惯于利用传统经验来从事农业。传统农业本身就是弱质、低效、高风险的产业,因此用传统经验从事传统农业不仅风险较高,而且收益甚微。要脱贫致富,要么走出农村,走向城市,从事比较效益相对较高的二三产业;要么在农村从事一二三产业融合发展的第六产业。不管是到城镇从事二三产业,还是在农村从事第六产业,都是不同于传统农业的产业,需要人们学习新技术,掌握新观念,从事新产业。从事从未干过的事情,人们总有担心,总怕有风险,或多或少存在顾虑,这就需要有人先创,有人先干。农村基层党组织要发挥先锋带头作用,号召组织党员带头学习党和国家的扶贫开发相关政策,带头学习先进技术,带头从事二三产业,从事第六产业,给广大农民走出一条脱贫致富的路子。

二是发挥表率作用。广大农民群众普遍信奉眼见为实的信条,任凭你怎么讲大道理,如果没有人做出样子,干出成绩,取得实效,依然会犹豫不决,不敢尝试。要带动广大农民群众脱贫致富奔小康,把农村建成为全面小康社会,就需要广大农村基层党员充分发挥先锋模范作用,在学用科技上做文章,在发展一二三产业融合上下功夫,在探索二三产业上搞尝试,更新观念,大胆创新,努力作为,使农村基层党员率先掌握现代先进科技,成为致富带头人,让广大农民群众学有榜样,赶有目标。用农村基层党员自身的致富实践、脱贫经验,教育引导贫困群众克服等、靠、要的思想,激发困难群众致富愿望,坚定脱贫决心,增强加快发展

的信心,示范带动贫困群众早日脱贫致富。

三是发挥引导作用。基层党组织要向广大群众宣传社会主义理论,让广大群众认识到发展生产力,走共同富裕之路是社会主义的本质特征,激发引导群众发展经济,走脱贫致富之路。要向群众宣传党在新时期全面建成小康社会的宏伟目标,向群众宣传党和国家脱贫致富的政策,在思想上、政策上引导群众,利用好惠农政策,发展经济。基层党组织要用好党的富民政策,成为贯彻党的富民政策的组织者、实施者、推动者,依靠政策推动发展。要善于集中党员干部的智慧和力量,认真分析研究当地优势资源,确定本地发展思路,采取有效措施,把资源优势转化为经济优势,引导群众发展优势产业。

四是发挥桥梁作用。农村基层党组织作为现行农村领导机构,熟悉本地情况,扎根于广大农民群众之中,与农民群众有着天然的亲缘关系,了解情况,能够在精准确定贫困对象工作中发挥重要作用;了解贫困户致贫原因,有利于协助上级组织确定精准扶贫措施;经常和农民群众在一起,有利于有针对性的采取措施,帮助贫困户精准脱贫。农村基础组织能把农村情况、农户情况及时准确地提供给上级组织;发挥农村党组织与上级组织关系紧密的优势,及时学习把握党和国家的路线、方针、政策,了解把握上级政府的工作重点,精准扶贫部署,把上级决定、安排及党和国家路线、方针、政策及时传达宣传给群众,使农村党组织真正成为广大农民群众与党和政府之间的桥梁。

五是发挥帮扶作用。农村基层党组织要从政策上进行帮扶,及时通过会议、广播、墙报、宣传栏等方式,向广大农民群众宣传党和国家的惠民政策,让广大农民群众了解、把握党和国家的惠民政策,充分享受到党和国家的惠民政策;农村基层党组织要在技术上进行帮扶。要通过与专家教授、农业科技人员联系,举办农村社区大学,根据广大农民群众经济发展需要,有针对性组织科技培训,让广大农民群众掌握一技之长;农村基础组织要在资金上进行帮扶,要联系政府、联系金融部门,向他们反映群众在脱贫致富过程对资金的需要情况,帮助农民群众争取政府财政支持和金融部门的扶贫贷款支持。要采取党员帮扶贫困户的一帮一形式,全方位帮助农民群众脱贫致富。

六是发挥组织作用。农村基层党组织是农村各项工作的组织者、参与者、规划者、实践者。农村基层党组织要对农村扶贫开发工作进行精心谋划,组织制定本村扶贫开发计划,有针对性地开展本村扶贫开发工作。要领导好村委会、妇联、共青团等组织,充分调动各方积极性,让他们从各自职责出发,投身到本村扶贫开发中去。根据本村扶贫开发需要,抓好本村村务工作。要组织协调妇联、共青团组织,充分发动广大妇女、青年投身到经济发展中去,为扶贫开发做出自己的贡献。要组织协调调解组织,及时化解在扶贫中出现的矛盾和问题,维护本村稳定,为扶贫开发创造良好的社会基础。要及时协调有关企业、科技推广部门、政府部门、及时解决本村扶贫开发中出现的问题,调动各方力量,推动扶贫开发工作。

二、基层党组织要正确应对所面临的挑战

1. 社会转型快。随着工业化、城镇化的发展,城市就业机会不断增加,二三产业的比较效益明显高于第一产业,加之城市人均纯收入是农村人均纯收入的三倍多,人们追求美好生活,希望拥有更多收入的良好愿望成为农村人口分层、流动到城市,从事二三产业的强大动力。越来越多的农村劳动力在城市从事二三产业。传统的思想观念、利益格局、维系手段被打破,不少农村中青年党员外出务工,这些分层流出的党员管理教育难以跟上,而从城市流入农村从事农业企业的党员关系又在城市,也难以管理和教育,留在农村的党员人数越来越少,年龄越来越大,给农村基层服务型党组织建设带来很大挑战。

2. 群体多样性。随着社会转型加快,社会利益主体不断分化,社会阶层呈现多样化趋势。原来的工人、农民、知识分子、商人已难以涵盖和界定概括现在所有的人群。农民工、个体和营业主等新的利益群体不断出现。在农村人群也不断分化,出现传统农民、兼职农民、职业农民等。既有小规模的家庭经营,也有规模相对较大的企业经营、专业协会经营等等。不同群体心理、文化需要、利益诉求各不相同,对服务型党组织建设提出了新挑战。

3. 利益差异化。不同利益主体利益诉求不同。从群众利益需求、所需服务来看,企业有资金、技术、人才、原料、市场等服务;合作社有土地、技术、市场、资金的服务;留守老人有集中养老需要;留守儿童有亲情需要、教育需要;本村居民有维护既得利益的需要;外来居民有参与治理的需要;居民有修路、饮水、文化娱乐、医疗卫生等需要,面对多样化的需要和服务,甚至相互冲突的需要,对基层服务型党组织建设提出了更高更多的要求。

4. 权力虚弱化。三十多年的改革开放,让我国由计划经济走向了市场经济。由以队为基础、三级所有的集体经营,走向了农户经营。农村基层党组织的权力不断虚化、弱化。在计划经济时期,实行集体经营,农村党组织和生产大队合二为一,拥有工作安排权,村民谁干,和谁干,在哪里干,干什么,干多少,记多少工分,都是村干部说了算;拥有物资分配权,村民分钱、分粮、分肉、分菜、分柴,等等,都是由村干部进行分配;拥有强制权,村上有民兵小分队,村民不服从村干部管理,轻者批评,重者批斗,强制农民按照村干部的意愿去做;拥有经济权,村上收入的钱,由村干部决定支配。进入市场经济,实行联产承包经营制以后,村干部失去了工作安排权、物资分配权、强制权以及经济权,以往的行政命令已失去效用。

5.问题凸显期。在新形势下,多种利益主体并存,利益关系的不同步、不均衡、不一致日益明显,各种利益群体之间的矛盾越来越多。农村基层党组织面临老办法不能用,新办法不会用,硬办法不敢用,软办法不顶用等问题,农村出现的各种矛盾愈加复杂尖锐。在社会转型加速加快的情况下,又有一些干部利用新机制不健全,村务财务管理不完善等,出现为政不廉、方法不当等问题,使干群关系在一些地方比较紧张,往往导致不同利益群体之间、干群之间形成不同程度的对立、矛盾、冲突情绪,使小问题演变成大事件。近年来,集体上访、聚众阻塞交通、冲击党政机关等群体性事件时有发生,社会不稳定因素增加,社会和谐稳定的难度不断增加。

三、切实加强服务型基层党组织建设

党的基层党组织是党的理论和路线方针政策的贯彻者、实践者和推动者,是党在基层全部工作和战斗力的基础。全面建成小康社会,基础在基层,关键在基层党组织。基层服务型党组织作用发挥如何直接关系党的执政能力、执政基础和执政地位。党的十八大报告明确指出:要"以服务群众,做群众工作为主要任务,加强基层服务型党组织建设。"因此,加快推进服务型基层党组织建设,全面提升基层党组织和广大党员干部的服务能力和领导水平,是新形势下党的建设面临的新课题。

(一)基层党组织建设存在的问题

1.组织职能结构固化,服务难覆盖。长期以来,农村基层党组织以行政村为单位,以户籍为依据,设立农村基层党组织。尽管不少农村中青年党员外出打工,长年不在农村工作生活,但由于其户籍在农村,党组织关系不能外迁,仍在户籍所在村党组织。而外来的党员,往往由于户籍在城市或外地,其党组织关系没有迁入工作所在地的农村党组织。农村党组织由本村户籍的党员构成,行使诸如土地管理、人口管理、治安管理、卫生管理、资产管理等管理职能。随着市场经济的确立,联产承包责任制的执行,社会保障、群众文化、科技培训、留守老人儿童的照顾等服务职能不断强化,村民对党组织以及村委会的服务功能要求更加迫切,而不少基层党组织没有实现从"管理"到"服务"的角色转换,依然习惯于管理,而不善于服务。随着人口分层流动加速加快,两新组织的不断涌现,新型组织党组织设置跟不上,仍然存在党组织建设的盲点。

2.基层服务意识淡化,角色难转变。由于各种主客观原因,农村党组织、村委会把大量精力和时间用于完成乡镇党委和政府安排的工作任务,导致村委会这一农村自治组织行政化,农村党组织工作也呈现出明显的行政化。农村党组织主动围绕村民进行服务的意识淡化。不少基层干部仍习惯于人治、行政命令管理农村事务,方法简单粗暴。部分党组织书记主业意识不强,两委会关系紧张,工作被动应付。有的党员宗旨意识淡化,理想信念弱化,作用发挥淡化,存在"党员不党员,就是两毛钱"的倾向,只顾个人发家致富,不注重为群众服务。不少基层干部私心重,与民争利,优亲厚友,欺上瞒下,甚至违法犯罪,严重影响了党在人民群众中的威信。

3.党员干部能力弱化,作用难发挥。目前,农村党员干部年龄普遍偏大,仅有的中青年党员大多外出打工,留在村上的党员年龄普遍偏大,基本在50岁以上,不少党员年龄甚至过了70岁。留守农村的党员年龄偏大,精力不及,体弱多病,有心无力。从文化程度上看,考上大学的农村青年跳龙门,进了城,留在农村的村民文化程度普遍较低,农村党员干部文化程度初中及其以下学历的党员占主体。农村党员干部年龄老化、文化层次低下,接受新事物、新知识、新技能慢,政治业务素质难以适应形势发展需要,党员为群众服务的能力不强,本领不大,办法不多,停留于有心无力的状态;切入点找不准,引领和带动能力还不太高,导致服务载体不丰富,服务质量不高,服务范围不广。

4.服务工作机制虚化,合力难形成。目前农村基层服务工作机制普遍没有建立,没有形成乡镇党委服务村党支部、村党支部服务农村党员,农村党员服务广大群众的长效机制。也没有村党支部、村委会、共青团、妇联、调解企业等服务群众的横向协调机制,没有纵向的县委、乡镇党委、村党支部服务协调机制。往往各自为战,资源整合不够,解决效果不好,没有形成应有的服务合力。基层服务型党组织考核标准不明确,群众满意度测评机制不健全,基层党组织及其他自治组织、群众组织和其他组织服务群众的动力不足。

5.基层基础保障弱化,需求难满足。相对东部,西部经济发展缓慢,县乡级财政属于吃饭财政,建设经费投入不足,许多服务活动无法主动开展,影响了服务效能,制约了服务的深度和广度。在西部,不少农村集体经济落后,成为空壳村,不少村干部工资补贴依靠乡镇政府发放,村上没有经济来源,没有钱办事的问题始终没有得到有效解决。农村基层党组织活动经费没有保障,党组织及其党员服务群众缺乏必要的资金支持,群众众多的服务需求得不到应有的满足。

(二)基层服务型党组织建设的目标任务

1.了解服务型党组织的内涵。第一,建设基层服务型党组织,核心是服务。就是基层服务型党组织的出发点是服务,着力点是服务,落脚点也是服务。要把基层党组织建设成"服务型",必须推动其工作向服务紧扣,功能定位要明确服务,工作理念要凸显服务,工作重心要转向服务,重点任务要聚焦服务,检验标准要突出服务。总之,农村党组织要围绕服务开展工作。第二,建设基层服务型党组织,根本是服务群众。党的一切奋斗和工作都是为了造福人民,党的宗旨是全心全意为人民服务。按照党的十八大的要求,服务群众、做群众工作是建设基层服务型党组织的主要任务。农村党组织的一切工作都要指向服务群众,都要为了让群众实现自己的梦想,过上更加幸福美好的生活。要把握"服务型"党组织的内在要求,首先要把服务群众放在首位;落实"服务型"具体任务,关键要把服务群众落到实处。衡量一个基层党组织是否是"服务型",根本要看服务群众、做群众工作的效果如何,群众满意不满意。

2.建设基层服务型党组织,要达到"六有"目标:一是有坚强有力的领导班子。建设服务意识强、服务作风好、服务水平高的党组织领导班子;二是有本领过硬的骨干队伍。培养带头服务、带领服务、带动服务的党员干部队伍;三是有功能实用的服务场所。建设便捷服务、便利活动、便于议事的综合阵地;四是有形式多样的服务载体。创新贴近基层、贴近实际、贴近群众的工作抓手;五是有健全完善的制度机制。形成规范化、常态化、长效化的工作制度;六是有群众满意的服务业绩。取得群众欢迎、群众受益、群众认可的实际成效,其核心是领导班子,骨干是党员干部,基础是服务阵地,抓手是服务载体,保障是制度机制,标准是群众满意。

3.基层服务型党组织建设主要有五项任务。一是强化服务功能。结合农村实际,根据农村群众需要,围绕农村党组织职能定位,提出具体任务要求,指出清晰的工作思路。二是健全组织体系。适应市场经济条件下生产方式、组织结构的变化,优化组织设置,扩大组织覆盖,强调在抓好传统领域党组织建设的同时,抓好新兴领域党组织覆盖,既要按照地域、单位建设组织,又要创新党组织设置方式,在农民合作社、专业协会、产业链全面建立党组织。探索建立网络党组织,组建区域性党组织,做到有群众的地方就有党组织提供服务。三是建设骨干队伍。强调抓好"三支队伍",选拔党性强、能力强、政策意识强、服务意识强的党员担任党组织书记,加强教育培训和监督管理;加强党务工作者队伍建设,引导他们专心致志做好本职工作,履行服务职责;加强党员队伍建设和管理,注重把党员培养成服务骨干。四是创新服务载体。要围绕群众多样化需求,坚持立足实际,尽力而为,运用多种形式和手段开展服务。五是构建服务格局。基层党组织要带动群众组织、自治组织和社会组织开展服务,协调面向基层的公共服务、市场服务和社会服务,形成以党组织为核心,全社会共同参与的服务格局。

(三)服务型基层党组织建设的重点内容

1.注重服务改革。农村党组织要把学习宣传、贯彻落实党和国家关于农村改革的方针、政策,作为加强农村党员队伍思想政治教育的重要内容。提高动员群众、发动群众、团结群众的能力水平,完善矛盾化解工作机制,把党员干部、广大群众的思想、认识统一到理解政策、支持改革、参与改革的自觉行动中来。特别是要积极推动农村土地产权制度改革、农村经营方式改革、农村金融改革、农村社保改革、农村医疗改革等,为推进农村改革发展凝聚共识、建言献策、增添力量。

2. 注重服务发展。发展是硬道理,不发展没道理,创造条件发展是真道理。只有发展才能改善广大农民的生活,解决农村目前出现的诸多问题。农村党组织要牢固树立发展是第一要务的思想,牢固树立大局意识、责任意识和担当意识,坚持围绕中心,服务大局,把党建工作与服务农村发展有机结合起来,切实增强党组织和广大党员服务发展、推动发展的意识和能力,立足农村实际,凝聚发展力量,营造发展环境,提供发展动力,推动农村持续健康发展。

3. 注重服务民生。民生涉及广大群众的生产、生活,涉及广大群众基本需要的满足,服务群众,就要首先服务民生,从一定意义上讲,服务民生就是服务群众。农村党组织要大力弘扬社会主义核心价值观,牢固树立、认真践行服务宗旨,积极学习和宣传党和国家的惠民政策,充分发挥党支部的战斗堡垒作用和党员的先锋模范作用,围绕扶贫帮困、基础设施建设、农村教育、医疗卫生等工作,积极推动有关民生政策的贯彻落实,主动化解社会矛盾,促进农村社会和谐稳定。

4. 注重服务群众。服务群众是基层服务型党组织建设的根本目的,农村基层党组织要把服务群众作为一切工作的出发点和落脚点。要建立党员联系群众、听取群众意见、了解群众诉求、解决群众问题、维护群众利益的工作机制,创新党员与贫困户结对帮扶、党员服务群众的新形式,根据农村不同群体的需要,提供针对性的服务,要努力做出群众满意、群众认可的服务业绩。定期组织群众对党员、对党组织的服务态度、服务能力、服务作风、服务业绩进行测评,把群众满意不满意作为衡量党组织、党员服务群众效果的标准,不断推动服务群众工作工作的深入开展。

5. 注重服务党员。服务党员,才能解决党员在服务群众过程中出现的问题,才能不断提高党员服务群众的能力、水平,不断改进党员服务群众的作风,才能调动党员服务群众的积极性、主动性、创造性。农村党组织要充分尊重党员的主体地位,切实保障党员的民主权利,落实党务公开、民主管理制度。要创新主题党日活动内容和党内组织生活形式,不断增强党员参与组织活动的吸引力和向心力;要建立完善党内激励关怀机制,从思想上、工作上和成长进步上多关心党员,尤其要为有困难的党员排忧解难,解决一些实实在在的问题,不断增强党员对组织的归属感、光荣感和责任感,激发广大党员服务群众的内在动力。

(四)基层服务型党组织建设的措施

1.优化基层党组织设置和职责职能,提升服务效率。一是理顺基层党组织关系。坚持便于管理、便于教育、便于发挥作用的原则,将以往以行政村为单位,以户籍为依据,改为以农村社区为单位,以工作、生活关系为依据,调转组织关系。凡在本社区工作、生活的党员,关系都可以调入社区党组织,不管其户籍在本社区,或在外地区。而户籍还在本社区,而已分层流动,长年在外工作生活的党员,可动员其将党组织关系迁到其工作、生活的社区党组织,确保农村社区党组织服务活动正常开展。二是优化基层党组织设置。可将近郊农村和相近城镇社区的党组织合并,建立联合党组织;可以按产业、行业划分,以产业化龙头企业为主建立党组织,或以产业化的规模基地为主建立党组织,把党组织建在产业链上;加大非公经济组织和社会组织党组织组建力度,充分发挥其作用;探索在民间组织、集贸市场、建筑工业等符合条件的地方建立党组织,让党组织覆盖不留"死角"。三是理清基层党组织职责。划清村、社区、镇街、职能部门之间的分工和职责界限。不断完善镇街服务平台,将基层行政事务性工作相对集中统一到乡镇街办理,让基层党组织从繁重的行政事务工作中解脱出来,集中精力做好服务群众工作。四是优化基层党组织职能。整合传统管理类职能,增加基层服务职能,进一步突出民生导向,将基层党组织的职能由管理转向服务。五是延伸和完善服务触角。广泛开展"网络党建"工作,组建"网络支部",依据网站、QQ群、微信、微博等现代信息渠道,拓展网上服务阵地。党组织设置向各种协会延伸,服务向空巢老人、留守儿童延伸。

2.打造服务型党组织干部队伍,提高服务水平。一是选拔一批高素质农村干部。按照守信念、讲奉献、有本领、重品行的要求,将服务发展有能力、服务群众有能力、维护稳定有能力的优秀人才,将那些能干事、干成事、不出事的优秀人才,将那些服务意识强、服务作风好、服务水平高的优秀人才选拔为基层党组织带头人。要优化基层党员干部队伍结构,构建科学合理的年龄结构、专业结构、性别结构。加大选聘高校毕业生、外出务工返乡人员、乡村致富能手等到基层任职力度。对一时没有合适人选的村,可从党政机关干部中选派水平高、作风好的优秀干部,任村党组织第一书记。二是加大培训力度,提高能力素质。按照缺什么、补什么、需要什么、培训什么的原则,对农村基层干部进行有针对性的农村政策、农村法律、组织建设、领导艺术、实用技术等方面的培训。根据培训对象不同区域、不同特点,分类制定培训方案,提供个性化、差异化、多元化的学习选择,采取点题式、菜单式、集中轮训、学习考察、异地挂职、短期实践等多种方式,组织开展培训。采取走出去、请进来的方式加大培训力度,提高培训的针对性和有效性。三是加强教育管理,增强服务意识。切实加强思想教育、宗旨教育、作风教育,引导基层党组织和党员干部把服务群众作为根本价值取向,切实解决群众反映强烈的突出问题,始终保持同人民群众的鱼水之情。四是建立激励机制,调动工作积极性。要合理确定农村干部工资补贴,实行绩效工资制,将村干部工作按照工作量、难易程度、重要性确定权重,根据干部工作绩效进行积分,根据干部得分多少,领取工资补贴。让干得好、群众满意的干部拿更多的补贴,让干得不好的干部拿较少的补贴。健全不合格基层党组织书记调整制度,乡镇党委每年定期回访复查,深入了解履职情况和群众反响情况,结合绩效考评,对岗位目标任务完成差、作风不好、群众反映强烈的干部,按照有关规定及时调整。

3.丰富基层服务型党组织建设工作载体,实现有形有效。一是贴近群众需要选择服务载体。创新工作载体的目的是能更好地为群众提供满意、认可、实惠的服务,更好地满足群众的需要。因此,在创新工作载体时,要根据不同群体的不同需要,创新实用有效的工作载体。针对群众的技术需要,可以采用集中培训、相互帮扶指导等方式;针对留守老人和儿童的照顾需要,可以采取集中照顾与分散照顾的方式,对行动不便的老人可采取一对一照顾方式,而对行走方便的老人可以集中照顾;对留守儿童可根据不同年龄采取不同方式照顾。二是贴近农村实际创新服务载体。农村基层党组织创新服务载体时,一定要根据农村的实际,切不可追求形式,脱离实际。针对农村白天农民需上地劳动,晚上回家休息的实际,可利用晚上时间,开展培训等服务。针对农忙季节农民时间紧,农闲时间相对宽松的实际,可集中利用农闲时间集中开展各种服务活动。三是贴近党员干部实际创新服务载体。党员干部是服务群众的主体,而农村党员干部的特长、素质各不相同。因此,在创新服务载体时,可以根据党员干部的实际进行。对思想观念新、文化程度高、年轻活跃、懂现代信息技术的年轻党员干部,可通过网络、微信、微博等为群众进行服务,比如可在网上帮助农民推销农产品。对技术好,有一技之长的党员干部,可让其担任科技辅导员,帮助群众掌握现代农业科技。对有文艺特长的党员干部,可以组织群众开展文化活动,活跃群众文化生活。四是纵横联合,深入推进基层志愿者服务活动。村上企业、社会组织可组织党员开展有针对性的志愿者服务活动。县乡机关单位的党员按照自己的工作特点、专长优势,到农村去,在农村党员干部的配合下,开展积极有效的志愿者活动。在推进志愿者活动时,要根据志愿者的专长和意愿,让其认领服务岗位和服务项目,开展承诺服务、代理服务、上门服务、跟踪服务等个性服务,通过建立健全服务登记、积分管理、评价激励等,推动志愿服务制度化、常态化、社会化。

4.健全基层服务型党组织建设机制,推动长效常态。一是健全动态跟踪的民意收集机制。构建民意收集、分析、响应等环环相扣的动态体系,提升基层党组织的服务效能。探索党员联系群众制度,每名党员干部就近联系部分群众,定期不定期了解他们的需要和诉求,及时向农村党组织反馈,农村党组织每季度或不定期收集整理群众诉求。每月定期让群众到村党支部活动室反映自己的诉求。可以设立群众诉求反映箱,有条件的地方也可以开通网上诉求反映,拓展群众诉求反应渠道,全方位收集群众诉求,及时回应群众关切和期待。二是健全上下联动的党建工作责任制,坚持把推进基层服务型党组织建设情况纳入县、乡、村三级党组织书记履行基层党建工作责任制专项述职的重要内容,切实推动各级党组织书记把基层党建放在心上、抓在手里。健全基层党建工作联述联评联考机制,做到述职述党建、评议评党建、考核考党建,任用干部看抓党建情况,引导各级党组织开创抓党建促发展的新局面。三是健全群众满意导向的考评机制。坚持以群众为出发点来思考问题,以群众幸福不幸福、满意不满意、认可不认可作为根本评判标准,制定以服务为重点,定性定量相结合的绩效考评体系,将基层服务型党组织建设的标准要求转化为群众最关心、可感知、好操作的具体指标。建立健全党员承诺、践诺、评诺的工作制度,深化民主评议党员等工作。党员考核要注重服务群众的实际效果,把为群众的服务好不好、群众满意不满意作为重要依据。并把基层党员干部考核结果与评选优秀党员干部结合起来,促进党员干部服务群众工作不断深入开展。

5.夯实基层服务型党组织建设保障,提供服务支撑。一是积极筹集资金,保障正常运转。县乡财政要根据辖区面积、人口,确定经费预算,每年从财政列支一定资金,用于农村党建工作。县委要将党费向农村党组织倾斜,拿出一定比例作为农村党组织活动经费。农村党组织要根据服务群众的工作性质,将属于公共服务方面的,通过项目上报,争取上级财政列支;也可通过一事一议的政策争取各级财政补贴。通过支持村上建加工业,壮大集体经济,解决服务群众所需要的资金短缺问题。二是加大基层服务阵地建设。在农村社区建立面向所有党员开放的活动阵地。把基层党组织活动场所和服务设施建设,纳入公益性服务设施建设规划,做到规划中有位置,建设上有项目,资金上有保证。加强对活动场所和服务设施的管理,提高综合利用效益,真正建成集党员活动、便民服务、文化宣传、信息传播等多种功能于一体的党员之家、群众之家、服务之家。三是积极整合城乡资源。按照"责权利结合、人财物配套"的原则,实行"权随责走,费随事转"的基层事务准入制度,不断拓宽基层党组织经费来源渠道。强化社会资源保障,争取县乡机关单位、有关经济组织的支持,做到资源共用,活动共抓,并通过捐赠资金、物资等方式,为基层党组织开展服务群众工作提供力所能及的帮助。

农村金融改革与融资途径

西北农林科技大学副教授　牛　荣

从广义上来讲,金融也叫融资,就是货币资金的融通,即当事人通过各种方式到金融市场筹集或贷放资金的行为,农村金融就是发生农村地区的各经济主体之间的一切货币信用活动,农村融资赖以生存的基础是农村经济活动。其主体包括金融机构、农村企业、农村居民、政府财政等。研究农村金融就是分析研究"三农"发展的资金需求和金融服务。

改革是农村金融发展过程中的重要标签,农村金融体系也经历了从无到有、从小变大、由弱渐强的发展过程。在城乡二元经济结构框架下,以结构观为理论视角的农村金融改革,无法从根本上扭转农村金融市场效率与农村金融机构效率的目标分异,从而使得农村金融资源流出,最终造成农村金融空洞;以功能观为理论视角的农村金融改革,无法从本质上弥合农村金融市场监管和农村金融服务实现机制的裂痕,从而使得农村金融产品单一,最终造成农村金融黑洞。

金融是国民经济的核心,农村金融是立农之本、壮农之基、强农之源。梳理回顾我国农村金融改革历程,探究我国农村金融体系的改革趋向,对实现我国农业发展、农民富强、农村繁荣有着重要意义。

一、我国农村金融改革的历程

十一届三中全会后,中央启动了恢复和发展农村金融体系、激活农村金融活力的漫长改革工作。特别是农村经济体制改革的启动,催生了农村金融体制的变革,随着农村基本经营制度的确立,农村金融改革的进程也进一步加快,一定程度上促进了农村经济发展,也取得了一定的成果。但从总体上看,改革绩效不高,没有从根本上解决农村经济发展与农村金融服务间的矛盾,农村金融改革不能满足农村经济发展对金融服务的需求变化。

第一轮,农村金融改革起步阶段(1978—1992):中国农业银行接管农信社,农村金融体系逐步国有,农村金融体系的恢复重构。1979年国务院下发了《关于恢复中国农业银行的通知》,1984年国务院又批转了《关于改革信用社管理体制的报告》。

该阶段农村金融改革的主要特点:其一,农村信用社在农村市场上活力增强,存贷业务有了明显改善;其二,农村资金外流现象凸显,金融支农弱化。农业银行将大量农信社资金转移到城市,农村金融出现资金短缺的困境,导致农村信用合作社产生了大量的不良资产;其三,民间非正规金融迅速发展,农村合作基金会业务在全国开展。

第二轮,农村金融改革过渡阶段(1993—2002):农村金融市场主体多元化,农村金融活力全面提升,"三位一体"农村金融体系调整。1993年,国务院《关于农村金融体制改革的决定》指出:新一轮农村金融改革要建立以合作金融为基础,以商业性、政策性金融分工协作为目标的"三位一体"农村金融体系,标志着农村第二轮金融改革的开始。1994年中国农业发展银行成立,重新赋予了农村信用社"民办合作金融"性质,成立县联社法人。1996年国务院出台《关于农村金融体制改革的决定》,1999年全国统一清理撤并农村合作基金会。2000与2001年分别组建了农村信用社省级联合社和农村商业银行。该阶段主要调整了农村信用社的隶属关系,成立农业发展银行,农业银行与农村信用社脱钩,农村信用社成为农村金融市场的主力军。

第三轮,深化农村金融改革阶段(2003年以来):构建新型农村金融体系,农村金融体制改革进一步深化。2003年以来,随着农村经济的进一步发展,农村金融服务需求有了新变化。此阶段的农村金融改革重点有三个:一是政府支持下的农村信用社深化改革,《国务院关于印发深化农村信用社改革试点方案的通知》提出"明晰产权关系,强化约束机制,增强服务功能,国家适当支持,地方政府负责",开启了农村信用社改革的大幕,并决定在县联社的基础上成立省级联社。二是启动邮政储蓄改革,2007年,中国邮政储蓄银行成立,除吸收存款外,部分开展小额信贷业务,以支援农村经济建设。2012年,《关于细化中国邮政储蓄银行有限责任公司股份制改革实施方案的批复》,对邮政储蓄银行的支农服务力度提出了明确要求,邮政储蓄银行已不再是农村资金的"抽水机"。《中共中央关于全面深化改革若干重大问题的决定》明确提出推进政策性金融机构改革,农业发展银行改革提上日程。2014年,国务院常务会议审议通过《中国农业发展银行改革实施总体方案》,这标志着作为中国农村金融体系中最后一个改革的农业发展银行正式进入改革的快车道。三是引导各类民间资本进入农村金融领域,放宽农村地区金融机构准入条件,村镇银行等新型农村金融机构突起。

二、我国农村金融改革面临的问题

我国是农业大国,农业经济的基础性地位不言而喻。农业发展必须有巨额、持续的资金投入,虽然近年来国家对农业投入逐年增加,但相对日益庞大的农村企业和农户的资金需求仍显不足。

(一)金融供给不足

由于农业生产投入成本高且风险大的弱质性特征和金融机构的商业化、市场化经营战略调整,削弱了其为农业农村提供服务的热情和积极性,我国农村金融始终是整个金融体系中最为薄弱的环节,涉农贷款额度增长缓慢,远低于同期金融机构贷款额度的平均增长水平,更低于二三产业贷款额度增长速度。多数金融机构不情愿将资金投放到农村,部分农村金融机构只存款不放贷等现象出现,金融业务仅限于一般存款、取款和汇兑,即便有少量金融机构同意放贷,其门槛之高也让人望而生畏,进一步减少了农村资金供给,严重影响农村经济社会的持续发展。

1996年以来,陕西省农村金融形成了具有政策性功能、商业性功能和合作性功能的正式金融体系,分别以农业发展银行、农业银行和农村信用社三类金融机构为代表。在实际运行中,陕西省农村金融体系因缺少层次性和矛盾冲突多,造成功能和作用发挥出现偏离,导致正式金融机构在农村金融市场上供给不到位的情况。面对农户日趋多样化的金融服务需求,农村地区特别是欠发达地区农村金融体系的金融服务能力不足。国家商业银行大批从农村地区撤离或者减少分支机构,乡镇金融网点不足,甚至个别乡镇出现零金融机构,给农村居民生产生活带来诸多不便。农业发展银行没有真正承担起政策性银行的重任,贷款基本集中在基础设施等领域,与农村和农户更广泛的金融需求之间存在很大矛盾。合作金融的商业化趋势导致投向农业的生产性融资呈下降趋势,难以满足农户的多样化资金需求,农村信用社虽然是农村金融服务的主力军,但农村信用社涉农金融投入规模都难以承担起服务"三农"的任务。

截至2014年末,农村贷款额、农林牧渔业贷款额、农户贷款额以及全口径的涉农贷款额在5年内均较同期有所提高,但是占各项贷款的比重分别仅为23.2%、4.0%、6.4%和28.1%,占比严重偏低。因此,农民"贷款难"问题仍然没有得到根本性改变,由此可以看出农业贷款的投入相对较少,与农业发展的需要不相匹配。近年来,农信社改制,在利润的驱使下其业务也开始逐渐上收,底层农户信贷业务逐步萎缩,严重制约了农信社支农功能的发挥。

(二)金融产品单一

与城市相比,农村金融市场在融资、避险、理财等方面的功能还极不完善,农村金融服务品种相对较少,金融产品极为单一,缺乏创新,民间资金、非正规民间资本受压制,金融供给与金融需求不能及时有效衔接。出现这些问题既与农村金融市场投融资渠道狭窄不畅有着密切关系,也和农村金融市场法规政策不完善紧密相关,继而使农村金融市场存在较大的政策风险。

目前面向农户的信贷业务仅限于农户小额信用贷款和联保贷款,伴随着农业产业化进程的加快,农村经济发展所需的资金规模逐渐增大,农户小额信用贷款已无法完全满足农户发展生产经营的需要。一些从事农副产品粗浅加工的个体加工户,经济作物种植户和畜牧养殖户,以及一些小型个体运输户和经商户,资金需求一般在5万～10万元,资金使用周期多在一年左右,种养大户的资金需求单笔数额较大,资金使用周期相对较长,3万元以上的贷款额度很难获得信用社的批准。此外,农村金融机构大多采用传统农业贷款产品和发放办法,金融产品的适应性不强,贷款条件僵化、贷款额度低,贷款多是1年以内的短期流动资金贷款,不适应农业生产的季节性和长周期性的特征,且农村信用社发放支农贷款主要面向种植业,并不包括农户发展养殖业、运输业及农产品加工行业所需要的资金。

大多数农村金融部门开展的业务包括储蓄、信贷、汇兑、代理保险、代发工资等,但是这些业务的广度和深度依然较低,具体表现为:首先,农村金融机构服务业务单一,主要集中在存贷业务上,中间业务种类很少,和其他商业银行比,农信社的中间业务工作目前还处于起步阶段,在管理方式、品牌创新和实现额度等诸多方面还相差甚远。对符合农户金融需求特点的短期小额、零散、无抵押担保条件的金融产品开发力度不够,缺乏符合农户经济发展特点的金融产品,与农户实际金融需求存在较大差距,在城市中较流行的投资顾问、专家理财等,在农村尚处空白。其次,农业银行逐年减少农村机构网点,合并涉农信贷业务,其业务范围主要集中在县城,大部分乡镇信用社和邮政储蓄银行营业网点只能办理传统存贷款业务,基本没有其他金融服务,贴现和汇兑等业务要到距离较远的县城才能办理,银行卡业务和自动取款机服务及理财、保险代理等产品也都不能延伸到农村地区,即使是贷款业务,也主要是传统的类似消费性质的贷款,而农民迫切需要的外出务工贷款和子女教育的助学贷款等业务难以有效开展,单一的金融服务品种在一定程度上阻碍了农村地区经济的发展。第三,农村信用社信贷交易成本过高,由于国有商业银行在农村信贷市场份额的萎缩,增强了信用社的区域垄断定价能力,农村信贷供给价格不断提高。

(三)金融担保缺乏

一方面,信用担保体系还不能充分发挥作用。目前的担保体系远远不能满足农村地区的贷款担保需求,这就使银行机构在农村的信贷风险又缺少了一个分担机制。农村信用担保体系建设不完善,贷款担保难、抵押难以成为制约农户贷款的重要因素。产权担保需要农户有可抵押的资产,而绝大多数农户却没有或缺少用来抵押的财产,农村土地流转市场缺乏相关的中介服务和监管体系,导致流转过程中出现不少矛盾和纠纷,加之,农村土地流转的相关法律和行政法规缺乏,农民拥有的宅基地和土地难以成为贷款抵押物,不能从根本上缓解农民贷款难的问题。即使极少数农户具备抵押贷款的条件,但是因为审批环节复杂、填报资料多和办理时间久,同时还要缴纳一定的费用,也制约了农户贷款的主动性。虽然一些银行网点开办小额贷款质押业务,但要求质押物必须是本网点存单,未在本网点存款的农户享受不到小额信贷的支持,联户担保也存在风险的不确定性,从而限制了信用担保的覆盖范围,成为制约农村发展、农民增收、农业增效的主要障碍。

另一方面,农业生产保险缺位加大了银行机构的农业信贷风险。以农业保险为例,安康市20世纪90年代就开办有烤烟保险、黄姜种植保险、农民人身意外险、农房保险、森林火灾保险等险种,有力地支持了农村经济发展,但由于缺乏扶持政策,农业保险经营亏损严重,保险公司先后停办了农险业务。2007年以来,只有中华联合保险安康支公司开办了政策性能繁母猪保险业务,但由于地方财政补贴迟迟不能到位,经中华联合保险安康支公司多次协调无果,今年该公司已暂停办理该项业务。

(四)借贷不规范问题突出

农村原本就是正规金融资源相对匮乏的地区。随着四大银行商业化改革,许多在农村地区经营的网点被撤,正规金融资源更加稀少,金融资源供给明显不足;处于弱势地位的农业、农村和农民,往往更需要金融支持,这就为民间借贷提供了极大的空间。

陕西省民间借贷发生较为普遍,但无息借贷较多,农户资金支出集中于教育、生产、生活以及医疗等诸多方面。农户超过一半的贷款是从亲朋好友处获得的,且78%的借款是无息的。大部分农户在借钱时首先考虑的是亲戚朋友,而不是信用社等正规金融机构。由于农户比较分散,农村信贷人员很难搜集农户个人信用和经济状况信息,借贷双方的信息不对称加大了道德风险,导致农村信用社提高贷款利率。而民间借贷由于其决策时间短、借贷手续简单灵活,没有担保抵押或担保抵押少、违约风险小、交易成本低等优点,与农户贷款需求额度小、需求紧急、担保抵押缺失等特征相吻合。虽然民间借贷绝大多数是无息借款,除了用货币支付的有形利息外,民间借贷还存在隐形利息形式,农户亲戚朋友之间的借贷表面看不支付利息,但是借款利息以"人情债"形式存在,借款农户会在必要的时候以不同的方式将隐形利息偿还被借者,比如,无偿给被借者劳动,或当被借者需要资金时提供同样无息的借款给对方。随着农户商品意识和市场意识的增强,农户认识到资金具有时间价值,逐渐认可了有息或适当范围利息的亲友借贷。

以上农村金融存在的现实问题,究其原因是我国金融体系设计更多地考虑了城镇的特点,而很少考虑农业、农村的现实,使整个金融供给和农村金融需求对接不上。总体上看,农村的金融需求,主要是分散、小额、短期、几乎无担保的金融需求,而农村正规金融供给,都要求有足额的抵押担保,讲究资金的流动性、追求较高的效益。

农村金融改革除了强调各金融机构要切实承担起服务"三农"的职责,最关键的还是要创新农村金融组织,支持发展适合农村特点和需要的各种小、微金融服务,包括发展小额信贷,扩大农村贷款抵押范围,允许有条件的农民专业合作社开展信用合作等。

三、正规融资途径金融产品

长期以来,农村金融服务以其"成本高、风险高、效益低",成为我国金融体系中的薄弱环节。随着农业现代化进程加快,农村经济发展对金融的需求更加旺盛,需要金融机构针对当前农村金融面临的痛点和难点,加快创新产品与服务。

(一)农村小额信用贷款

1999年,为解决农户"贷款难"和农村信用社"难贷款"的问题,在中国人民银行支农再贷款的支持下,在借鉴国外扶贫小额信贷模式的基础上,农村信用社开始了农户小额信用贷款和联保贷款试点。2002年开始,小额信用贷款在全国范围内推开。农村信用社农户小额信用贷款的开展是农村金融领域内重大的业务创新,农村信用社利用这种微观层面的创新,以较小的成本促进了农村金融供需矛盾状况的极大改善。

1. 小额信用贷款的起源

小额信用贷款源于孟加拉。20世纪70年代,穆罕默德·尤努斯教授在孟加拉成立了孟加拉乡村银行,专门向贫困妇女发放不需要担保和抵押的小额贷款,帮助她们通过创业脱贫。三十多年来,孟加拉乡村银行已经为600多万贫困妇女发放了贷款,一半多的妇女及其家庭成功摆脱了贫困。2006年,尤努斯获得了诺贝尔和平奖。小额信用贷款是以个人或家庭为核心的经营类贷款,其主要的服务对象为广大工商个体户、小作坊、小业主、中小微型企业主,是一种以城乡低收入阶层为服务对象的小规模的金融服务方式。小额信贷旨在通过金融服务为贫困农户或微型企业提供获得自我就业和自我发展的机会,促进其走向自我生存和发展。贷款的金额一般为1 000元以上,10万元以下。小额信用贷款是微小贷款在技术和实际应用上的延伸。其特征就是债务人无须提供抵押品或第三方担保,仅凭自己的信誉就能取得贷款,并以借款人信用程度作为还款保证。由于这种贷款方式风险较大,一般要对借款方的经济效益、经营管理水平、发展前景等情况进行详细的考察,以降低风险。小额信贷通过提供小额贷款,发挥金融的激励约束机制,改变了传统的财政转移支付方式,既是金融服务的创新,又是扶贫的重要方式。

从实际看,小额信用贷款的基本条件是:一是中国大陆居民;二是有稳定的住址和工作或经营地点;三是有稳定的收入来源;四是无不良信用记录,贷款用途不能作为炒股或者赌博之类的一切违法行为。需要提供的证明材料有:1.提供个人身份证明,可以是身份证、居住证、户口本、结婚证等信息;2.提供稳定的住址证明、房屋租赁合同、水电缴纳单、物业管理等相关证明;3.提供稳定的收入来源证明,银行流水单,劳动合同等。

2.小额信用贷款模式

目前我国农村小额信贷模式可分为三种,一种是政府扶持型,以服务"三农"为主要目的。包括国家开发银行等政策类机构和各类扶贫协会、农村基金会等NGO组织。二是以盈利为目的的小额信贷机构。包括农村信用社、开展小贷业务的商业银行、小额贷款公司、担保公司以及村镇银行等。三是综合型模式,指的是前两种的综合模式。

(1)政府扶持型农村小额信贷模式

①政府+银行模式。此模式是由我国的政策银行将具有贴息扶贫性质的信贷资金批发给农村信用社等小额信贷机构。另外政策性银行有时向农户直接提供贷款,比如农业发展银行的粮棉油收购贷款业务。

②扶贫协会和基金会主导模式。此类小额信贷的发起机构为各种扶贫基金会,不以营利为目的。在我国各种名目的扶贫基金会大约有三百多家,大多数机构并未获得一个正式的身份,并缺乏专业的运作和监管,资金来源单一(大多数源于非政府组织的捐赠),所以难以持续性地提供资金来源。

(2)盈利型农村小额信贷模式

①商业银行类。该类型包括农村信用社 、邮政储蓄银行等商业银行机构。

而农村信用社以其广泛的网点分布成为农村小额信贷的主要供给机构。这些银行机构通过不同种类的小贷产品直接面向农户贷款。

②村镇银行。村镇银行借其最大股东必须为银行业金融机构这一规定,以自身的品牌知名度来招揽客户。而且村镇银行一级法人的性质决定了较少的审批环节,一般审批时间为3天左右,在这一点上它的灵活性胜过了大多数小贷机构,能为农户解决不时之需。

③小额贷款公司。小额贷款公司是由自然人、企业法人与其他社会组织投资设立,不吸收公众存款,经营小额贷款业务的有限责任公司或股份有限公司。小额贷款公司不能吸收公众存款,仅依靠公司股东的资金,向农户和小微企业提供小额贷款。由于不明晰的角色定位,过重的赋税,而且不能和其他银行机构一样通过银行拆借或政策银行获取资金的支持,所以一般小额贷款公司的保本年利率为15%~20%。以我国小额信贷现行的利率水平,它们在农村小额贷款业务上几乎没有利润空间,进而挫伤了向农户放贷的积极性。

(3) 综合型小额信贷模式

综合型小额信贷模式指的是根据农村当地的实际情况,由多个相关机构共同参与的保证模式。"综合"的含义一方面指参与的机构多;另一方面指政府和非政府机构的综合。"公司+农村信用社"模式是一种普遍而典型的联保信贷模式。这里的"公司"可以是农业生产型的企业,也可以是销售型企业。在这种模式下,公司主要通过两种方式为农户获得农信社的贷款。一种是:由公司出面向农户提供担保获取贷款;另一种是:公司可提前向农户提供所需的农资,等农户有了收入再进行抵扣。在"公司+农村信用社"模式的延伸下,洛宁县农信社设计了"五加"模式,即"农信社+县政府+龙头企业+村委会+农户"模式。此模式中,既有政府的参与又有龙头企业的技术咨询和培训,也有农户们的联产联保制度。除了盈利小贷机构组成的联保模式外,也有政府扶持的非营利机构参与的联保模式,在我国较知名的有河南虞城实施的"扶贫协会+GB+贫困户"模式,在当地取得了显著效果。

3. 农村小额信贷模式运行中存在的问题

(1) 农村小额贷款市场定位模糊

农村小额信贷模式设计的初衷是帮助农户脱贫,但是在实际执行过程中,很多金融机构并没有把低收入农户作为金融服务对象,而转向高收入的农户,使得高收入贷款市场竞争过度集中。

(2) 贷款制度设计不完善

目前,小额贷款的申请额度根据农村地区经济发展程度有所不同,发达地区的额度一般为3万~5万元,而大部分中西部农村地区都在1万元以内,而周期大都在一年以内。这样的设计很难满足周期较长的特色农业项目的需求。小贷公司资金来源单一,既不能吸储也不能从银行获得商业性的贷款,只能通过自有资金和捐赠的方式获得资金。由于贷款金额小,发放的贷款次数多,大额贷款的成本远小于小额贷款,加之较低的贷款利率水平以及对利率的管制,让农村信贷市场缺乏吸引力。

(3)面临较大的风险

农村小贷机构面临着较多的风险。一是信用风险。农业生产和销售过程本身会面临着较多不可控因素,当农户受到不可控的损失时,必然会增加违约的风险。二是信息不对称风险。目前农村地区信用评价体系还不完善,还不能对农户的资金使用情况和违约风险做到有效的预警。另外,受教育程度不高的多数农户,很难把握贷款项目的市场风险,选择项目具有一定的盲目性。

(4)缺乏有效的监管措施

由于农村小额贷款投放的农户数量大、居住分散,按照现有的信贷员数量对每户开展贷前调查、发放贷款、贷后监督、催收贷款等工作,很难做到位。并且小额贷款的审批与管理相分离的制度设计,对贷款管理责任的划分带来了一定的难度。

(5)缺乏基层政府的支持

农户小额贷款必须得到基层干部的支持和配合,才能得到较好的执行。但调研发现:由于个别乡村干部思想认识不到位,认为贷款是信用社的事,在工作的配合上不积极,延误了评定工作。另外,在评定过程中,有的评定组织成员对一些贷款申请户,以个人恩怨和好恶评定,甚至隐瞒贷款申请户的财产和收入情况,造成评定授信失真。再者,一些村组还款意识差,欠贷款多,不能积极配合信用社清收老贷款,影响了信用户的评定工作。而一些村级组织工作责任心不强,贷款出现逾期后也不能积极配合信用社客户经理清收贷款。

(二)农村产权抵押贷款

1998年农村信用社改革以来,我国农村金融改革主要是着力增加各类农村金融机构,如小额贷款公司、村镇银行等,但是始终难以扭转农村金融与城市金融日行渐远的趋势。十八届三中全会提出全面深化改革的战略方针,普惠金融是深化金融改革的重点任务,大力提升农村金融服务水平是其重要目标。世界银行的一份跨国研究表明,我国存款和支付的普惠水平较高,基本达到发达国家水平,但是信贷的普惠水平仍然较低,与抵押品的可得性有很大关系,尤其是在涉农领域。长期以来,我国农村缺乏合格抵押品,以人情、血缘和地缘关系维系的民间借贷较为盛行,规模经济难以形成,导致农村融资成本和风险水平较高。

普惠金融的一个重要概念是金融可得性,其含义是人们在使用金融服务时没有价格和非价格障碍,抵押品可得性是其重要内容。抵押品融资看似是小问题,实则是大文章,其战略含义是改变长期以来农村金融以保证方式为主的"小农经济"融资格局,提高抵押品融资比重,逐步使其接近城市融资格局,切实提高农村金融的规模经济水平。从这个意义上讲,抵押品融资创新是推进当前农村普惠金融的突破口,它跳脱了以往以机构为视角的供给改革思路,而是着眼于工具视角,试图弥合农村金融供求双方的矛盾。

2004—2014年,连续11年的中央一号文件均对农村金融发展给予了高度重视,鼓励以农村金融体制改革与创新为目标,实现农村金融产品多样化,提升农村金融体系的服务能力。为了充分发挥农村产权的资本功能,实现农户产权的可抵押性,农村产权抵押融资试点在全国范围内相继开展。2013年11月,十八届三中全会通过的《关于全面深化改革若干重大问题的决定》明确指出,应当赋予农户承包土地的抵押和担保权能,肯定了农村土地承包经营权的可抵押性,为当前开展农村产权抵押融资提供了最直接和有效的政策依据。虽然农村产权抵押融资试验仍然处在起步阶段,目前还未完全破除法律障碍,且在执行与操作过程中存在不规范或不完善之处。但是从试点效果来看,得到了当地政府、金融机构以及中小企业、农户的广泛支持。

1. 农地产权抵押贷款的概念

农村产权抵押融资是指借款人在政策允许范围内,以其依法有权处分的农村产权(包括土地承包经营权、农业生产设施、苗木和活体动物、农村宅基地使用权和房屋、林权等)为抵押标的物,向金融机构进行资金融通的行为。本文考察的农村产权是指农民拥有的最重要和最主要的财产,即土地承包经营权、农村房屋产权、集体建设用地使用权,探索农村金融机制和产品的创新,如重庆开县的土地流转经营权抵押贷款、福建明溪县的农村土地经营权抵押贷款、宁夏平罗县的"存地证"质押贷款、湖南浏阳市农民房屋抵押贷款以及四川成都市和浙江宁波市的"两权一房"抵(质)押贷款等。农村产权抵押贷款对于推动农村集体产权改革,盘活农村资源,解决农村融资瓶颈,促进农业农村发展和农民增收具有重要的意义。

农村土地承包经营权抵押贷款是指农村土地承包经营权人在法律许可的范围内,在不转移土地占有权、不改变土地用途的情况下,将农村土地承包经营权作为银行贷款的抵押物。主要目的是满足农村居民生产、生活的信贷资金需求。近年来,随着蔬菜大棚建设项目的启动,以日光温室大棚蔬菜和露地菜为主的蔬菜面积迅速扩大。为了鼓励农户发展特色农业,满足农户生产经营资金需求,2010年5月28日,高陵县启动土地承包经营权抵押贷款,同年12月,该县农村产权制度改革试点正式进入实践阶段。目前,高陵县农村土地承包经营权抵押贷款的对象主要是农村从事种植、养殖等经营活动的农户。全县有信用联社、邮政储蓄银行、阳光村镇银行三家金融机构开展抵押贷款业务。

作为一项金融创新产品,农村土地承包经营权抵押贷款对于促进农村经济社会发展具有积极意义和独特作用。农村产权制度改革,是深入贯彻中央"多予、少取、放活"方针的根本途径,是破解"三农"问题的重大举措,是依法维护农民利益的充分体现。高陵县农村产权制度改革,主要是通过对农村集体土地所有权、土地承包经营权、集体建设用地使用权、集体建设用地上房屋所有权等权属进行确权登记颁证,建立农村资产流转平台,形成农村产权流转市场体系,对农民进行"还权赋能",把法律法规赋予农民的土地、房屋等要素的权益还给农民,让农民拥有发挥自主权的能力,实现农村产权要素资本化。并从"物权"与"市场"两个角度进行农村产权制度改革的探索与尝试,打破了城乡二元结构,有力地促进了土地流转,盘活了农村资产,破解了融资难,解放了生产力,加快了农业增效、农民增收步伐,推动了城市化进程。

2. 农地产权抵押贷款存在的问题

第一,宣传不到位。部分群众知道土地承包经营权能够进行抵押贷款,但是知道具体办理程序的群众很少。个别群众甚至对土地承包经营权抵押贷款还不知情。在办理贷款时,群众往往资料准备不齐,回去补办,耽搁了时间。部分群众还因为无法及时补齐资料放弃抵押贷款。第二,银行机构的积极性不高。由于农村土地经营权作为抵押品难处置,风险保障机制缺失,银行机构避险心态较重等原因,开展此项业务较为慎重。如对于农业企业的贷款,就考虑到风险问题,贷款业务还没有开展。第三,土地承包经营权抵押贷款总量偏小。农村土地承包经营权抵押贷款业务处于起步阶段,在面上并没有铺开,市场化运作还不是很成熟。

3. 农地产权抵押贷款建议与对策

面对农村人口城镇化、土地经营集约化、农业产业化的发展趋势,以土地这一基本生产要素流转为基础的农村土地经营权抵押贷款是农村金融创新关注的热点。关于土地承包经营权抵押贷款业务将逐步展开,有关政策的出台使开展此项工作有了根本保障,农村产权评估机构已经正常运行,并且积累了一定的经验,应进一步加强有关工作,推进农村土地承包经营权抵押贷款业务的扩大,强化金融对于统筹城乡发展的支撑。

一是加大对农村土地承包经营权抵押贷款的宣传力度。多渠道、多形式宣传土地承包经营权抵押贷款相关知识,使广大农业生产经营户明白具体内容和有关环节,既充分调动农户发展生产的积极性,也解决群众因手续不完备而产生的办理土地承包经营权抵押贷款效率不高的问题。二是扩大业务范围。各涉农银行都要认真研究,结合实际开展农村土地承包经营权抵押贷款业务。特别是要充分考虑和照顾农业企业的贷款需求。三是健全农业保障机制。积极推进农业信贷担保机构建设,发展农业保险,建立风险保障基金,降低土地经营权抵押贷款的信贷风险。鼓励和支持保险公司开办农业保险业务,对农业保险的亏损进行适当的补偿。对于农村信用社由于土地承包经营权抵押贷款业务量较大的现状,应积极探索多种担保方式,进一步提高防范信贷风险能力。四是加强农村土地经营权抵押价值评估,合理确定农村土地价值。要进一步培养专业资质评估人员,规范土地承包经营权价值的评估,为开展农村土地承包权抵押贷款创造有利条件。五是加快农村产权确权工作。农村产权的确定,将极大减少农村土地承包经营权抵押贷款的前期工作,有利于提高农户贷款效率,也能够减少银行在办贷过程中的工作量。

(三)农村资金互助合作社

1.农村资金互助合作社的含义及特征

农村资金互助合作社是经县政府相关部门和村所在乡镇组织人员评审,经县民政局审批,贫困村村民自愿参加成立的非营利性互助资金组织,管理机构包括理事会和监事会。互助资金是以财政扶贫资金为引导,以村民自愿按一定比例交纳的互助金为依托,以无任何附加条件的社会捐赠资金为补充,在贫困村建立的"自愿、互助、民主、独立"且周转使用的生产发展资金。《农村资金互助社管理暂行规定》明确规定:农村资金互助社在乡(镇)设立的,注册资本不低于30万元人民币;在行政村设立的,注册资本不低于10万元人民币;注册资本应为实缴资本。

农村新型金融机构具有如下特点:首先是具有合法身份,经过国家法律和相关部门的认可;其次是规模较小,在三类农村新型金融机构中,规模最大的村镇银行的注册资本门槛为300万元,和传统银行业金融机构相比,可谓"小巫见大巫";第三是定位于农村,适应农村金融发展,以服务"三农"建设为宗旨。总而言之,农村新型金融机构可谓是针对农村金融信贷需求"量小、频多"的特点而设计的。有学者将农村新型金融机构定义为立足于农村本地,发挥自身天然贴近农村的特点,充分利用"熟人信息",降低交易成本,保证资金在农村内部循环,扩大农户和农村中小企业的融资渠道,增加农村信贷供给总量的金融组织。

2.农村资金互助合作社的基本类型

(1)农民专业合作社内部组建的资金互助社。在农民专业合作社内的资金互助社中,有"1+1"和"1+2"模式,所谓"1+1"模式就是指在一个专业合作社内,由核心成员作为发起股东成立的互助社,"1+2"模式则是指在一个专业合作社内,是根据社员的出资情况而形成不同的圈层合作金融机制。该互助社是核心成员与普通成员间形成的一种以赊销赊购为纽带的融资互助机制,但就目前而言,这些农民组建的资金互助社都还没有登记注册,从法律角度讲,不具备合法地位,也没有法人资格,所以在运行中难免会遇到一些麻烦。

(2)乡镇或行政村范围内组建的农村社区性资金互助社。农村社区性资金互助社是以乡镇或行政村为范围边界,以进出自愿、自由以及民办、民管、民受益、民担风险为原则而组建。该资金互助社以乡镇或行政村为单元,然后由多人(10人以上)发起,并由上级主管单位审批同意,最后在民政部登记注册,完成资金互助社的组建。资金互助社是农村常见的一种类型,因为该资金互助社,具有合法地位及法人资格,组建程序较为完整,而且发起人资格以及机构的设立条件都符合相关的《暂行规定》,并且是按照相关的《示范章程》进行运营,可以保障农村社区性资金互助社的高效运行。

3.合作社存在的突出问题

(1)农民对合作社的信任度问题。目前我国农村资金互助社遇到的最普遍的问题就是农民对合作社的信任度问题。由于这些合作社地处农村,属于新兴事物,很多农民对其难以理解和接受,导致合作社在吸收社员和吸收存款等领域都面临较大困难。因此,绝大多数合作社前期的发展都会选择依靠亲戚和朋友。但是每个人的亲戚朋友终归是有限的,合作社要继续发展,就必须拓展资金来源,大力发展信贷员。要通过对信贷员的培训,使他们深刻理解合作社发展的必要性和可行性,进而通过他们加强与农民的沟通与交流,使农民逐渐了解合作社及其运行机制,了解他们在加入合作社后能够获得的看得见的收益,进而通过口口相传的口碑建设,争取大多数农民的信任和接受。

(2)合作社规范发展问题。合作社的规范发展问题主要表现在两个方面:一是诚信经营,依政府法律法规办事;二是流动性与呆账管理。

在政府惠农政策和措施不断出台的大背景下,农村资金互助社纷纷涌现,其中不乏一些不合法、不合规、不符合农村资金互助精神的合作社。甚至一些合作社打着"资金互助社"的招牌,实际却从事着与高利贷无差别的活动,这些违规违法的行为严重干扰了农村资金互助社的发展壮大。规范是合作社的生命之本,合作社的发展和建设一定要扎根农村,要有科学完整的制度体系,靠制度来约束合作社的行为,不能偏离农村方向,更不能为获得更高利益而去从事游离于法律边缘的活动。

流动性和呆账管理是合作社面临的另一个非常重要的问题。流动性问题的形成主要来自两个方面:一是融资方面,在融资渠道不通畅的情况下,融入资金的规模小,发贷资金规模就会受到限制;二是资金使用方面,若贷出的资金无法得到按时足额的偿还,就容易形成不良资产或呆账,给合作社的流动性造成巨大压力。因此,必须在拓宽融资渠道、强化融资管理的同时,加强账户管理水平和资金回收工作。

(3)由单一合作社到综合性合作社的发展问题。我国农村资金互助社的业务发展相对单一,基本都是单一的种植合作社、养殖合作社或者农资合作社。这种现象一方面造成合作社的盈利水平低,不利于其生存能力的提高,另一方面也减少了社员从合作社获得的合作利益。随着全球经济一体化的步伐加快,农村资金的经营活动在全球范围内扩展,我国合作社竞争更加激烈,因此有必要拓展合作社业务范围,增加服务项目,发展多职能的资金互助合作社,为社员提供资金互助合作、农资统一供应、技术信息服务、产品统一销售等全方位的金融服务,增强合作社的持续发展能力。这就意味着未来的资金互助社应该是"带领农民进入市场的主体、新型集体经济的实体、社会管理的载体"。非综合的专业合作社无法达到这样的要求。因此,发展综合性功能多样化的资金互助社已经成为不可逆转的国际潮流。

农村资金互助合作组织的发展是我国市场经济的必然结果,也是促进农村经济发展、深化农村金融改革的必然选择。市场经济条件下,农村资金互助合作组织是我国农村农民在金融领域上的创新,对农民、政府以及其他市场主体具有十分重要的作用。市场经济条件下,存在着必然的竞争,而在激烈的竞争中就需要合作来促进自身的提高,以适应市场经济的需求。国家要大力鼓励竞争,也要大力扶持合作,以保证市场经济平衡运行。在新农村建设中,需要提高农民组织化程度化解农民小生产与社会大生产之间的矛盾,需要发展合作社经济调整农村各种生产关系,以适应现代农业以及生产力发展的需求。

精准脱贫与乡村振兴
——农业农村干部培训读本

现代农业篇

新农人队伍的培育发展

西北农林科技大学　张　红　姚自立

目前,我国正处于传统农业向现代农业转型的关键时期,而转型的成功与否和农业生产者的培育有着重要关系。只有生产者的现代化,现代农业的发展才有基本保障。美国学者英格尔斯曾经指出,现代人应具有9个方面的特征:乐于接受新经验;对创新和变革持开放态度;乐于对广大公共环境中的各种问题提出看法;明确的时间取向,重效能;计划性;相信规则和社会生活具有可预见性;有公正分配的意识;对正规学校教育感兴趣并高度重视;尊重他人。我们认为,现代人的养成是现代化充分发展的先决条件。

2012年中央一号文件强调,要大力培育新型职业农民,加快培养农村发展带头人。党的十八大和2013年中央一号文件都强调,要转变农业经营方式,坚持和完善农村基本经营制度,着力培育新型农业经营主体,构建集约化、专业化、组织化、社会化相结合的新型农业经营体系。站在历史与未来的交汇点上,党的十九大报告首次提出乡村振兴战略,并明确提出实施乡村振兴战略的目标任务:到2020年,乡村振兴取得重要进展,制度框架和政策体系基本形成;到2035年,乡村振兴取得决定性进展,农业农村现代化基本实现;到2050年,乡村全面振兴,农业强、农村美、农民富全面实现。三个阶段的目标与任务的达成,既需要大政方针的指引与资金技术的支持,更需要培育一批有知识、有技术的新农人扎根农村、深耕现代农业。

历年的中央文件都强调,"推动乡村人才振兴,要把人力资本开发放在首要位置""打造一支强大的乡村人才振兴队伍",破解制约乡村人才的瓶颈,畅通智力、技术、管理下乡的通道。事靠人做,业由人兴。乡村振兴战略作为新时代解决"三农"问题的总抓手,关键因素在于人才。为了积极响应国家乡村振兴战略,需要培育一支爱农业、懂技术、善经营的"新农人"队伍,为农村社会经济发展提供更多的就业岗位和致富机会,实现创新在农村、创业在农村、创富在农村的美好蓝图。

一、新农人的内涵与特征

(一)新农人的内涵

小农及其组成社会的许多性质和特点由农业的特殊性决定。美国学者波金斯指出,传统农业的生产方式具有以下特征:①小规模、传统耕种技术、劳动密集型、满足家庭生存需要而非追求利润的生产。②农业系统对农业生产进行调整以适应生态变化和大规模劳动供给,能够较好的适应当地环境、已有资源与技术。③产出的增加依靠对现有技术更精深的使用而不是技术更新实现。

当农业发展转移到依靠科技进步和提高劳动者素的质轨道上时,农业现代化面临的一个非常重要的问题就是改造传统小农。美国经济学家舒尔茨认为,立足于传统要素基础上的传统农业,已经达到了资源配置的极限,无论如何也无法推动传统农业的转型和发展,而要改造传统农业必须进行人力资本投资。当全国2亿多年龄结构和知识结构堪称最优的农村人口离开土地、离开乡村时,社会各界大声疾呼"谁来种地""怎样种地"? 近年来,越来越多的新农人反向回流到农村,以新的方式从事农业生产与经营,已成为一种"新农人现象"。

新农人的内涵,泛指在农业全产业链上从事农业生产、产品营销或为农业生产与营销提供支持和服务的人员。他们具有科学文化素质、掌握现代农业生产技能、具备经营管理能力,以农业生产、经营或服务作为主要职业,以农业收入作为主要生活来源,居住在农村或城市的农业从业人员。

(二)新农人的特征

适应我国农村劳动力结构变化和现代农业发展的新形势,新农人体现了传统小农从身份向职业的转变、从兼业向专业转变、从传统农业生产方式向现代农业生产经营方式转变的新要求。可以说,现代农业的特点规定了新农人的特质。

第一,具有较稳定的工作岗位和收入来源。传统农民从事农业生产依靠的是经验和习俗,其来源有两个途径:一是父辈手把手现场示范,二是凭自身对土地的感觉。更为重要的是,传统农民仅仅被看作是一种带有歧视色彩、低人一等的"身份"的人。新农人以农为业,则是一种自主选择,新农人以农业为职业,从事农业生产和经营。新农人价值观可以概括为三点:安全和环保;分享和共赢;创新和创业。新农人不仅用新思维实现产品的增值,还用新技术实现产品增产,用新方式实现产品增收。

第二,具有经济理性的新农人通过农业活动获取报酬。传统农业阶段,生产分工往往局限于家庭内部的"男耕女织",农户之间的深度分工并不多见。尽管现在的农业生产还是以家庭为单元,但是在农户之间的分工合作日益广泛。原来高度同质的农民群体先后分化出农资经营者、代办者、生产者、雇工、技术员和农民企业家等从业人员。这种现实与法国学者涂尔干的经典判断"现代化意味着社会分工的发展"相符合。产业链条上的不同从业者,通过农业活动获取报酬。

第三,具有较高的科技文化素质、专业生产技能以及较强的自我发展能力。现代农业的迅速发展,客观上对造就新农人提出了更高的要求,即现实呼唤能够补充各种职业的适合位置和分层体系的教育系统有所作为。专业化与产业化生产不仅使新农人成为真正的市场主体,而且也使新农人的生产投入增加。当新农人的生产经营活动与自身的经济利益挂钩时,他们将会更加关心产品质量、关注国家涉农政策的走向、农产品的价格走势等,他们对于知识与技术的渴求前所未有的高涨,希望通过教育培训提高自身的综合素质。

第四,具有新思维和新理念。一是新思维。互联网思维是新农人与其他农业从业者的显著区别。新农人是伴随互联网发展成长起来的年轻一代,互联网伴随于他们的日常生活和生产经营的各个环节。新农人运用微信、微博或自有手机 APP 等互联网工具进行产品营销,将生产端与消费端直接对接,从事的是"指尖上的农业""鼠标农业"。二是新理念。新农人坚持绿色发展,强调生态自觉,普遍追求人与自然的和谐。注重以精细、生态、科学的生产过程,强化农产品绿色和安全,立志于做农产品生产的"良币"。

第五,具有新营销和新组织。一是新营销。新农人具有强烈的品牌意识和敏锐的市场洞察力。他们以自媒体为主要阵地,善于设计和推介个性鲜明、辨识度高、与消费者消费观念高度契合的个人及产品标识,打造了一大批农产品新锐品牌。他们善于吸引消费者,主动展示生产过程,注重讲述产品背后的故事,开展体验式营销,深度影响目标客户,增强消费者对品牌的忠诚度。二是新组织。新农人喜欢分享和交流。他们组成了各种形式的团体沙龙,并形成了全国性的民间组织。这些组织线上线下活动频繁,为新农人提供了丰富多彩的自我服务。

二、中国"农"情与新农人的产生

(一)中国"农"情

中国"农"情表现在以下三个方面:在农业方面,克利福德·吉尔茨在《农业内卷:印度尼西亚的生态变迁过程》一书中指出,"内卷化"指一种社会或文化模式在某一发展阶段达到一种确定的形式后,便停止不前或无法转化为另一种高级模式的现象。中国农业曾经长时段地出现过"内卷化":一是没有发展的农业,意指总产出在以单位工作日边际报酬递减为代价的条件下扩展;二是没有农业发展的工业发展,指通过"剪刀差"的方式,农业为工业发展起到的支撑作用。当今中国农业虽然取得了巨大成就,但依然面临诸多发展困境,如农业劳动力"高龄化"、土地经营"高分散"、农业生产"高成本"、农业"高消耗"和"高污染"、农业"高风险"等。其次,在农民方面,当今中国农民与传统小农相比有了很大的区别:一是小农社会化、市场化程度提高;二是小农生存问题基本解决;三是制度约束仍然较强,如土地问题等。这样的"小农"将会在很长一段时期内存在。第三,在农村方面,近40年的农村人口大规模外流以及市场化的冲击,导致农村凋敝、农业衰败,空心化的村庄与原子化的农民并存。

(二)"农"情背景下的新农人产生

当前,中国正处于传统农业向现代农业转型跨越的新阶段,农业发展的环境条件和内部动因都发生了深刻变化,农业供给侧结构性改革积极推进。在巨变的经济社会背景下,新农人得以产生和发展。

第一,信息技术尤其是互联网的广泛应用和普及,为新农人的产生和发展提供了技术支撑。信息技术日新月异,"互联网+"深入推进,逐步渗透到农业生产经营各个环节。以网上购物和冷链保鲜、物流快递宅配为特征的农产品电子商务蓬勃发展,新兴商业模式不断涌现;以智能传感和远程控制为特征的农业物联网技术快速发展,农业的自动化和智能化水平逐步提高。新农人掌握互联网技术并勇于尝试,率先应用于农业,推动了农业生产经营模式的创新。

第二,民众消费观念和消费方式的转变,为新农人的产生和发展提供了市场空间。随着收入水平提高和生活节奏加快,人们的消费观念、消费结构和消费方式发生了很大变化,更加关注食品质量安全,追求个性化的消费,享受网购的方便快捷。因此,生态安全的农产品、独具风味的地方特产、奇思妙想的创意产品、便捷友好的购物体验越来越受到年轻消费者的青睐,这对农业生产经营组织方式的变革提出了新的要求。新农人以消费为导向,深耕农产品市场,致力于产品创新和服务创新,发展差异化经营,满足消费者日益多元化的需要。

第三,社会对生态环境和资源的强烈关注,为新农人的产生和发展创造了历史机遇。当前,中国生态环境和资源条件的约束越来越强。一方面,农村大量使用化肥、农药、农膜等化学产品,带来严重的面源污染,加上工业污染和生活垃圾污染等,农村环境问题愈发严峻。另一方面,随着工业化、城镇化的推进,耕地数量减少、质量不断下降。在此背景下,涌现出一批秉持绿色生态理念的新农人,他们追求生产生活生态的融合,到农村践行生态环境保护,逐步成为生态自觉的先行者和生态教育的示范者。

第四,城乡融合发展战略加快推进,为新农人的产生和发展创造了政策环境。随着城镇化的快速发展,农村资源要素处于净流出状态,农村空心化、人口老龄化和农业兼业化现象日益加剧。近年来,国家实施城乡融合战略,逐步加大强农惠农富农政策,出台了培育新型农业经营主体、引导土地适度规模经营、鼓励大学生和农民工返乡创业等一系列政策措施,激发资源要素流向农业农村。新农人在政策的激励下,到农村就业创业,致力于改变乡村面貌。

三、新农人培育发展中的困境

(一)主观因素

第一,不了解农业生产的特点和规律。大多数新农人没有种过地、没有学过农业、以前的工作与农业不相关,因而缺乏农业生产基本知识、技能和经验。有些新农人由于不懂得农业生产对自然环境的特殊要求和可能面临的自然风险而出现亏损;有的新农人最初选择农业创业只是因为门槛低,却未料到农业盈利如此之难,低估了农业生产的特殊性和复杂性。

第二,不善于和农民打交道。新农人多为跨界而来,对农村生疏、对农民陌生。在思想观念、思维习惯、行为方式上与农民存在较大差异,容易产生分歧和矛盾。

第三,不熟悉农业政策。部分新农人对农业政策不熟悉,不知道哪些部门和单位能提供创业指导服务,更不知道自己适合承担哪些涉农项目。许多新农人与基层部门之间缺乏交集,基本处于"平行"状态,更谈不上政府的支持和服务。

(二)客观因素

第一,用地难。用地难是新农人反应比较强烈的问题。从事有机农业生产的新农人对土地质量要求高,一般要对土壤进行3~4年的有机转换,投入大、周期长,希望流转的土地相对稳定。受地租上涨预期的影响,农民大多不愿签订长期的土地流转合同,致使新农人不敢进行长期规划和大规模的投资。有的新农人是异地经营,需要在基地建设办公、生产、生活等相关配套设施,受用地指标约束,大多难以得到保障。从而制约了新农人扩大生产规模,加速了农业人才的流失。

第二,雇工难。新农人需要大量用工,但农村普遍缺乏青壮劳动力,只能雇佣一些老年人从事生产,农忙季节重体力活往往找不到合适的劳动力。许多新农人提供货物到家的配送服务,需要会开车并善沟通的配送服务人员,这类人员在农村更加缺乏。雇工不足降低了新鲜农产品的配送效率,影响了客户满意度,限制了产品销售半径和生产规模的扩大。

第三,融资难。这是制约新农人发展的紧迫问题。新农人对生态环境和食品安全有更高追求,基地建设投入很大,对资金的需求更为强烈。但由于缺乏有效抵押物,他们难以从外部获得融资。新农人通常把生产基地选在生态环境较好的农村地区,但这些地区乡村路网、田间水利、信息通讯等基础设施相对薄弱,而经营生鲜类农产品对配送时效和服务标准要求严格,新农人大多自建物流系统,导致物流配送成本更高。此外,农产品质量认证程序复杂、时间长、费用高。特别是有机农产品认证机构较多、市场乱、收费标准不一,导致新农人对产品认证望而却步。

第四,缺乏专业人才。新农人大多从事优质特色农产品生产和营销,既需要种养、加工等技术人才,还需要包装设计、营销策划、品牌推广、文化创意等专业人才。目前,这些人才的缺口都很大。

四、新农人培育发展的思路与举措

当前,新农人给农业农村发展带来了新的能量和活力,引领和带动了新一轮知识青年下乡。随着农业供给侧结构性改革的深入推进,农业农村政策环境进一步优化,新农人会逐渐成为推进农业现代化建设的生力军。

(一)分类培育,提高针对性与实效性

新农人主要包括以下三种类型:一是大学生创业型。主要指在校大学生或大学毕业生,利用所学知识技能,投身农村、发展农业,是大学生应对严峻就业形势、响应国家鼓励政策的主动选择。这类新农人拥有较高的学历,他们放弃了在大城市就业的机会,学成回乡。二是农民工返乡创业型。指一些有文化、有志向、懂技术、懂管理的农民工,积累一定的资金和经验后,在优惠政策的带动下返乡创业。这些农民工多数会选择自己熟知的农业老本行,加之在外打工多年,积累了较为丰富的市场营销经验,回乡后从事规模生产或发展特色农业,成为农村创业创新的重要力量。三是跨界创业型。这是新农人的主要群体。包括以下三类:一类是企业成功人士。看到农业发展的广阔前景和较大的潜在价值,利用自身资源要素优势,把农业作为拓展业务的重要领域,到农村投资建厂办企业,发展农业生产。第二类是城市白领。出于对保证食品安全和振兴农村的社会责任

感,利用自身开阔的眼界、良好的人脉、丰富的经验,带领农民盘活整合农村资源,改变农村面貌。第三类是城市居民。在工作和生活的双重压力下,把农村作为人生的新起点,寻求个人职业转型的途径。

相较于农民而言,新农人科学文化素质整体较高,但也面临从业技能、生产知识、市场环境等方面全新的挑战与考验。因为新时代的农业已发展成为融农、科、教、工、经、商为一体的大农业。所以,新农人需要在强化科技文化知识的基础上,进行土地规划、资源利用、农业组织培育、农业政策以及农业法律等内容在内的的教育培训。

除上述共性培育内容,还应针对新农人的三种类型开展分类培育:

返乡创业的大学生:有激情但缺乏技能,有知识但欠缺资本,生产规模小、效益不稳定,抗风险能力较弱。对于他们的培育要从传统的种养殖技术扩展到涵盖产前产后的相关领域,如农产品销售及服务,食品加工,农场管理等。要在大众化、普及型培训的基础上,以规模化、集约化、专业化、标准化生产技术以及农业生产经营管理知识为主要内容。

返乡创业的农民工:比较熟悉农业农村,有一定的资金投入,经营规模不大但效益相对稳定。对于他们的培育应采取政策扶持、项目支持、规划引导等多种措施,鼓励新农人领办或创办合作社、成立家庭农场,将其作为新型农业经营主体的重要力量。

跨界创业的新农人:具有资金、技术、市场等优势,投入也较多,但对农业了解不深,经营效益波动较大。对于他们的培育应引导其充分认识农产品营销的优势和作用,与农民特别是种养业能手在产业链条上合理分工,规避自己在传统农业技术方面的劣势,取长补短,共同发展市场农业、现代农业,实现互利共赢。

(二)各级政府制定并落实相关扶持政策

作为新生事物,我们应看到新农人承载的事业前景。新农人对于促进中国农业转型的作用不可估量,即农业生产采用什么样的生产方式会直接影响农产品质量。就大宗农产品(如粮、油等)生产和供给来说,新农人的作用不可能太大,他们现在进入的主要领域还是蔬菜、瓜果等高附加值的产品生产。但他们的最大价值是起到了转换农业生产方式的示范和带动作用。从这个角度讲,国家应落实相关扶持政策。

近年来,国家制定了一系列针对新型农业经营主体和自主创业着的优惠政策及措施。新农人既是新型农业生产经营者,又是自主创业者,但现实中他们基本上没有享受两方面的政策。因此,首先应将新农人纳入政策扶持范围,使他们享受财政、税收、金融、保险、用地、物流等同等政策,解决用地、用工、融资、人才等方面的困难。对于已经将新农人纳入扶持范围的政策,要加大宣传力度,争取让更多符合条件的新农人获得相关扶持。其次,新农人的出现表明互联网已融入经济社会和人们日常生活中,对农业农村工作提出了新的要求和挑战。新农人带来的新思维、新理念、新方式,正在引领和带动一大批新型农业经营主体转型升级。这就要求政府相关部门与时俱进,转变传统思想观念,灵活运用信息技术,积极创新工作手段,提高指导服务"三农"工作的能力和水平。第三,完善现代农业生产经营服务体系。在农业生产经营服务体系的基础上,突出互联网时代新农人直接面向市场的特点,提供更加适合市场需求的服务。一是加大农业生产科技服务力度,提高农业科技成果转化效率和效果。二是完善现代农业营销流通服务体系。着力提高新农人的营销意识和能力,提高区域农产品的知名度、美誉度;鼓励农村金融创新,积极发展村镇银行,为新农人的农产品营销流通提供金融支持。

(三)加快发展需求导向的现代农业职业教育

农业现代化背景下的新农人既是生产者,也是农业先进科技的运用者、农业生产的投资者、农业经营的决策者、农业生产市场与自然风险的承担者。因此,应对新农人进行系统、全面的职业培训,主要涵盖培育导向、培育理念和培育模式三大方面。

第一,培育导向应注重信息时代与经济时代的市场需求。2017年中央一号文件的关键词是农业供给侧结构性改革,强调农业由追求产量向提高供给质量的转变。社会变迁中的农村职业教育也应当与时俱进,在变革中实现创造性转化,即由传统的"供给型"农业职业教育转向"需求型"。

第二,培育理念实现"人力"培训向"人"的培育转变。当农业发展转换到依靠劳动者素质提升和科技进步的轨道上时,农业职业教育面临的一个重要议题就是改造传统小农,而改造传统小农的第一要务即是厘清理念。即职业农民的培育应实现"人力"培训向"人"的转变。该理念涵盖两点内容:一是伴随工业社会的来临,效率、标准、集中等原则亦渗入农业生产,过多地关注劳动者的工具价值,片面追逐产量与产值的"人力"贡献,一定程度上催生人的异化。而完整的"人"的概念则表明,从事农业的行为者同时兼具社会和文化层面的意义,如敬畏自然、生命韵律、美感体验、乡土情怀的综合人性。由此看来,职业农民教育不仅要传授实用技术,还应全面提升农业劳动者的整体素质。二是实现从"培训"到"培育"的革新。培训和培育从理念到内容有本质区别。培训是传授知识和技能的短期过程,而培育则包括职业农民成长的全过程,即教育培训、认定管理和政策扶持。新农人的培育应贯穿农业现代化的整个过程。

第三,培育模式体现职业特点。新农人培育应紧扣县域农业特色产业,运用技能实训、岗位实践、案例教学等方法,开展全生产经营周期的职业培训。运用项目化方式,以一村一品、规模经营、专业化、标准化等为特征的现代农业项目,不仅有助于受教者形成普遍一致的技术需求,也有利于激发其受教育的动机,从而提高技术教育的针对性。围绕农业项目的培育会促使新农人成为真正的市场主体,以前所未有的热情关心市场,关心产品质量。当新农人的生产经营活动与自身的经济利益直接挂钩时,他们的学习动机自主力就会被有效激发。

农村一二三产业融合创新发展模式及路径

西北农林科技大学副教授　郭亚军

一、农村一二三产业融合的概念

产业融合并非新生事物,可以说在产业演进和产业发展史中,产业融合现象随处可见。而学术界对产业融合的讨论,最早源于20世纪中后期由数字技术的出现而导致的产业之间的交叉(马健,2002)。通俗讲,产业融合是指不同产业或同一产业不同行业相互渗透、相互交叉,最终融合为一体,逐步形成新产业的动态发展过程。产业融合涉及多个领域,其中,随着社会各界对"三农"问题重视程度不断提高,农村一二三产业融合日益受到关注。

(一)农村一二三产业融合的基本内涵

政策界和学术界都在尝试对农村一二三产业融合的内涵做出界定。陈晓华(2015)指出,一二三产业融合发展是以农业为基本依托,以产业化经营组织为引领,以利益联结机制为纽带,通过产业联动、要素集聚、技术渗透、体制创新,促进农业产前、产中、产后以及休闲服务各环节的有机结合,实现农业产业链的延伸、价值链的跃升、功能的拓展、多主体的共赢,让农民参与二三产业、分享增值收益。姜长云(2015)提出,农村一二三产业融合发展以农村一二三产业之间的融合渗透和交叉重组为路径,以产业链延伸、产业范围拓展和产业功能转型为表征,以产业发展和发展方式转变为结果,通过形成新技术、新业态、新商业模式,带动资源、要素、技术、市场需求在农村的整合集成和优化重组,甚至农村产业空间布局的调整。郑风田、崔海兴、程郁则(2015)认为,农村一二三产业融合发展,是指以农业为基础和依托,借助产业渗透、产业交叉和产业重组方式,通过形成新技术、新业态、新商业模式延伸农业产业链,由一产向二产和三产拓展,打造农业产业综合体和联合体,进而达到实现农业现代化、城乡发展一体化、农民增收的目的。

从上述不同形式的内涵界定中,可以归纳出如下共同点:(1)产业链条的延伸。主要是指以农业为中心,向产前和产后延伸链条,进而把种子、农药、肥料供应以及农产品加工、销售等环节与农业生产连接起来。(2)技术的支撑。新技术的推广应用,在提高生产效率、转变生产模式、缩短供求双方之间距离的同时,也使农业与二三产业间的边界变得模糊。(3)产业间的关联与渗透。通过开发、拓展和提升,使农业具备生态休闲、旅游观光、文化传承、科技教育等多种功能,进而与文化、旅游、教育等产业交叉融合。(4)产业发展效益的提升。农村一二三产业融合的最终目的,是推动农村产业空间布局的调整和发展方式的转变,并让农民参与二三产业,分享农村产业增值收益。

(二)农村一二三产业融合的主要形态

从实践情况看,农村一二三产业融合包含多种形态,而且,按照不同的标准可分成不同的类型。从所涉及产业的关系来看,可分为横向产业融合和纵向产业融合,前者主要是指产业链的拓宽,即农业具有了其他产业的功能,后者主要是指产业链的延伸,即农业与其他产业联系在一起。从融合主体的性质来看,可分为内源性融合和外源性融合,前者是指以农户、专业大户、家庭农场或农民合作社等农业生产主体为基础的融合发展,后者是指以农产品加工或流通企业等非农业生产主体为基础的融合发展;从融合发展的路径划来看,可分为组织内融合和组织间融合,前者是指家庭农场、农民合作社等办加工和销售,或农业企业自建基地一体化经营,在产业组织内部实现融合,后者是指龙头企业与农户、家庭农场、合作社等合作,在产业组织间实现融合。这里主要以横向和纵向产业融合为例,做一简要介绍。

表1 农村一二三产业融合的主要形态

类型	名称	举例
横向产业融合	一三产业之间的融合	休闲观光农业、创意农业、会展农业、籽种农业和环保农业等
纵向产业融合	垂直一体化模式	农业产业化龙头企业
	分工合作模式	"公司+农户""合作社+农户""公司+合作社+农户""公司+合作社+基地+农户"
	空间产业集聚模式	"一村一品""一乡一业"
	循环经济模式	"种植业—养殖业—生物质产业—种植业"循环模式

1. 横向产业融合

目前,农村横向产业融合主要表现为一三产业之间的融合,即通过开发、拓展和提升农业的多功能性,赋予农业科技、文化、教育和环境价值,使农业的功能拓展至生态休闲、旅游观光、文化传承、科技教育等领域,内涵覆盖生产、生活、生态等方面,从而实现农业与文化、旅游、教育、健康、环保等产业的有机统一。横向产业融合的典型代表包括休闲观光农业、创意农业、会展农业、籽种农业和环保农业等,其中,休闲观光农业实现了农业与旅游业的融合,创意农业实现了农业与文化创意产业的融合,会展农业实现了农业与商务、教育产业的融合,籽种农业实现了农业与科技服务业的融合,而环保农业则实行了农业与生态修复、环境保护等产业的融合。

2.纵向产业融合

纵向产业融合又因产业间关联方式的不同,有着多种实现模式。

(1)垂直一体化模式。这种模式属于组织内产业融合,即通常以大型企业或合作社为主体,其生产经营向上游延伸至农产品生产、生产资料供应乃至技术研发等环节,向下游则扩展至销售服务环节,涵盖了研发、生产、加工、流通、销售、服务等各个领域,从而实现贸工农一体化、产加销一条龙。很多农业产业化龙头企业都采取了这种模式。

(2)分工合作模式。这种模式属于组织间产业融合,即以企业、合作社等为主体,通过订单生产、统购统销、股份合作等利益联结手段,将在空间上分离的农村一二三产业紧密连接,主要形式有"公司+农户""合作社+农户""公司+合作社+农户""公司+合作社+基地+农户"等。

(3)空间产业集聚模式。这种模式属于区域内的产业融合,即受地区资源禀赋、产业特色和发展导向等因素影响,一二三产业及相关产业组织在农村特定区域集聚,形成集群化、网络化的发展格局,如发展"一村一品""一乡一业"等。

(4)循环经济模式。这种模式属于链条上的产业融合,即农业内部种植业、养殖、畜牧等子产业之间,以及农业与加工制造业之间,依据生物链基本原理建立起产业上下游之间的有机关联,并形成相互衔接、循环往复的发展状态。比较典型的例子是"种植业—养殖业—生物质产业—种植业"模式的循环。

二、农村一二三产业融合的发展背景

进入新世纪以来,我国农业发展态势良好,粮食生产"十一连增",农民收入"十一连快",官方称之为农业发展的又一个黄金期。然而,在靓丽数据的背后,也隐藏着一些不容忽视的问题,农业竞争力连年下降,粮食库存压力巨大,资源环境不堪重负,农民增收略现疲态,粮食和油脂加工业以及部分畜牧行业在生死线上挣扎。从这个视角看,也可以认为农业困难重重、危机四伏。在这个时间节点,中央提出促进农村一二三产业融合发展,笔者以为,正是基于当前无序的生产发展和滞后的产业链建设之间的矛盾。解构这一矛盾,可以将其归纳为"两个脱节"。

　　从产业链上看,农产品生产、加工和销售相互脱节。在农产品主产区,主要表现为当地农产品加工企业规模较小、实力较弱、竞争力不强,没有形成聚集效应和规模经济,加工转化能力不强,无法有效提高农产品附加值,主产区成为"原"字号农产品的调出地。在加工区和主销区,主要表现为上游基地建设滞后,原料多通过市场收购。受市场信号传导滞后效应和蛛网效应的影响,农民生产的农产品与加工和市场的需要不相匹配,价格波动大,原料供应不稳定。特别是由于信息不对称及其引致的逆向选择,造成了"大路货"充斥市场,而加工企业买不到优质专用的农产品,产业链各环节处于脱节状态。

　　从价值链上看,产中环节的收益与产后环节的收益脱节。在农业价值链的构成中,农产品生产端的价值链处于基础地位。然而,由于农民谈判地位和技术手段低下,在价值链中只能处于末端的位置,不仅无法分享加工和流通环节的增值收益,就连生产环节的收益也不能完全得到保证。简言之,农民还不能公平分享产业发展的成果。从市场角度看这个问题,农民由于其较低的物质资本、人力资本和劳动生产率,决定农民在分配中只能获得最少的部分,因此,出现这种局面具有一定的合理性;然而,从政府视角看,因其具有维护社会公平正义和帮助弱势群体摆脱贫困的职责,因而有义务去矫正这种状态,把蛋糕分好,让农民分享价值增值。

三、农村一二三产业融合的发展模式

　　农村一二三产业融合蓬勃发展,产业链条持续延伸,农业功能加快拓展,新型业态不断涌现,产业融合发展正在成为农村创新创业的热点和亮点,在促进农业增效、农民增收、农村繁荣方面的作用和效果日益显现。主要呈现出如下几种模式:

(一)农业内部有机融合模式

　　以农牧结合、农林结合、循环发展为导向,调整优化农业种植养殖结构,发展高效、绿色农业,以高效益、新品种、新技术、新模式为主要内容的"一高三新"农业蓬勃发展,一些传统资源、农业废弃物被综合利用,农业潜力被激发。

(二)全产业链发展融合模式

　　从建设种植基地、农产品加工制作,到仓储智能管理、市场营销体系打造,再到农业休闲、乡村旅游,品牌建设,行业集聚等,形成一条龙发展的"全产业链"。

(三)农业产业链延伸融合模式

根据产业主体不同可细分为三个类别:第一种是以一产为基础的融合型。以现代种养业为主导,向产前延伸开展良种繁育、农资供销等,向产后拓展加工储藏、物流销售、休闲观光等二三产业,形成三次产业互促并进、互利共赢的发展格局。第二种是以二产为纽带的融合型。以农产品加工业为依托,将产业链向前后两端延伸,由单纯的加工向生产、流通、研发、服务等领域交融发展,实现产加销、贸工农一体化,拉长产业链、提升价值链。第三种是以三产为引领的融合型。依托农产品流通、电子商务、乡村旅游和农业社会化服务等三产,建立农产品原料、加工、销售、物流基地,拓展服务范围,延长产业链条,增加农业附加值。

(四)农业功能拓展融合模式

在稳定传统农业的基础上,不断拓展农业功能,推进农业与旅游、教育、文化、健康养生等产业深度融合,打造具有历史、地域、民族特点的旅游村镇或乡村旅游示范村,积极开发农业文化遗产,推进农耕文化教育进学校。

(五)科技渗透发展融合模式

在推动现代农业发展中,大力推广引入互联网技术、物联网技术,引进先进技术生产栽培模式等,实现现代先进科技与农业产业的融合发展。

(六)产业集聚型发展融合模式

随着农业产业发展规模的逐步提高,特别是一乡(县)一业、一村一品的发展,产业发展呈现集聚态势,产业、产品品牌和价值不断壮大,实现产业发展与经济发展的协调推进。

四、农村一二三产业融合的发展路径

(一)推进种养循环融合

加快农业供给侧结构性改革,大力调整农业结构,推动粮经饲统筹、农林牧渔结合、产加销旅一体发展。推广生态循环农业,如稻鱼(鸭)同田和稻鳅、鱼菜(粮)共生等模式。实施种草养畜,开展种养结合循环农业试点示范。抓好农作物秸秆、畜禽粪便等农业废弃物资源化综合利用。大力发展林果、林菌、林药、林禽、林畜、林蜂等林下经济。积极发展创意农业、农业生产租赁业,培育农产品个性化定制服务、会展农业、精致农业、光伏农业等新型业态。鼓励在城市郊区发展工厂化、立体化等高科技农业。

(二)提升产加销融合发展水平

大力发展农产品加工,完善产地初加工补助政策,重点支持产地加工、洗选、贮藏、保鲜、烘干、分等分级、包装运销等环节。熟化推广一批农产品产后减损、副产物综合利用技术。实施农产品加工提升行动,龙头企业应改进技术和更新工艺设备,扶持发展精深加工。支持建设农产品加工示范区县和示范基地,发展一批加工示范企业,创建一批农村产业融合发展先导区。完善市、区县、乡镇三级物流体系,加快区域性产地专业批发市场建设,健全供销合作社经营网络。大力发展农产品冷链物流,加快推进主城冷链集散中心、冷链集配结点、产地冷冻库及集配基地、田头市场建设,强化农产品储藏、加工、运输和配送服务,降低物流综合成本。有序发展第三方物流,提升农产品流通组织化水平。

(三)强化农旅融合发展

深入挖掘特色农业基地、特色村镇、农村自然人文景观等旅游资源,大力发展休闲农业和乡村旅游。鼓励建设集科普、教育及农耕文化、生态文化展示为一体的休闲农庄、农业文化创意产业园、森林体验养生基地、特色创意小镇和传统村落。完善休闲农业和乡村旅游道路、供电、供水、停车场、环卫、观景台、游客接待中心等配套设施,加强农村公共服务、生态环境保护和人居环境改善等标准的制定与实施,促进服务设施、食宿条件和环境卫生的改造升级,推出一批乡村旅游精品线路。创新发展森林人家、民宿产业、田园客栈、乡村酒店、生态庄园、市民农园等,推动形成多元化发展格局。

(四)深化农业与服务业融合

加快培育农业社会化服务组织,推广合作式、托管式、订单式等农业生产性服务。探索制定政府购买农业公益服务指导目录,开展政府购买农业公益性服务试点。扎实推进农业生产全程社会化服务试点。完善乡镇商业设施布局,规划建设乡镇微型商圈,配置品牌连锁超市、农贸市场或特色市场、品牌餐饮、星级农家乐等商业设施。建设完善农村消费品、农资、农产品、再生资源回收利用等流通网络,培育发展农民经纪人和个体工商户。支持发展农村养老服务业和生活服务业。

(五)加大农业与文化融合力度

发展文化创意产业,鼓励文化创意和设计服务企业为农业企业、农民合作社、家庭农场等提供多种形式的创意设计服务,提高休闲农业、农产品加工包装、品牌营销的文化内涵和附加值。扩大农耕文化、地方特色文化的宣传与交流,开展农耕文化宣传教育进单位、进社区、进校园活动,引导公众参与农业科普和农事体验。规划打造一批民俗文化生态景区和大型歌舞精品剧目,建设一批文化特色美食街。

(六)促进农业与信息化紧密融合

大力发展农村电子商务,推广企业零售、农场直供、消费者定制、订单农业、线上线下、社区支持农业等电商模式,完善"基地+城市社区""批发市场+宅配"等配送模式。打造"网上供销合作社",设立体验店、自提点和提货柜,形成农产品社区直供系统和"网订店取"。支持制定适合电子商务的农产品分等分级、产品包装、物流配送、业务规范等标准。加快"智慧农民"云平台和农村大数据云平台建设,培育一批农村电商带头人,建设一批农村电商综合服务网点,组织一批农网对接活动,实现农产品"网上进城入户"。实施"互联网+现代农业"行动,推进以大数据、云计算为代表的现代信息技术与农业生产、经营管理和服务各个环节深入融合。

五、农村一二三产业融合的方法

(一)健全农业发展体系,搭建产业融合发展的载体

一是建立农业生产体系,促进农业供给侧结构性改革。要围绕市场谋划生产,形成结构更加合理、保障更加有力的农产品有效供给。各地要结合不同的资源禀赋优势,实行错位发展,形成各具特色的产业群落。有的地区重点打造三网("畜牧网""良种网""粮食网"),有的地区适合发展现代农业物联网,有的地区重点发展农村电子商务促农村三产融合发展的模式,风景优美但相对贫困的地区要重点做好特色产业扶贫。加大规范、扶持、引导和推动的力度,将休闲农业发展与现代农业、美丽乡村、生态文明、文化创意产业建设融为一体,拓展农业发展的领域和空间。

二是加快农业经营体系建设,引导先进生产要素进入农业。通过土地流转和农业科技推广,积极培育新型农业经营主体,让种养大户、家庭农场、农民合作社、龙头企业等成为发展现代农业的主力军,形成多元经营主体共同发展的现代农业经营体系。引导农业龙头企业与基地农户之间的对接,从简单的产品收购逐步向育种、种养、加工、营销、物流配送等农业全产业链环节延伸,实现纵向一体化和横向规模化的有机结合。

三是构建农村一二三产业交叉融合的现代农业产业体系,促进农村产业深

度融合。大力推广专业大户和家庭农场融合基础型、农民合作社融合发展型、龙头企业融合引领示范型产业主体,促进农资供应、生产、加工和销售环节的有机整合。从产业体系整体谋划,着眼推进产业链和价值链建设,实现一产强、二产优、三产活。要树立"大食物、大农业、大资源、大生态"的理念,推动农产品加工业实现由规模扩张向转型升级、要素驱动向创新驱动、分散布局向产业集聚转变,大力推进初加工、精深加工和综合利用,提升主食加工,推介食品"老字号",提高技术装备水平,扶持龙头企业,推进加工园区建设,支持引导主产区发展加工业。从政府职能化服务机构、社会中介服务机构、科技服务体系、咨询与联络制度等四个方面着手,建立完善的产业服务体系。

(二)推进机制、技术和商业模式创新,发动产业融合发展的引擎

一是建立利益联接和利益共享机制。创新发展订单农业。引导龙头企业在平等互利基础上,与农户、家庭农场、农民合作社签订农产品购销合同,合理确定收购价格,形成稳定购销关系。支持龙头企业为农户、家庭农场、农民合作社提供贷款担保,帮助订单农户参加农业保险。鼓励发展股份合作,利用"保底收益+按股分红"、农户以土地等要素入股形式投入、入股农户、企业与农户实行反租倒包等较好的利益共享模式,降低交易成本,增大交易盈余,让处于产业链底端的农户最大限度公平分享到产业增值收益。强化工商企业社会责任。鼓励从事农村产业融合发展的工商企业优先聘用流转出土地的农民,为其提供技能培训、就业岗位和社会保障。引导工商企业发挥自身优势,辐射带动农户扩大生产经营规模、提高管理水平。

二是技术创新。强化科技人员创新创业的激励机制。加大龙头企业科研投入,提高创新能力和市场竞争力。开展依托行业协会、产业联盟支持标准化、品牌化和创新能力建设的试验。探索支持试验、示范区基础设施和信息化服务能力建设的新方式。

三是商业模式创新。开展"互联网+"现代农业行动、大力实施信息进村入户工程。借力各类涉农电商企业开拓现有产销衔接渠道,提升农业产业化经营的广度和深度,提高产品附加值,并使产业链增值收益更多留在产地、留给农民。

(三)强化支撑保障体系,夯实产业融合发展的根基

一是加强组织领导,统筹推进机制。在省级层面,成立由省财政厅和省农委牵头组建省农村产业融合协调管理委员会,从政策管理等方面具体落实贯彻国家部委和省委省政府的指示。在县级层面,明确要求至少一名县领导班子成员牵头组织负责建立协调委员会,强化部门协作,将推进农村一二三产业融合发展纳入经济社会发展总体规划和年度计划。

二是加强政策支持。加快农村三产融合政策体系的构建,从科技、财政、金融、土管等方面为产业融合提供政策支持,增进其与农业政策的协调性,不断提高农业政策的效率。突出体制机制改革和创新能力建设,优先推进利益联结机制创新和农村金融保险、科技服务体系、部门合作机制、公共平台运行机制等改革试验。

三是完善基础设施,健全保障体系。在农业生产性基础设施方面:逐步改善农村基础设施条件,加快完善农村水、电、路、通信等基础设施,重点支持主要经济作物产业基础设施建设。在农产品流通基础设施方面:继续支持农产品批发市场、农产品冷链物流等农产品流通基础设施建设,并研究制定公益性流通基础设施目录,引导各级政府加大对农产品批发市场、农贸市场、社区菜店等农产品流通基础设施建设的投入。同时,统筹规划建设农村物流设施,逐步健全以县、乡、村三级物流节点为支撑的农村物流网络体系。

四是创新项目竞争立项机制。实施专家论证制度,从省内外知名高等院校聘请专家教授,建立专家库,对重点项目和事项组织专家进行论证。实行社会公示制度,建立以目标任务为导向的全过程绩效管理和奖罚兑现制度,对参与并取得项目资金的单位进行公示和公开后,广泛接受社会监督。

六、农村一二三产业融合发展的案例

浙江省户均耕地不到 4 亩,低于全国户均 7.5 亩的水平,要实现农业增效、农民致富、农村发展,必须突破传统、单一的发展路子。在发展乡镇企业、专业市场、小城镇和农业产业化经营的基础上,提出进一步发展农产品加工业、流通业和农业服务业,促进农村一二三产业融合联动发展。他们的主要做法是:

(一)坚持纵横拓展,探索产业融合发展模式

一是在纵向上,着力延伸产业链。在推进农业标准化生产、打造优势农产品的基础上,促进农业生产、加工、销售、服务一体化发展。如安吉的竹产业,已经形成从竹资源到竹地板、竹家具、竹纤维纺织品以及竹叶黄酮、竹醋液等系列产品。二是在横向上,着力打造产业群和产业园。在同一个空间区域,或者围绕一个主导产业,推动多领域的产业集群发展和产业间功能互补。如桐庐、德清的美丽乡村旅游,武义、开化的创意农业、义乌、遂昌的农村电子商务,嵊州的现代农业综合体,以及一批工厂化、科技型、外向型的农业园区。2015 年农产品电商销售额突破 300 亿元。

(二)推进土地流转,创造产业融合发展条件

积极引导各地建立土地流转服务中心(站)和农村土地承包纠纷仲裁机构,提供土地流转信息发布、合同签订、政策咨询、价格指导、纠纷协调等综合服务。2015年底,全省99.39%的村社成立了股份经济合作社,农村土地流转面积占承包耕地面积50.1%,其中10亩以上规模经营的占80%以上。

(三)培育新型主体,打造产业融合发展主力军

对工商资本投资农业实行开放政策,将先进的管理经验、科技成果和市场机制、社会资金导入农业领域。实施农业龙头企业"百龙工程"、合作社和家庭农场培育工程。目前,全省已建立家庭农场2.1万家、农民专业合作社4.6万家、合作社联合社151家、农业龙头企业7 652家。

(四)创新公共服务,提供产业融合发展保障

采取政府引导、各方参与方式,共同推进农技推广等公共服务体系建设。开发建立"农民信箱",建成集电子政务、电子商务、农技服务于一体的公共服务信息平台。目前,农民信箱拥有279万实名注册用户,其中农民209.5万户,各类涉农企业、合作社25.6万户,涉农科技、管理、服务人员33.2万户。杭州市大力推进智慧农业平台建设,实现农业生产环节智能化决策、精准化种植、可视化管理,流通环节方便化订单、快捷式配送、质量可追溯管理。

(五)强化平台支撑,搭建产业融合发展载体

以粮食生产功能区、现代农业园区建设和美丽乡村建设为平台,打造农村产业融合发展的载体,通过政策重点扶持和要素集中配置,培育多元化的产业业态和多功能的产业体系,打造农村产业融合发展的示范样板,让农业增效、主体培育、科技投入、公共服务等在这些园区得到集中体现。

新型农业经营主体与产业扶贫

西北农林科技大学副教授　郭亚军

"将来谁来种地"的问题,已经成为社会各界关注的焦点。不管是今年中央一号文件精神,还是"两院院士"上书中央,以及全国"两会"期间代表、委员的热议,都表明了这个现实问题的重大与紧迫。

一、问题的紧迫性

据统计,2011年我国城镇化率首次突破50%,达到51.27%。与此同时,农村人口占全国总人口比重、青壮年劳动力占农村劳动力比重、农业收入占农村家庭收入比重,三者都降到了50%以下。

2006年在第二次全国农业普查时,50岁以上的农业从业人员比例为32.5%,较1996年第一次全国农业普查提高了14.4%,平均每年增长1.44%。据统计,到2010年,50岁以上农业从业人员达到40%,自2006年以来平均每年以2%的速度增长,到2016年第三次全国农业普查时,农业劳动力中50岁以上者所占比重超过50%。

近年来,粮食安全与食品安全越来越受到重视,农业劳动者的素质问题也越来越突出。据统计,2011年农民工数量达到2.46亿人,而且每年还在以900万~1 000万的速度增加,但务农农民尤其是高素质的青壮年农民数量却急剧减少。浙江、江苏务农农民平均年龄已达到57岁,小学、初中文化程度占到70%以上。务农农民成了国民素质的"洼地"与"短板",高效率农业设施装备难以利用、高水平农业科技成果难以转化,成为制约农业发展的瓶颈。我国农业劳动力2.46亿,目前每年能够接受系统培训的只有1 000万人左右,覆盖面还不到5%。

中国社科院农村发展研究所原所长张晓山说,随着城市化、工业化的快速发展,不应该出现农村凋敝的景象,这与现代化建设极不相称。农村应该是一个繁荣的社区,有一批年富力强的职业农民。

二、职业农民的概念

新型职业农民首先是农民,从职业意义上来说,所谓农民是指长期居住在农村社区,并以土地等农业生产资料长期从事农业生产的劳动者。需要符合以下四个条件:一是占有或长期使用一定数量的生产性耕地;二是大部分时间从事农业劳动;三是经济收入主要来源于农业生产和农业经营;四是长期居住在农村社区。

当然,职业农民也必须符合这些条件,但与传统农民、兼业农民不同的是,新型职业农民除了符合农民的一般条件外,还必须具备以下三个条件:一是以市场为主体。传统农民主要追求维持生计,而新型职业农民则充分进入市场,并利用一切可能的选择使报酬最大化,一般具有较高的收入;二是具有高度的稳定性,把务农作为终身职业,而且后继有人;三是具有高度的社会责任感和现代观念,新型职业农民不仅"有文化、懂技术、会经营",还要求其行为对生态、环境、社会和后人承担责任。

职业农民在类型上可以划分三类,首先是生产经营大户,如种植大户、养殖大户、加工大户、农机大户、农民经纪人等;其次是农村发展带头人,如农民专业合作社负责人、农业产业化企业领办人等;第三是技能服务人才,如农机手、植保员、防疫员、沼气工、水利员、信息员、园艺工等。

三、职业农民培养途径

(一)培育新型职业农民,一定要剥离农民的身份属性

过去,农民既是与工人、知识分子并列的一种职业称呼,更是城乡二元结构中的重要一极。现在,迫切需要进行政策与制度的顶层设计,统筹城乡经济社会发展,积极稳妥推进户籍制度改革,推动城乡公共服务均等化,促进城乡社会保障一体化,回归农民的职业属性。

要彻底打破城乡二元结构壁垒,鼓励农村劳动力进城务工,成为城市市民的同时,也要鼓励城镇人才到农村经营农业,成为新型职业农民,真正实现城乡人才双向流动。只有创造有利条件使农村富余劳动力离开农村彻底融入城镇,才能为新型职业农民的成长提供空间;只有鼓励和支持致力于从事农业的人才到农村创业,农业才能健康发展。

(二)提升农业的吸引力

不断加大强农、惠农、富农政策力度,加大对农业的支持和保护,尽快使从事农业生产的人获得社会平均利润,粮食主产区的财力水平达到全国平均水平,务农农民的收入接近外出打工者的收入。

(三)加快构建现代农业生产体系

加快构建现代农业产业体系,积极拓展农业多种功能,大力推进农业机械化,使传统农业变为高效农业、生态农业,变成一种幸福的产业,吸引有志青年投身农业,成为新一代职业农民,获得较高收入,过上体面、有尊严的生活。

要进一步完善土地承包制度,确立土地承包关系长久不变的法律地位,在此基础上,通过土地流转,实现适度规模经营,才能构建现代农业生产体系和培养职业农民。需要指出的是,目前的农民土地流转机制给工商资本或承包大户的雇工农业不具备可持续性。主要原因一是高地租难以保证粮食生产的正常进行;二是雇工的高成本增加了农业经营者的风险;三是工商资本的短期行为难以保持农业的可持续发展。因此,必须创新土地流转机制,使之有利于家庭农场的形成。

(四)加强农民教育培训力度

中国农民要成为职业农民非常不容易,真正的职业农民比合格产业工人的要求还要高。因为新型职业农民除了是生产者之外,还是农业先进科技的应用者、农业生产的投资者、农业经营的决策者、农业生产市场与自然风险的承担者。

发展现代农业根本出路在科技,关键在人才,最基础的就是要培育有科技素质、职业技能与经营能力的新型职业农民。这是培育粮食安全和农产品有效供给、培育农业现代化与发展新农村的必然选择。当前,要抓紧制度顶层设计,明确培养对象,建立和完善教育培训体系、落实相关配套扶持政策,努力实现新型职业农民培育工作的突破。

1. 选择培养对象,突出培育重点,使有限的教育培训资源用在刀刃上,是提高培养质量和培养效果的重要前提

要根据农村劳动力的就业形势、务农农民的结构变化和农村人口的整体状况,选择有长期从事农业生产意愿、有提高自身素质积极性、有相应科学文化素质的务农青年、返乡农民工和新生劳动力,进行重点培养。

(1)农村务农青年。随着农村劳动力不断向外转移,目前农村务农农民出现整体年龄偏大、素质结构性下降等问题,留在农村从事农业生产、经营和服务的青年是当前接受并应用农业科技成果、引领当地农业发展的重要力量,也是今后

我国农业发展的重要依靠,亟须有针对性地加以培育。据调查,务农农民中,18～35岁的占25.3%。这部分人员文化程度较高、思想观念超前、务农意愿稳定,具有一定的产业发展基础,可以通过针对性的教育培训和创业扶持,培养成为新型职业农民。

(2)返乡农民工。近几年,由于强农惠农富农政策力度加大,农产品价格上扬,务农效益提高,农民工返乡趋势明显,一直保持在20%以上。返乡农民工利用打工增长的见识、本领和获得的资金、信息,走自主创业的道路,有力地推动了当地经济发展。据调查,返乡创业的农民工在农业领域创业的占28.3%。很多返乡农民工创办了农产品生产、加工、销售经济实体,牵头创立了专业合作组织、科技示范基地、优质农产品生产基地,正成为农业规模化生产和产业化经营的重要推动力量。返乡农民工思想理念先进、创业欲望强烈、经济实力较强,可以通过技术培训、政策引导和创业扶持,培养成新型职业农民。

(3)农村两后生。目前,我国每年初高中毕业生未能继续升学的人数在500万左右,这其中大部分是农村学生。这些农村两后生中的绝大多数都是外出务工或在非农产业就业,愿意留在农村务农的比例很低。农村后备劳动力不想务农、不爱务农、不会务农的现象越来越突出。因此,要借鉴国外培养农业后继者的经验和做法,通过免费培训、政策扶持和就业引导等措施,有组织、有计划地将一部分农村两后生培养成为新型职业农民,为未来农业发展储备、留住人才,这是发展现代农业、实现农业现代化的当务之急。

2.优化教育培训方式,鼓励基层实践探索,创新培养方式,强化培训手段,对做好人才培养工作至关重要

在实践探索中,各地必须要结合实际,尊重农民意愿,坚持产业需求导向,遵循人才培养规律,利用现代教育技术,增强培训效果,充分发挥各类教育培训资源的作用。必须要坚持多层次、多渠道、多形式,提高教育培训的覆盖面,满足农民的多样化需求。

(1)普及性培训。普及性培训仍然是覆盖面最广、农民获取信息最多、培训成本最低、便于经常开展的有效培育方式。在新型职业农民培养中,要把普及性培训作为重要方式,围绕当地农业生产发展需求,以农业实用技术为主要内容,通过各种简便易行管用的方式,组织专家教授、推广人员、培训教师结合农时季节,进行现场咨询、田间培训、入户指导,同时发挥好广播电视、报纸杂志、手机网络、科技书屋等现代传播手段,将新品种、新技术、新产品、新信息及时送进千家万户、送到田间地头,解决农民生产生活中的实际问题。

(2)职业技能培训。按照农业职业技能标准,对技能服务行业人员开展规范性的知识和技能教育,这是提高农民技能水平和创业能力的有效途径,也是当前农民教育培训中需要强化的培训方式。随着现代农业发展步伐加快,农业新职

业、新岗位不断涌现,农民由身份向职业转变将越来越明显。因此,必须要适应这种需求,加快建立健全适应现代农业发展的农业职业技能培训体系,全面开展职业技能培训工作。当前,要围绕新型职业农民培养目标,重点开展好两个方面的职业技能培训。一方面是面向种植大户、养殖大户、加工大户、农机大户等农业生产经营大户,重点开展农业生产技术、经营管理知识、市场营销方法等相关内容的系统培训,对培训合格人员颁发新型绿色证书,作为从事农业生产经营、获得政府政策扶持的技术资格凭证。另一方面是面向农机手、植保员、防疫员、沼气工、园艺工、水利员、信息员等技能服务人才,重点开展所从事行业和岗位的职业技能系统培训,对培训合格人员进行技能鉴定,合格者颁发职业技能鉴定证书,作为其聘用上岗的资格凭证。

(3)农民学历教育。面向农民开展学历教育,对我国农业学历教育而言,具有广阔的发展前景和目标人群,更是提高广大农民文化素质,解决部分农业院校毕业生学农不爱农、不务农问题的长远之策。目前,全国有各层次涉农教育的院校600多所,每年农科专业招生人数接近20万,但毕业能够到基层农业生产一线服务的人员比例很低,造成了本来就不足的农业教育资源的极大浪费。要改变这种状况,应该调整教育对象,想办法让真正在农业生产一线、符合相应条件、有迫切需求的广大农民能够享受教育机会。可考虑从两方面出台相应政策:一方面,制定特殊招生政策,明确农业院校特别是地方农业院校的培养任务,因地制宜确定招生考试要求。补充出台农民参加中高等学历教育的吸引政策,如全面免费并提供基本生活费。另一方面,改革教育模式,农民学历教育的专业要以产业类型划分,课程要以实用为主,根据农时季节进行分段学习,实行弹性学制、鼓励送教下乡、突出实践教学、强化跟踪服务,切实提高农业教育的针对性和实效性。

四、借鉴发达国家的经验,保证农业后继有人的举措

许多发达国家在推进农业现代化过程中都走过"从发展到衰退再到恢复"的弯路。农业部副部长张桃林说,发达国家由于国情和资源禀赋不同,选择农业现代化发展的道路也不同,但有一个共同点就是都将培育职业农民作为推动农业发展的核心力量,把教育培训作为培育职业农民的重要手段。

(一)普遍重视,保证农业后继有人

美国通过《莫雷尔法》《哈奇法》《史密斯—利费法》等农业法律,保证每个州都有专门的教育培训机构和农业技术合作推广站,实行农业教育、科研、推广"三位一体",开发农村人力资源。韩国《农渔民后继者育成基金法》规定,对农渔民

后继者提供援助资金,提供精神教育和技术教育;《农渔村发展特别措施法》为培养农业后继者和专业农户提供法律保证。荷兰将农业教育与基础教育紧密结合,小学高年级阶段就开展预备农业职业教育。

(二)普遍以政府资金投入为主渠道,保证农民教育培训需求

法国建立了层次分明的农民教育培训体系,实现农民按需培训。农民可以自选培训内容、培训时间,培训不仅免费还发给补贴。日本、韩国农民协会在农业教育方面发挥着重要作用。目前,美国农民普遍接受过高等教育。德国农民即使受过高等教育,也必须经过不少于3年的农业职业教育。

(三)普遍重视农业经营资格准入,确保宝贵的农业资源让高素质的农民使用和经营

英国的农民职业资格证书分为农业职业培训证书和技术教育证书两大系列。法国农民培训的职业资格证书有4种,德国有"合格证书"和"农场师傅证书"两种。加拿大推行"绿色证书"制度,没有获得绿色证书就不能成为农民,不能继承或购买农场。

(四)普遍重视持证农民的权益保护,给予持证农民政策优惠,保证农民务农积极性

各国给予农民不同的政策优惠。如有权购地租地,有权申请建立企业和经营农场,可以得到政府提供的低息贷款,创办农场第一年可以得到政府资助和补贴,初始几年减免税收,受过农业教育的子女在继承农场上享有优先权等等。

由于农民老龄化直接影响农业的生存,2011年,日本政府出台扶持职业农民的政策。规定45岁以下新增加的务农人员,中央财政直接补助150万日元/年,约相当于10万元人民币,连续补助7年时间。其中两年用于培训,开始务农以后再补助5年;对农业法人雇用青壮年劳动者,中央财政也连续补助两年。

培育新型职业农民将伴随农业现代化发展的全过程,是一项长期、艰巨的基础性战略任务。我们一定要系统谋划、有序推进,要尽快通过立法等顶层设计,探索制度安排和政策跟进的有效途径。

五、新型农业经营主体的发展现状

农业部部长韩长赋说,我国农业发展真正到了从传统农业向现代农业转型跨越的新阶段,农业生产经营方式真正到了由传统小农生产向社会化大生产加快转变的新阶段。今后将以发展多种形式的适度规模经营和培育新型经营主体

为重点,创新农业生产经营体制。

随着土地流转和规模经营加速,许多农业主产区积极探索在坚持农村联产承包责任制基础上的新型农业经营机制,一批新型农业经营主体应运而生。据农业部统计,截至 2011 年底,全国 100 亩以上的种粮大户有 47.84 万户,农业产业化龙头企业 11 万多家;截至 2012 年第三季度,全国依法登记的农民专业合作社达到 60 万家。

虽然我国农业主产区种养大户、家庭农场、专业合作社和农业产业化龙头企业等新型农业经营主体培育有了很大进步,但在发展过程中也还存在一些问题。

(一)整体数量不足,全国八成以上农户还在单打独斗

截至 2011 年底,我国家庭承包耕地流转总面积仅为 2.28 亿亩,占家庭承包经营耕地面积的 17.8%,80% 以上的农田仍处于分散经营的状态中,其中百亩以上种粮大户经营的耕地面积相当于我国耕地面积的 5.3%;60 万家农民专业合作社实有入社农户 4 600 多万户,约占农户总数的 18.6%。

(二)技术水平、市场意识相对不足,农民职业化经营程度低下

当前一些地方,专业大户、家庭农场以及部分农民专业合作社的技术水平、市场意识和管理能力都相对不足。国务院发展研究中心农村经济研究部调研组 2012 年 7 月在上海松江区、湖南湘潭市、安徽凤台县等三地调查发现,三地的家庭(或大户)农场经营者普遍处于依靠经验种植养殖阶段。从文化程度上看,初中和小学学历占 90% 以上,高中以上学历者不多;从经营者年龄上看,30 岁以下的不足 5%,50 岁以上的将近一半。

安徽省天长市大地农业合作社联合社是一个以种植业大户、家庭农场等为成员的合作组织。发起人宣有林告诉记者,近年来,在利好政策引导下,当地许多种植大户盲目扩张面积,但却对农业风险、劳动力成本上升等估计不足,结果导致一半左右的大户经营亏损,只有不到三分之一的大户能盈利。究其原因则主要是生产技术不成熟、管理能力跟不上、市场信息不灵、农产品销量不佳等。

(三)部分农民合作社有组织无合作,质量堪忧

黑龙江省农村合作经济经营管理总站站长李东福表示,当前一些农民创办合作社的目的仅仅是为了套取国家补助资金。这种合作社徒有形式,成立后并没有按合作社的章程进行运作,更没有组织成员开展真正的农业生产经营活动,合而不作。同时,由于合作社经营中可以免除增值税、企业所得税、印花税,许多企业为了合理避税,也纷纷参与合作社。

记者在广东、安徽、江西等地采访也发现,一些龙头企业是一家企业两块牌

子,一块是企业牌,旁边一块则是某某农业合作社牌子。

对此,中央农村工作领导小组办公室原主任、中国扶贫基金会会长段应碧说,当前我国一些农业经济合作组织被企业或个人主导,少了合作成分。"合作化一个最大特点就是要农民成为组织里一个权益完整的个体,但当前一个大户或一家企业参与所谓农民合作社,并掌握主动权,农民没有了话语权,导致合作社成为一些企业的一个经营部门或一个外壳。这种专业组织被私人化、企业化,说明我们的农业经济合作组织十分不成熟,有组织无合作。"

六、新型农业经营主体发展中存在的问题

(一)土地流转缺乏规范,稳定性差,新型农业经营主体壮大缺乏基础

目前虽然各地都建立了土地流转程序,规范了流转合同文本,但在实际操作中仍存在着不规范的现象。江西高安市杨圩镇汉塘村的种粮大户谢任生与三个村民合伙承包了本村400多亩农田。他告诉记者,目前土地流转期限普遍偏短,以三五年居多,甚至一年一租,短期行为多。如大户对修建灌溉设施、培肥地力等事关长期发展的项目不愿也不敢投入,进一步加剧了农业基础设施薄弱的局面,影响了土地的产出率和农业的可持续发展。

(二)缺乏相关政策扶持,难以做大做强

目前,我国的种粮直补、良种补贴和农资综合补贴等农业补贴都是直接发放给农民,种粮大户、家庭农场以及农民专业合作社等新型农业经营主体基本上拿不到或者只能拿到很少一部分。山东省枣庄市山亭区农村经济经营管理局局长戴金山说,国家一直支持农民合作组织发展,并在土地、资金、项目、税费等方面有一些扶持政策,但在具体操作中很多政策难落实处。"以项目为例,国家和省里的文件都要求涉农项目向农民合作组织倾斜,但事实是很多项目根本不以合作组织为申报主体,而是要以各级政府的名义申报。"在贷款方面同样如此。江西省最大的粮食种植大户之一的江西省鄱阳县农民高彩霞告诉记者:"我和儿子扩大经营都需要资金。我们唯一也是最大的有效资产就是土地,但集体土地的承包经营权不能拿来抵押贷款。"

(四)监督管理缺失,导致农民合作社质量参差不齐

江西省农业厅农经处处长罗青平表示,在当前体制下,农业部门对合作社缺乏有效的监督制约手段,造成部分合作社发展质量不高。"按照相关规定,5张身份证就可以设立一个合作社,且登记和管理分离。工商部门只负责登记,至于

合作社是否规范以及以后如何去管理,归农业部门负责,农业部门知道有的合作社不规范,但也不能注销,造成部分合作社先天不足。"

七、新型农业经营主体培育与发展的思路

现阶段加快新型农业经营主体培育与发展的关键,是在其发展要求、发展效率、发展力量、发展机制上寻求突破,基本思路是:加快土地、资本等生产要素配置的市场取向改革,转变政府对农业的扶持方式,营造农业创业与就业的良好环境,建立农业经营者的退出与进入机制。

(一)加快要素市场取向改革,满足新型主体发展要求

在农村土地经营使用权方面,进一步赋予村级集体和新型农业经营主体对自身土地用于农业用途的使用权和调配权,在合理规划、留有余地的基础上,将农产品加工和仓储、农民专业合作社办公等与农业产业紧密相关的用地视同农业用地,采取灵活政策,予以优先支持。

在农村金融制度改革方面,支持各类民营金融机构在农村基层建立农业信贷网点。加大政策性金融对农业的支持力度,简化农业信贷手续,加快农民合作金融试点与推广的步伐。建立新型农业经营主体的抵押、担保、信用体系。具体而言,支持经营主体以相关农产品或资产为抵押或担保,向金融机构贷款;允许具备条件的村委会为农户提供贷款担保;并积极探索基于供应链的融资模式,允许合作社以其在供应链中的地位、作用、身份等名义,为其自身或其社员进行贷款担保。完善小额信贷产品,建立灵活高效的农业融资保障体系,缓解新型农业经营主体融资难的问题。

(二)转变政府农业扶持方式,提高新型主体发展效率

一方面,继续加大对农业基础性、平台性设施等的公共投入和政策扶持力度,并完善农业公共政策和公共投入的绩效考核。另一方面,对特定的农业扶持措施和政策,尽可能直接下达或落实到新型农业经营主体。此外,允许基层对政府部门的农业扶持资金和政策进行梳理和整合,提高农业扶持政策的效率。

(三)营造农业创业就业环境,壮大新型主体发展力量

目前,投资农业的企业家、返乡务农的农民工、基层创业的大学生和农村内部的带头人是新型农业经营主体的主要来源。要营造农业创业和就业的良好环境,引导和鼓励他们成为新型农业经营主体。由于他们的学历、工作背景以及各自优劣势不尽相同,需要分类指导和提供有针对性的扶持政策。大学生是新型

农业经营主体的重要后备力量,应完善大学生农业创业与就业的政策体系,使他们"下得去、干得好、留得住、有发展"。具体而言,可以在农村建大学生创业园,建立大学生农业创业基金和创业贴息贷款;尤其要鼓励大学生"村官"在新型农业经营主体中创业和就业;为了减轻农民专业合作社和农业大户引进大学生的经济负担,可考虑对相关经营主体引入大学生后给予工资和社会保障补贴。

(四)建立农业退出进入机制,创新新型主体发展机制

在不改变农村土地家庭承包经营基本制度的前提下,建立传统农业经营者的退出机制。一是建立农户土地家庭承包经营权的单嗣继承制度。这样既可使农户土地权益长久化,又能避免土地经营细碎化。二是建立农业经营者退休制度。三是完善农村土地流转交易平台和服务体系。四是完善农户土地承包经营权置换就业与社会保障、农户宅基地及其住房置换城镇住房的体制机制。至于农业进入机制,重点是处理好进入者和退出者的利益关系,进入者资格与能力的认定,进入者之间的公平竞争和择优,进入者经营行为和经营领域的控制等。

农产品电子商务

西北农林科技大学副教授 党红敏

近年来,我国非常重视农产品电子商务的发展,出台了很多支持电子商务发展的政策。继 2010 年和 2012 年中央一号文件提出发展农产品电子商务之后,2014 年中央一号文件明确部署"加强农产品电子商务平台建设"。商务部也把农产品电子商务发展作为重点工程,出台多项支持政策,推动农产品电子商务发展。

一、农产品电子商务概况

(一)电子商务发展迅猛,农产品电商成为电子商务的生力军

数据统计显示,截至 2013 年底,全国农产品电子商务平台已达 3 000 家,出现了顺丰优选、我买网、阿里、京东、沱沱、本来、易果网、天天果园、重庆农产品集团、1 号店等一大批优秀的农产品电商。2013 年我国农产品连续大丰收,农产品总产量近 20 亿吨,农产品电子商务得到了迅速发展。在全国 3.1 万家涉农网站中,电子商务网站 3 000 多家。虽然农产品电子商务看上去潜力很大,但其发展并非一帆风顺,甚至亏本运营成为行业现状。因此,需要基于农产品电子商务自身的特点,找准问题所在,促进农产品电子商务从无序化走向规范化发展。

目前各类农产品电商网站经营形式主要有五大特色:

一是农产品网上期货交易:2013 年农产品网上期货交易品种达到 16 个,交易额达 31.53 万亿元。

二是大宗商品电子交易:可食资源方面包括酒类、农产品、林产品、牧渔产品等 10 多个行业。其中农产品网上交易市场 161 家,酒类 17 家,交易额超过 10 万亿元。

三是粮食网上交易十分活跃:据国家统计局资料,2012 年全国有亿元以上粮食交易市场 111 个,交易额达到 1 641.26 亿元。据全国粮食行业协会统计,2013 年国家粮食局系统有粮食市场 65 家,网上交易额接近 2 000 亿元。

四是商务部、农业部、供销合作总社政府信息网站包括政府部门组织网上产

销对接交易会:商务部夏冬两季组织农产品网上交易会,交易额达到839.33亿元。

五是各类农产品网络零售模式:2013年生鲜农产品电子商务得到迅速发展,生鲜农产品成为第四大类网上热销产品。如:淘宝注册地在农村(含县)的网店达到203.9万个,比上年增长24.9%,交易额超过500亿元。京东生鲜农产品网络零售交易额超过100亿元。

(二)电子商务内涵、角色、模式和阶段

1. 内涵

电子商务是指以信息网络技术为手段,以商品交换为中心的商务活动,也可理解为在互联网(Internet)、企业内部网(Intranet)和增值网(VAN,Value Added Network)上以电子交易方式进行交易活动和相关服务的活动,是传统商业活动各环节的电子化、网络化。

2. 角色

电子商务的参与者包括:买方、卖方、银行、物流公司、第三方支付平台、认证中心等。

3. 模式

随着应用领域的不断扩大和信息服务方式的不断创新,电子商务的类型层出不穷,主要可以分为以下四种类型:

(1)企业与消费者之间的电子商务(Business to Consumer,即B2C)。

(2)企业与企业之间的电子商务(Business to Business,即B2B)。

(3)消费者与消费者之间的电子商务(Consumer to Consumer 即C2C)。C2C商务平台就是通过为买卖双方提供一个在线交易平台,使卖方可以主动提供商品上网拍卖,而买方可以自行选择商品进行竞价。

(4)线下商务与互联网之间的电子商务(Online To Offline 即O2O)。实现线下服务线上揽客,消费者在线上筛选服务,成交在线结算,很快达到规模。该模式最重要的特点是:推广效果可查,每笔交易可跟踪。

4. 阶段

(1)初级电子商务

商务初级电子化、网络化,初步开展电子商务,主要实现信息流的网络化,即进行网上发布产品信息、网上签约洽谈、网上营销、网上收集客户信息,实现网络营销等非支付型电子商务,实现初级经营服务信息化。

(2)中级电子商务

商务中级电子化、网络化,实现信息流与资金流的网络化,即实现网上交易、

网上支付,实现支付型电子商务,以供应链管理与客户管理为基础,实现中级经营服务信息化。

(3)高级电子商务

商务高级电子化、网络化、智能化,开展协同电子商务,全面实现信息流、资金流、物流等三流的网络化。实现支付型电子商务与现代物流,网上订货与企业内部ERP结合,及时精益生产,实现零库存。产品的设计研发、生产制造、产品交货、物流配送、财务处理,甚至是最后的成效评估等,都通过电子集市进行,使交易各方能够同步作业。

(三)农产品电子商务的主要模式

1. 淘宝直销:平台+自营+直销

农民在淘宝网上建网店,销售自己生产的农副土特产品,即产销直接对接。但是,产销直接见面还需要中间物流和配送服务商,或者其他服务商。

2. 淘宝网上网下联动

在网上,淘宝网平台开设了许多地方特色农产品馆,如遂昌馆、高淳馆、芜湖馆。在网下,淘宝网推广县域农产品电子商务集群模式,如江苏睢宁的沙集模式、福建南安的世纪之村模式、浙江义乌模式等,形成了20个淘宝村。同时还有网上与网下联动模式,如"政府+农户+合作社+网店协会+淘宝网"模式。

3. 第三方平台模式:产地+平台+消费者

这实际是B2B2C模式,电商平台商与农村合作组织(或者其他经济组织)形成合作关系,将农产品销售给消费者或者用户。如京东商城、沱沱工社、1号店、我买网、顺丰优选、本来生活、菜管家、优菜网、全农汇等。

4. 自营模式

中国首家农产品食品安全网站——龙宝溯源商城2012年上线试运营,为食品商家提供安全食品展示和交易平台。该商城主要采取三种模式:一是商品授权销售服务;二是店铺授权运营;三是商家开店自营。

5. "电子菜箱"or"智能菜柜"模式

2012年电子菜箱在湖北武汉开始流行,上午在网上点击鼠标选好菜,在线支付后,下午就可以在家门口的菜箱里取菜,菜价比超市便宜20%。这种无人交付式的电子菜箱蔬菜直销零售方式,目前已经进入武汉市240多个小区,每天为3 000多个家庭提供生鲜配送。

江苏扬州的智能菜柜采取了相似的方式,通过物联网技术实现"产销直达""农宅对接",在社区免费安装智能菜柜。市民只需轻点鼠标或一个电话就能收到干净优质的生鲜农产品。

6.移动商务模式:移动农产品交易平台

2013年我国手机用户超过12亿,手机网民超过5亿。为此,上海一叶扁舟实业有限公司选择了与移联主办的"大变革"工程合作,打造"中国农产品"手机平台,即在移动互联网上打造一个大型农产品网络交易第一门户平台。

7.中国地理标志产品商城

该模式即B2B2C模式、C2B模式。该商城是国内首家销售国家认证(注册审定)地理标志产品的网上商城。商城面向地理标志产品生产经营者和终端消费者,提供线上销售服务,同时还建成了国内首个地理标志文化博物馆。

二、如何开展农产品电子商务

(一)无站点的电子商务

所谓无站点电子商务,是指企业没有建立自己的网站,而是利用互联网上的资源(如电子邮件、邮件列表和新闻组等),开展初步的电子商务活动,属于初级的电子商务。

1.发布和获取信息

作为互联网的基本职能之一,企业可以借助各种网络资源发布自己企业信息和产品信息,达到宣传和促销的目的,信息发布是目前网络宣传推广的一种重要形式。

企业可以充分利用各类农业网站、各大电子商务平台、搜索引擎、论坛等互联网途径来发布供求信息,以扩大产品信息、品牌信息的覆盖面和传达率。

2.网上销售

无论是否拥有企业网站,企业都可以利用网上商店、网上拍卖等方式开展网上销售工作,让互联网真正成为企业新型的销售渠道。

(二)基于网站的电子商务

开展更高级的电子商务最好基于一个网站作为平台。但企业建立网站并不等同于实现了电子商务,只能说是企业进入电子商务领域的一个起点。

1.建立企业网站

开展基于网站的电子商务活动的前提在于建立一个独立的企业网站。企业网站一般符合以下四项基本要素:网站结构、网站内容、网站功能和网站服务。

(1)网站结构:网站栏目、网页布局。网站的栏目结构和布局以及网站的后台都是为了网站内容而提供的支持系统。

(2)网站内容:通过网站向用户传递的所有信息,包括公司信息、产品信息、顾客服务信息、促销信息、销售和售后服务信息等。从根本上来讲,网站内容才是网站的核心。

(3)网站功能:必要的技术支持系统,信息发布、产品管理、会员管理、订单管理、邮件列表、论坛管理、在线帮助、站内检索、广告管理、在线调查、流量统计、模版管理等。

(4)网站服务:网站可以提供给用户的价值,产品选购和保养常识、产品说明书、常见问题解答、在线问题咨询、即时信息服务、优惠券下载、驱动程序下载、会员社区、会员通讯、RSS 订阅等。

在这些要素中,内容、功能和服务都是作为经营者应关注的要点,而网站结构则是网站建设技术人员需要解决的问题。

2.开展基于企业网站的一切网络营销活动

如通过搜索引擎、门户网站、论坛、即时通讯等各种方式进行网站的推广;在网站上开展一系列的营销活动以促进销售、塑造品牌形象、企业形象等等。

三、农产品电子商务发展面临的问题

相比于普通商品,农产品有其特殊性质,农产品的区域性强,种类繁多并具有易腐性,难以通过标准化来衡量质量。而农业生产又大都是采用农户家庭分散经营的模式,容易引起单个农户生产与大市场的需求出现断裂。农业生产与农产品的这些特性会导致信息传递严重滞后,要么出现农民生产分散,要么农户扎堆生产,致使农产品滞销。构建一个优良的电子商务平台,一方面有助于农业生产中产供销与需求之间信息不对称问题的解决,另一方面也能提高市场交易的效率,使得买家与卖家迅速配对。

目前的农产品电子商务可以用一句话概况:看上去很美,做起来很难。具体表现在:(1)电子商务包含了从上游农产品选择,到普遍面临的物流、冷链短板,再到下游客户服务,产业链长、投入大,造成自营平台大多亏损。(2)农产品电商尚属培育阶段,需要大量的投入和较长的培育期,中小平台往往被拖垮。2012年以来农产品电商虽然大热,盈利难却成为摆在国内农产品电商、特别是生鲜电商面前的一道坎。

目前我国农产品电商面临的主要问题包括:网络基础设施建设滞后导致农村网络接入成本偏高;农村网购渗透率不高导致农户对电商的信任度不够;农村电子商务人才的极度缺乏导致农业企业开展电子商务举步维艰;农产品品牌化

程度不高导致电商市场上的辨识度不够；物流发展的缓慢对农产品电子商务物流的极大制约。

（一）网络基础设施建设滞后导致农村网络接入成本偏高

首先，我国农村网络建设还处于全面起步阶段。从总体上看，国家和省级的农村网络设施建设已经有了一定的基础，但是从市县到乡镇的网络基础设施依然很薄弱。农村网络信息服务还没有完全深入到基层，村级信息服务点不够健全，农业信息传递在最后一公里上遇到了阻碍。县镇二级到最终用户之间的信息传递是亟待解决的问题。

其次，我国农村已经有超过2亿的互联网用户。我国农村网民规模持续增长，但城乡互联网普及差异依然较大。除此之外，农村网民在即时通信、网络娱乐等互联网应用使用率方面与城镇地区网民差异较小，但是在网购、支付、旅游预订类等应用上的使用率差异达到20个百分点以上。

再次，由于经济发展的不平衡，我国农村网络建设也呈现出明显的地域性特征。东部沿海经济水平较高，网络基础建设也相对较快。目前的电脑价格和上网费用对于农民来说还比较昂贵，导致农村家庭的电脑拥有量不高，网络使用率也较低。因此，要想让农村网络建设深入到家家户户，就必须降低农户尤其是中西部农户的上网成本。

（二）农村网购渗透率不高导致农户对电商的信任度不够

尽管近年来农村网络的使用率有了很大提高，但是相比于城市仍有很大的发展空间。大部分农户从未上过网，更不要说接触电子商务了。由于农户普遍对电子商务缺乏基本认识，再加上其特有的消费习惯与消费行为，导致农民普遍对电子商务缺乏信任。研究发现：学历越高，网上购物比例就越高。而中国农村网民普遍受教育程度不高，使用互联网主要为了听音乐、玩游戏，较少像城市网民一样，通过互联网购物或进行网上支付。相关研究也表明，上网历史越长，购物比例越高，而我国农村互联网使用时间普遍比城市晚3~5年以上。农户没有参与网购的原因主要集中在支付安全和商品质量两方面。

（三）电商人才极度缺乏导致农村电子商务举步维艰

与农村电子商务硬件设施建设相比，农村电子商务人才的建设更是滞后。首先，我国农村人才储备本身就不高。在农村地区，能操作电脑的人员不多，能懂得电子商务的专业技术人员就更少了，根本无法保证涉农信息的搜集、整理和发布。我国农业高等院校每年有数万毕业生，其中不乏学习电子商务专业的人才。然而，这些毕业生自愿到农村基层工作的不多，主要原因是农村缺乏吸引优秀人才的政策和环境。其次，我国目前农民整体网络接触率偏低，缺乏电脑操作和电子商务的基本技能。一些农户对电子商务心存疑虑，接受和理解新鲜事物比较慢。再次，农村电脑、网络以及从事电子商务的硬件条件相比于城市要落后许多。这些硬件条件的发展滞后也为电子商务人才培养在客观条件上增加了难度。

（四）产品品牌化程度不高导致辨识度不够

农产品电子商务发展面临的挑战：一是产品选择问题。农产品和工业产品最大的不同就是农产品种类众多，原则上一切农产品都可以做电商，不同的种类要有不同的仓储条件、运输条件、客户定位、产地等。选择的产品不同，仓储、物流、资金、利润等都有很大的差异。然而，大部分的农产品在电子商务平台上没有足够的品牌辨识度。如陕北小米仅以地域来标识，而众多买家关注的最关键要素品质却未标识。产地≠品质，需要建立具有知名度的品牌，以便在数量庞大的农产品中脱颖而出。

（五）物流发展缓慢制约农产品电子商务发展

农村地域较广，人口分布较散，交通环境的落后是造成农村电子商务物流输送网络不健全、不完善的主要原因。

1.目前大部分物流公司的配送网络只能覆盖到县级地区，下面的镇、乡、村根本无法送达，对于一些较为偏远的地区更是无法送达。村民通过网络购物将订单交给供应商，供应商委托给第三方物流，而偏远地区的物流成本较高，很多物流公司都不愿意送达，造成农村电子商务物流发展落后等一系列问题。

2.发展农产品电子商务，冷链问题无法回避，但是冷链物流投入的连续性强，物流、配送、快递、宅配等成本较高，投资回报周期长，不是单个农产品电子商务企业可以解决的，急需社会化的冷链物流队伍提供集约化、专业化的冷链物流管理。

3.农产品季节性强，保质期较短，这就对物流提出了更高的要求。因此，对于第三方物流公司而言，扩大物流网络分布的成本大于收益，致使物流体系的进一步扩张遇到了阻碍。此外，农村物流的费用对于农民来说比较昂贵。例如，大多数不发达的农村地区只有 EMS 提供快递服务，而 EMS 运费一次大约为 20 元，农民一次购买商品的价格又不会太高，这就导致网络消费市场的价格优势丧失，农民网购的消费欲望大打折扣。

以上问题当中，基础设施和人才培育都需要政府参与，品牌建设和消费者信心建立需要一定的时间培育，而众人最关注的物流问题，也是当前农产品电子商务发展的最难问题。

四、物流问题可供选择的解决路径

电子商务为现代物流业发展提供了一个发展良机,对于物流企业充满了机遇与挑战。目前,我国物流企业数量虽具有一定的规模,但能适应农村电子商务的物流企业数量较少,大多数物流企业规模较小,技术管理手段仍然比较落后。面对我国电子商务的现状和我国物流业存在的问题,如何加快农村物流发展已成为当前一个热点。

(一)重点集中战略,发展专业的特定自营农产品物流

在发展电子商务初期,不可能自下而上建立起大而全的大型物流体系,所以,由农业组织牵头,针对某一特定的农产品开展特定时期的专业物流。此种方式进入门槛较低,并且可以与现有的物流公司合作,一方面提高自营物流的效率,另一方面利用现有物流公司的覆盖率。

(二)以信息技术为依托的第三方物流

第三方物流既不属于第一方(买方),也不属于第二方(卖方),而是通过与第一方或第二方的合作提供专业化的物流服务,它不拥有商品,不参与商品的买卖,而是为客户提供以合同为约束、以结盟为基础、系列化、个性化、信息化的物流代理服务。采用第三方物流时,生产经营企业把原来属于自己处理的物流活动,以合同方式委托给专业物流服务企业,同时通过信息系统与物流企业保持密切联系,以达到对物流全程管理控制。这种方式最大的优点是专营物流能专注于攻克冷链物流等技术难题,同时可以让农户专营生产,农业组织专营营销,第三方专营物流,专业化的分工更能提高效率。

(三)乡镇邮政所+县市物流中心邮政物流运作模式

针对以农村为目标市场的电子商务活动而言,覆盖全国86%的县市和超过三分之一的行政村的中国邮政可谓中国最大的投递服务网络,实物投递可直接面向村寨。通过加强与邮政公司的合作,利用邮政的仓储、运输、配送和信息服等一体化设施,在节约自身建设成本的基础上,提高物流配送效率。中国邮政在农村信誉好、知名度高,在参与农村电子商务发展建设中,应充分发挥其农村品牌、技术优势,提高邮政服务质量,并利用现代化的物流管理技术,为用户提供高质量的综合性服务。

(四)在超市设置自提点

通过物流中心直接发货,将乡镇的一些小超市利用起来,可将近万余种产品送到老百姓身边,充分调动乡镇村民的消费购买力。附近的村民通过电子商务订货后,自行选择到最近的超市提取,尽可能地方便大家。通过对物流网点的建设,可以将农副产品进行整合利用,减少农超对接的流通成本,在解决农民"买难"问题的同时,也解决了农民"卖难"的问题。同时可以发展农村物流连锁配送业务,产品项目的洽谈、审核、引进应有一套规范的程序,避免因配送产品质量问题引发连锁效应,损害超市信誉。

(五)利用客运车随车配送

近年来,随着农村生活水平的提高,农村交通运输条件有所改善,促进了农村物流业的发展。在农村客运车中开展物流随车配送工作,建立小件快运配送体系,具有极强的现实意义。

五、开展农村电子商务的几点建议

农村电子商务发展以往一直存在一个误区,就是把农村和农民仅仅视为消费者,认为农民只是潜在市场的"目标受众",没有认识到农民也能成为B2C中的B(business,商家)。发展农产品电子商务必须摆脱以往农业发展"重生产轻销售"的惯性思维,充分利用电子渠道的优势,为农民销售打开渠道,增加农民就业机会,提高收入,改善农业产业结构。

(一)农产品电子商务的产品选择

首先是不能追求过多过全的产品选择。农产品种类多,不同产品的客户定位、供应链要求等差异很大,不能以过多的种类来吸引更多的购买需求,而是应当根据企业的客户定位、供应链支撑能力等选择农产品种类。其次是选择高品质农产品。如今的消费者越来越注重健康,人们在网购农产品时更在乎农产品质量,更愿意选择高品质、安全可靠的农产品。

(二)发展农产品电子商务不能全面开花,需要逐一突破

农产品作为卖方应该首先拓展省内市场,成功之后可以将模式照搬至其他省份。从产品选择、市场定位、品牌塑造、营销推广、价格制定等方面全方位开展商务活动,意味着农产品要以企业模式进行经营,这就需要相关人员具备企业经营的基本意识和企业管理的相关知识。如实施品牌化战略、通过提升客户认知

度和满意度来提高品牌知名度,还要实施差异化的竞争策略,创建代表企业的地标性品牌产品,避免陷入同质化竞争。

(三)对相关人员开展电子商务培训

对农民进行利用网络开展商务知识与技术的培训。最初的培养对象应该是农村"九大员"(即农技员、计生管理员、综合治理协管员、国土资源和规划建设环保协管员、乡村医生、文化协管员和食品药品质量安全协调员等)和大学生"村官"等农村各类信息管理人员。其次可选拔年龄在18~35岁、文化程度初中以上、生活态度积极开放的农民进行培训。帮助农民了解电子商务交易流程,掌握上网操作方法,并具备一定防范欺诈的知识和技巧,进而培养一批具备互联网意识、企业管理知识和电子商务基本素养的信息员,完善其素质、知识、能力体系,为开展农村电子商务应用奠定基础。

乡村品牌策划与农村发展

农业科技报社影视传播中心主任　黄小星

一、现实：从中央一号文件说起

2004年至今，我国连续发布14份指导"三农"工作的中央一号文件。2017年的中央一号文件，在过去多年实践探索和理论提升基础上，对我国的"三农"发展形势认得更清，问题把脉更准，对策给得更实更硬。不仅仅是今年，未来很多年，这份文件将成为我国"三农"领域的行动纲领和工作指南。

2017年中央一号文件最大的亮点，就是明确了农业供给侧结构性改革的方向和路径。为什么要供给侧改革？因为"农业的主要矛盾由总量不足转变为结构性矛盾，突出表现为阶段性供过于求和供给不足并存，矛盾的主要方面在供给侧"。供给侧要改什么？"农业农村发展由过度依赖资源消耗、主要满足量的需求，向追求绿色生态可持续、更加注重满足质的需求转变"。

过去相当长的时期，我们处于温饱年代，农业生产主要为了解决"吃饱"的问题。这个时期，农业生产力水平总体低效，所以，农民的主要任务是拼命施肥、喷药、用地膜……加大投入品，提高生产量。从消费层面来说，人们生活不宽裕，口袋里没几个钱，尽可能买便宜的东西是普遍心理。简言之，只能买上吃上就谢天谢地，谁还管得了它是不是绿色或健康？

但是，经济社会形势在变。近些年，我们明显能感受到，一大群人的消费需求在变。这群人——中等收入群体已经告别了贫困和温饱，步入了较为富足的生活层次。这群人害怕变坏的空气和水，对失范的社会环境很敏感，对食品质量不信任，对个别农民"一棚菜喷药卖城里、一棚菜啥也不喷留自己"的做法极为反感。于是，这群人通过网络高价疯抢澳洲奶粉、泰国大米、波兰苹果、智利车厘子……

与此同时，国内很多农产品积压、滞销、贱卖。如何让国人对我们自己的农业放心，愿意为我们自己的农产品优价买单？这就需要我们在推进农业供给侧结构性改革的过程中，一方面加大绿色农业、优质产品的生产力度，好产品是前提；另一方面加大品牌策划和传播力度，让消费者建立品牌信任。

二、趋势：我国进入"城市消费乡村"新阶段

这些年,逢假必堵。周末节假日,城市近郊、旅游景区、乡村驿站几乎人满为患,尤其国庆、春节长假,黄金周变成了"黄金粥"。在这个过程中,乡村旅游呈井喷式发展,受到城市人群的追崇热捧。为什么？因为它迎合了当今我国经济社会发展大势。跟着趋势赚钱,赚的一定是大钱,所以浙江莫干山、陕西袁家村、成都宽窄巷等乡村旅游景点火了。

第一大趋势,我国人均收入显著提高,"消费乡村"成为必然。这一点,从乡村旅游的"人丁兴旺"可以得到印证。世界旅游组织的研究数据表明,当人均GDP(人均生产总值)达到 3 000 美元时,旅游形态以观光为主;当人均 GDP 达到 7 000 美元时,以体验、游乐、住宿等休闲旅游为主;当人均 GDP 达到 13 000 美元时,则进入度假旅游模式。那现在我们处于什么阶段呢？2016 年,我国人均 GDP 达到 8 200 多美元;陕西人均 GDP 7 300 多美元,西安人均 GDP 突破10 000 美元。从这些数据来看,不管是全国,还是陕西,乡村旅游进入旺需阶段,全民进入"消费乡村"阶段。在这种趋势下,任何一个有特色文化、特色产业、特色产品的村落,都可以获得市场的青睐,并赢得意想不到的品牌效益。

第二大趋势,我国政治经济进入"新常态",城市家庭正在成为"消费乡村"的主力军。政治上,党的十八大以来,我国政治生态发生了深刻变化,公款消费受到严格约束,公务人员留给家庭的时间比以前更多。经济上,我国的经济增长由高速转入中高速,经济速度放缓,也就是所谓的"换档期"。新常态背景下,人们更多的精力会转向家庭,城市家庭休闲旅游文化越来越浓,他们喜欢选择经济实惠的乡村去旅游度假,愿意购买健康特色的农产品,这给乡村品牌创造了广阔的市场空间。

第三大趋势,"互联网+"全面发力,低成本、无死角的新媒体传播成为推动"消费乡村"的重要力量。过去,一个村子搞得再好,大多依赖"口碑传播",名气能传到邻近村庄或乡镇就非常不错了。有些村庄能够登报、上电视,知道的人会多一些;但能登报、上电视的毕竟是少数,这些媒体的广告费可不是一笔小数目。如今,随着互联网(尤其是移动互联网)的兴起,传播渠道发生了变化,年轻人对报纸、广播、电视等传统媒体关注度下降,微博、微信、微视等社交媒体异军突起。普通人凭一部智能手机,就可以发布文字、图片、视频,成为自媒体人。专业媒体的"传播"变成了普通大众的"扩散",范围更广,内容更接地气,效果自然更好。互联网时代,每个人既是乡村品牌的有偿消费者,也是乡村品牌的免费广告员。

第四大趋势,新消费主张蔚然成风,新优特农业越来越受到青睐。吃过糯小麦配制的"糯面",超市里便宜的普通挂面不再受欢迎;尝过有机珍珠鸡蛋

(5元/个),市场上普通鸡蛋便被放弃(5元/斤)。这就是消费需求升级的现实注解:生活富裕的人群,越来越注重自己和家庭的健康,常规品种、常规方法生产出来的常规产品,已经满足不了他们的口味。只要能为其提供"优质"农产品,他们愿意掏"优价"。

三、观念:"村官"要当 CEO

乡村经济的发展,政策支持是外因,更重要的是自己打拼,这是内因。对于乡村的"当家人"——"村官"来说,能否转变观念,是打造乡村品牌、发展乡村经济的关键。

(一)"村官"要有 CEO 意识。把乡村经营成品牌,这是顺应市场经济发展之举。从市场的角度,可以把整个村子看作一个企业,村两委会就是董事会,村支书是董事长,村主任是总经理,会计是财务总监……总之,每一位村干部都是"公司"的职业经理人(CEO),都要从市场本位思考:我们的村子具备哪些显在和潜在的资源优势?这些资源如何经营?品牌塑造应该从哪里入手?如何进行市场推广?

(二)"村官"要懂得乡村品牌的"名利双收",这是乡村品牌策划和传播的根本落脚点。名和利不是为"村官"个人,而是对于全村百姓而言。认识到这一点,乡村品牌"名利双收"的含义也就厘清了:村子有了名气,就能带动村里经济的发展,这是全村人的福利。所以,"村官"施政的重要目标,就是如何让你的村子更有名。

(三)"村官"要有向村外"瞟"的视野。"村官"是乡村品牌的推动者,但不一定是具体的执行者。乡村品牌是一门技术活,主要依靠专业人士打理。以兴平市马嵬驿为例,单靠其所在的李家坡村的村干部和村民,乡村旅游这事很难干成。它的可贵之处在于,当地干部能够立足人文特色,借鉴礼泉袁家村的成功经验,积极招商引资,借助社会资本和力量发展旅游产业。正是依靠私人老板的投资和包装,才有了集观光、餐饮、民俗体验、生态旅游为一体的马嵬驿民俗村,李家坡及周边的村民也因此受益。

四、定位:号准乡村品牌的"脉"

什么是乡村品牌定位?通俗理解,就是梳理村里所有资源,深入分析哪些资源可以进行产业(或产品)开发,同时给待开发的产业(或产品)一个准确的市场发展方向,使其能够得到市场认可。下面结合实际案例进行详细剖析。

一个是广西巴马县甲篆乡巴盘屯。这是一个地理位置偏僻、生态环境优美的村寨,全屯515人,百岁老人多达7人,是当地有名的长寿村。这个情况得到了巴马县的高度重视。当地政府在调研中发现,除了巴盘屯,其他村寨也有很多百岁老人。全县24万人口,健康百岁老人多达74位。国际自然医学会"世界长寿乡"的标准是每10万人中至少应有7位健康的百岁老人,而巴马县的百岁老人占比是这个标准的4.4倍,因此被认定为第五个"世界长寿之乡"。

如果仅仅把"世界长寿之乡"作为一份荣誉,就太稀松平常。巴马县各级政府,包括各村级组织,都把"世界长寿之乡"作为宝贵的区域品牌,打造了独具特色的长寿旅游产业:一是休闲度假产业,吸引全国乃至世界各地的养生客前往旅游度假;二是特色农产品产业,如销售巴马县长寿老人经常食用的火麻、油茶、珍珠黄玉米、苦丁茶、苦脉菜、巴马香猪等农产品,仅油茶产业一项,每年给当地茶农带来近2亿元的产值。

二是杨凌示范区揉谷镇新集村。2009年以前,新集村路烂房破人穷,看起来没有任何优势资源。2009年,新任村支部书记陈增科和村委会主任卢建平带领"两委会"成员开始琢磨发展的事情。调研中村干部们发现,村里有人二十几年前就开始种葡萄,虽然面积不大,但收入一直还不错。这个情况引起了大家的重视。

经过深入探讨和研究,新集村决定把葡萄作为主导产业来抓,明确了"先苗后果"的市场定位,即"先主打葡萄育苗,后发展葡萄鲜果"的思路。他们聘请西北农林科技大学的专家教授帮助规划指导,邀请资深媒体人策划宣传。围绕葡萄苗业和果业,分别确定了"西北地区最大的葡萄苗木繁育基地"和"魅力新集,美味葡萄"两大品牌定位。

如今,新集村的葡萄种植面积达到2 200多亩,村民从葡萄获得人均年收入10 000多元。依托葡萄种植,村里开始发展以葡萄采摘为主题的休闲旅游,又为村民增加了一笔可观的收入。现在,村里的道路宽敞,建起了健身广场和乡村大舞台,成立了村民文艺队,新集村成为远近闻名的"田园村庄"和"美丽乡村"。

通过两个实例,包括前面提到的马嵬驿,我们可以总结出乡村品牌定位的基本类型:一是生态健康型,比如巴马县的"世界长寿之乡";二是特色产业型,比如新集村的葡萄产业;三是文化传承型,包括民俗、民风、人文等,比如马嵬驿的"杨贵妃与唐玄宗凄美爱情"。这三大类型必须立足当地,或挖掘潜在资源,或升级改造现有资源。特别需要说明的是,它们和2014年农业部发布的"中国美丽乡村十大创建模式"有区别:前者针对乡村品牌定位而言,必须结合后续策划、包装和传播,更符合市场需求;后者针对农村人居环境而言,侧重乡村规划和建设。

五、策划：让品牌"落"到产品上

如果说"定位"解决的是战略问题，那么"策划"主要是解决战术问题。任何一个战略，都需要通过若干战术来实现。比如，某个村庄把"农家乐"作为自己的品牌定位，这还不够。接下来，还必须通过一系列的策划，把笼统的"农家乐"品牌转化为具体的"农家乐"产品（吃、住、逛、玩、购），而且要有特色，才能持续招来客人、赢得市场。

乡村品牌策划包括产品策划和形象策划两大内容，这是乡村品牌成功与否的关键环节。通过产品和形象的具体呈现，形成相对成熟的商业模式。

在苏州太湖边有一个叫西巷的小村。这个村子小到啥程度？小到全村只有211个村民。按一户4口人计算，也就50来户人家。西巷村的生态环境特别好，加上这些年政府帮忙搞新农村建设，村里的环境更加优美。

环境好了，但经济没有改善。年轻人大多外出务工，房屋闲置，这里成了"空心村"。上年纪的村民以种茶果和养大闸蟹为营生，收入平平。可以说，这个村基本上是守着青山绿水过着清苦日子。村里的干部们也很着急，他们能感觉到"青山绿水"是最好的资源，但不知道该用什么方法撬动。

转机出现在2014年夏季。台湾生态保育专家到西巷村进行生态调研，专家发现，这个村的青蛙资源特别丰富，足足有61个品种。在台湾属于一级保护动物的金线蛙，西巷村遍地都是。专家的这次调研，给西巷村的干部们一个启发：为何不利用青蛙做"代言人"？

有了这个想法后，通过专家牵线搭桥，西巷村邀请了台湾的文创团队一手打造"青蛙村"。文创团队给村子的品牌定位是"两栖小镇"，既符合青蛙两栖动物的特征，也寓意"为城市人提供一个城乡两栖生活的空间"。

在品牌定位框架下，文创团队推出了系列策划。形象策划方面：以"青蛙"为LOGO标志。墙壁、院落、电线杆上，到处都是青蛙，有的是画像，有的是模型，有的是雕塑。总之，走进村里，"青蛙"时刻映入眼帘，冲击客人的视觉。产品策划方面：直接产品有青蛙乐园、青蛙文化集市、青蛙主题民宿；衍生产品有果园采摘、自行车公园、自行车主题餐厅、西巷渔业、特产礼品等。

目前，西巷村的休闲旅游还没有正式营业，但春节至今，已经有大量游客慕名前往。这些人以文艺青年居多，他们都是冲着"听取蛙声一片"而来。

从这个例子可以看出，西巷村通过文创团队的专业策划，立足村里司空见惯却又独具特色的青蛙资源，提炼出"青蛙村·两栖小镇"的村庄品牌定位。进而，从视觉形象和服务产品两个方面入手，打造了一个以青蛙为主题的特色乡村，吸引广大游客免费旅游（不收门票），形成了"听蛙鸣＋住蛙房＋购蛙品＋采蛙村果

+休闲养生"的商业闭环。

乡村品牌成功与否,与乡村提供的服务产品密切相关。作为乡村品牌的策划者,必须立足本村本土资源设计商业模式。国内外众多案例表明,"休闲旅游"是乡村品牌商业模式中的核心,它可以制造"道场",吸纳人气。人来了,一定让他们免费看免费逛,收门票是最"短命"的行为。那我们赚什么钱?当然是游客在吃、住、购上面的钱。所以,如何为游客提供更有特色的吃、住、娱、购等服务,应当成为乡村品牌策划的题中要义。

六、传播:学会讲品牌背后的故事

从市场营销角度来看,可以通过两种方式提高品牌(或产品)的价值:一是流通,比如一斤白菜在农民的地里卖3毛钱,经过菜贩子运到农贸市场就变成了3块钱,进入大型超市也许成了5块钱;二是传播,比如彩色红薯最多5块钱一斤,但经过佬香翁红薯坊的网络传播,就变成了10块钱一个。对乡村品牌(尤其是休闲农业)来说,传播是提升其商业价值的最理想选择。

传播效果好不好,取决于渠道和内容。先说传播渠道,它分为口头传播、地推传播、传统媒体传播和新兴媒体传播。

口头传播很好理解,就是张三家的薄皮核桃味道好,吃过的左邻右舍赞不绝口逢人便夸,于是全村和全乡的人们都知道了。这种传播,很难到达更远的地方。

地推传播是地面活动推广传播的简称,指的是通过策划特别活动,或者参加专业会议、大型展会进行传播推广,比如武功县南可村的土织布参加杨凌农高会"一村一品"展览等。

传统媒体传播,主要是利用报纸、广播、电视等媒体进行传播。这个传播范围大,效果也可以,但成本比较高。

新兴媒体传播,指的是在互联网平台上,通过QQ、微博、微信、视频等方式扩散。从目前实际情况来看,这种传播的范围很广,效果很好,成本很低。需要特别说明,现在的传播格局正在发生深刻变化,传统媒体和新兴媒体正在逐步融合。以电视台为例,过去节目只能通过电视频道播出;现在除了电视播出,还可以在门户网站、官方微博、微信上播出,这就是所谓的"传统媒体与新兴媒体融合",也成为"融媒体"传播,这是未来传播的主流渠道。

互联网时代,传播渠道和平台很多,所有的品牌和产品都削尖了脑袋往上面挤。从另一个方面看,海量信息铺天盖地,每个人接收信息和阅读信息的精力有限,这就对传播内容提出了更高要求。

内容营销的本质,就是把自己的故事用别人喜闻乐见的方式表达出来。人的大脑喜欢有情节的东西,当看到一出好戏、一篇好新闻,会产生情绪上的反应,这是大脑接受资讯后开始产生的刺激,故事对大脑的影响就好比"迷幻药"。消费者喜欢听故事,是因为故事开辟了品牌与消费者新的沟通方式,双方不再是买卖关系,而更像讲述者与倾听者。

所以,我们要学会讲故事。每一个品牌背后,都会有一个动人的故事,乡村品牌也不例外。马嵬驿民俗村讲述的是杨贵妃和唐玄宗的凄美爱情故事,广西巴马县讲述的是长寿村里百岁老人的故事,"土豆姐姐"讲述的是陕北女子冯小燕大漠种土豆的故事,"褚橙"讲述的是褚时健 75 岁包山种"励志橙"的故事……借力故事开展品牌营销,成本未增加,效果却事半功倍。

乡村品牌故事又可以分为创业故事、历史故事、情感故事、风格故事、细节故事等等,故事的类型多种多样,永远讲不完,但记住:再好的故事,讲多了都会变成白开水,要学会的是讲故事的方法,而不是故事本身!

总之,把乡村做成品牌,让全村百姓从品牌中受益,应成为每一位"村官"的使命和荣誉。再没有什么使命,比带领一个村庄走向繁华更光荣;再没有什么事业,比团结全村百姓共圆致富梦想更崇高!

现代蔬菜产业体系建设

西北农林科技大学教授　李建明

一、产业发展分析

(一)陕西蔬菜产业发展概况

1. 蔬菜产业发展现状

2011年全省蔬菜播种面积668.1万亩,较"十五"末增长29.3%,总产1 257.6万吨,增长44.6%。全省全年蔬菜总产值已突破221亿元,较"十五"末增长102%。2009年全省设施蔬菜总面积达161万亩,较"十五"末增长28%。总产值达177亿元,增长68.1%。2010年新建设施农业25万亩,2011年新建设施蔬菜25万亩,其中日光温室5万亩、大棚20万亩。到2011年末,陕西设施蔬菜总面积已达214万亩。

陕西设施蔬菜产业快速发展主要原因是2009年省政府下发的文件,文件要求在短时间内建设百万亩设施蔬菜工程。当年全省就完成20.05万亩。目前,陕西蔬菜规模化发展已经初步形成,百亩以上集中连片设施蔬菜基地已有777个,千亩以上集中连片的基地有79个,万亩以上的集中连片基地共有7个,这些都为陕西设施蔬菜产业化发展奠定了基础。

种植作物种类以蔬菜为主,另外还有果树和花卉。蔬菜中番茄面积最大,约占日光温室总面积的40%以上,其次为黄瓜、辣椒、茄子。大棚种植的果蔬主要有西瓜、甜瓜、菜花、甘蓝、番茄等。

2. 生产发展水平

同国外相比较,目前陕西省蔬菜单位面积产量、无公害产品比例还相对较低。每亩黄瓜平均产量为1万~2万公斤,最高产量2万公斤,而发达国家每亩黄瓜产量一般为6万公斤,最高达8万公斤。造成这一差距的主要原因是我国温室设施结构相对简陋,抗灾能力较差,机械化、自动化控制能力较弱。

3. 存在问题

(1) 温室结构设计或建造不合理,保温性差、抗灾害能力弱。主要表现在两个方面:一是温室设计不科学,二是建造不规范。设计上的不科学首先表现在温室墙体厚度与结构不合理,砖墙结构的温室贮热层厚度不够,土墙结构排水设计不科学;其次是温室后屋坡长度不够或者是角度不科学;再次是温室的跨度和下挖深度不科学。在陕北应该下挖较大深度,关中以 50 cm 为宜。温室建造不规范的问题主要表现在土墙夯实程度不够、立柱立向不科学等。

(2) 蔬菜产品质量相对较低,难以适应国内外市场需求。从发展的角度看,近年来,尽管蔬菜外观品质已较过去有了很大的提高,但仍未能赶上市场变化的节奏,在花色品种、时令、营养成分以及无污染产品的开发上,与消费者需求仍然存在相当大的差距。尤其是在人们饮食追求营养、安全、绿色的新理念下,蔬菜生产仍然停留在过去的种菜模式上。特别是远郊农区,生产上大量应用生长调节剂、农药使用不合理、化肥使用不当、栽培管理措施滞后等,都严重影响了蔬菜产品的商品品质、营养品质、风味品质及安全卫生品质,降低了商品价值。

(3) 蔬菜单产水平相对较低,管理水平不平衡。近年来,蔬菜栽培技术水平有明显的提高,并创造了许多高产典型。但省内地区之间、同地区不同农户之间、高产与低产的农户之间差距较大,发展不均衡的问题十分突出。由于各地在蔬菜质量标准体系建设方面严重滞后,农户对不利气候和复杂的市场应变能力不强,产出比差异较大,严重影响了产业化的进一步发展。

(4) 蔬菜单位面积生产效益相对价偏低。与发达国家相比较,陕西省蔬菜产量还相对较低,由于生产成本的不断上升,生产效益还有待提高。

(5) 组织化程度低,市场信息服务滞后,缺乏大型的加工和流通企业。全省蔬菜专业合作社比例较低,即使有合作社的村庄,合作社的作用主要体现在集体购买生产资料享受批发价的优惠,生产仍然是农户自己安排,依靠大大小小的批发市场销售。所以,虽然是合作社,但是农户生产经营很松散,抵御市场的能力有限。受市场环境、流通秩序和信息服务等还不够完善等多种因素的限制,市场对生产的引导作用发挥有限,菜农由于缺乏供求信息的引导,难以预测蔬菜产销趋势。随着我国交通、信息业的发展,蔬菜产品的国际市场化和国际大流通已形成。市场竞争不仅是本地、本省的竞争,更多的是国内大市场、国际大市场的竞争。陕西蔬菜生产体制多是在家庭承包基础上的一家一户的小生产,农户的组织化程度低。而且大部分为多种经营,种类不确定,随意性大,造成蔬菜种类、产品数量、质量稳定性差,很难适应市场要求,形成小生产经营模式与大市场运作模式之间的矛盾。加之技术推广服务体系不能适应市场发展的需要,产业链条简单,结构松散,社会化服务水平不高,没有形成紧凑的利益共同体和有机协调的运行机制,严重制约了产业发展。

(6)蔬菜采后处理技术薄弱,加工水平低。陕西蔬菜产业的产品质量、包装材料及营销手段比较落后,特别是产后处理水平薄弱,加工水平较低,半成品菜、成品菜、名牌菜的数量很少。产品无质量标准,多数停留在筐装、麻袋装水平上,极不适应人们消费水平的提高和快节奏生活的需要。现有的 50 多个加工厂的加工产品种类单调,加工水平处于粗加工阶段,多数蔬菜加工企业处于半年生产、半年停产状态,转化升值不高,设备利用率低。

(二)产业发展前景

1. 市场分析

虽然陕西蔬菜生产水平与发达省份比相对落后,但面对省内和西北地区市场,以日光温室为主的蔬菜生产仍有一定的发展空间和竞争力。线辣椒、芦笋、大葱、洋葱等地方特色加工蔬菜产品在国际、国内仍有着极强的竞争力和发展前景。

(1)日光温室蔬菜。1994 年以来,陕西日光温室蔬菜生产一直保持着较快的发展速度,2000 年后在关中北部和陕北地区发展进一步加快。陕西日光温室蔬菜生产与甘肃、青海、新疆、内蒙古、山西、湖北等省区相比,具有较强的自然资源优势和技术优势,加之市场需求巨大,满足省内市场,辐射西北、内蒙古、湖北、山西等省区,将是陕西今后较长一个时期日光温室蔬菜业发展的方向。目前,我省设施蔬菜发展、特别是日光温室蔬菜的供应,尚不能满足本省蔬菜在寒冷季节的需要,发展空间较大。

(2)特色蔬菜。陕西省的特色蔬菜主要有线辣椒、芦笋、胡萝卜及太白山的夏季蔬菜。

辣椒是人们生活中重要的调味品和蔬菜,全世界三分之二的国家种植和食用辣椒,种植面积达 2 100 多万亩,产量 880 多万吨。我国每年辣椒种植面积 250 万亩左右,产量居世界第一,也是出口辣椒最多的国家。线辣椒又称"秦椒",为我国独有,是陕西省传统的特色产品,在国际市场中被誉为"椒中之王"。与国内南方各省和东南亚各国相比,陕西线辣椒产业具有品种、品质等多方面的优势。秦椒以"身条细长、皱纹密细、色泽红亮、辣味鲜美"的特点深受国内外市场和消费者喜爱,内销四川、湖南等国内 20 多个省(区),外销新加坡、马来西亚和欧美市场。据调查,陕西辣椒面积、产量、内销和外贸出口量均居全国第一,出口量约占全国出口总量的 40%~50%,商品量占全国市场交易量的 20%。

作为重要的加工蔬菜品种,陕西从 20 世纪 80 年代初开始在渭河、洛河沿岸的周至、大荔、华县等少数地区零星种植芦笋。20 世纪 80 年代以后,中国芦笋生产迅速发展,到 90 年代中期已成为世界第一生产、加工大国。90 年代中期以后,中国芦笋产业从东南沿海主产区向北方内陆地区迅速转移,陕西芦笋生产以渭南市为主,规模快速扩大。从国际市场看,芦笋是长销不衰的世界十大名菜之一,具有极高的营养和保健功能,欧、美、日等发达国家生产减少,主要依赖进口,而且需求量每年以10%的速度递增;从国内市场看,芦笋消费广泛地被城乡居民接受,国内消费量近年猛增。日益扩大的国内、国际市场对芦笋产业发展有着较大的拉动作用。与欧洲、日本等国及东南沿海芦笋生产省份相比,陕西芦笋产业具有以下优势:一是陕西属芦笋新产区,病虫害少,产品质量上乘;二是种植成本低。芦笋产业作为一种劳动密集型产业,在发达国家生产逐渐减少,产量逐步下降。陕西芦笋生产由于技术不断成熟,劳动力成本低,因此具有较大的价格优势;三是芦笋生产的产业化程度较高。目前芦笋主产区渭南市已有芦笋加工厂4个,年加工能力3.5万吨,产品以芦笋罐头制品为主,速冻青笋产量也逐步增加。陕西芦笋产品80%以上出口欧美市场,出口量随生产规模扩大逐年增加。

2. 比较优势分析

(1)自然与地理环境优势。陕西地处黄河中游,南北横跨8个纬度,兼有温带、暖温带及亚热带3种气候类型,在全国绝无仅有。陕北黄土高原属温带干旱、半干旱气候区,光照资源丰富,气候干燥,昼夜温差大,为蔬菜瓜果糖分积累创造了有利条件,是发展设施农业的适宜区之一;关中平原属暖温带半干旱、半湿润气候区,交通便利,热量资源充沛,是我国承东启西的重要门户,为陕西蔬菜生产的重要产区;陕南秦巴山地和四川盆地属亚热带湿润、半湿润气候区,水资源丰富,兼有南北两大气候特点,品种资源尤其是野生蔬菜资源堪称全国之首,是多种蔬菜作物的最佳适宜区。陕西各具特色的三大自然气候区,从北到南气候渐暖,生长期变长,太阳辐射量自南向北增加,南北相差209~250.8 J/m^2。复杂多样的气候区带和山、川、塬、滩等复杂多变的地形地貌特征,为蔬菜排开播种、周年均衡上市创造了最佳的生态条件。陕西地处欧亚大陆桥中段,是重要的东西方商贸往来通道,铁路、公路、航空建设发展迅速。全省"米"字形高速公路网的建成,为陕西蔬菜产业大发展提供了便利的交通条件;国家西部大开发战略的实施和退耕还林(草)工作的推进,为陕西蔬菜产业大发展奠定了良好的基础。

(2)丰富的种质资源及形式多样的栽培方式。陕西蔬菜资源独具特色,现有蔬菜栽培种类13类97种823个品种。繁多的种类和丰富多样的品种资源,为蔬菜新品种选育提供了丰富的遗传种质。陕西一些驰名中外的名、特、优蔬菜在国内外市场享有盛誉。

露地栽培、设施栽培、软化栽培、无土栽培形式多种多样。目前,陕西境内有技术集成度高、调控性好的现代化连栋温室30余处,面积约40 hm^2,主要有荷兰、日本、美国等温室结构。陕西已经成为西北地区连栋温室结构面积最大的省份。近几年,日光温室和塑料大中棚为主的设施蔬菜在陕西省发展较快,截至

2009年底,面积近16万公顷,成为农民脱贫致富的首选项目。具有陕西特色的地方露地菜由于投资少,面积稳中有升,达38.3万公顷,成为陕西省农民增收的新亮点。一块高山菜地就是农民的一个聚宝盆,一座日光温室就是一个绿色加工厂。目前,陕西的蔬菜产区面积更加集中,蔬菜大县不断增多,区域布局更趋合理,产业聚集优势更加明显。各主要产区都在最大限度地发挥自己的气候优势、区位优势,积极发展本地的优势蔬菜生产,力争扩大市场份额。

(3)雄厚的科技实力和众多的科研成果。国家唯一农业高新技术产业示范区——杨凌农业高新技术产业示范区位于关中中部,聚集着大量的农业科技人才。区内的西北农林科技大学、杨凌职业技术学院拥有全国一流的农业科研仪器,有对蔬菜进行产前、产中、产后研究和技术指导的各类科研、教学、技术推广的专业人员200多人;陕西各地市直接从事蔬菜研究和技术推广人员及种菜能手近2 000余人。这些技术人才活跃在三秦大地,促进了蔬菜产业发展。

陕西在白菜、西瓜育种技术方面处于国内领先水平,研究人员先后培育出拥有自主知识产权的优质、抗病新品种(白菜、番茄、辣椒、黄瓜、甘蓝、西瓜、大蒜、食用菌类、洋葱、韭菜、草莓等)50余个,许多品种成为全国知名品牌。在大棚蔬菜栽培技术、蔬菜病虫害发生机理与综合防治技术研究方面取得了显著成绩。在国内外优良品种引进和地方特色品种资源繁殖、保存、利用、研究、开发以及种子分级、包装技术研究等方面取得一批标志性的成果,这些成果对促进产业可持续发展起到了积极的作用。

二、标准化生产技术

(一)设施蔬菜茬口安排和优良品种推荐

依据杨凌蔬菜栽培实际,推荐蔬菜栽培品种及生产茬口安排,建议菜农根据当地实际灵活掌握利用。

1.温室蔬菜茬口和推荐品种

(1)秋冬茬:生长期一般在7—12月或次年1月,可安排番茄、黄瓜、芹菜、礼品西瓜、甜瓜等作物,品种选择以抗病毒病和耐前期高温为主。

①番茄:7月上旬育苗,8月上旬定植,10月上旬始收,12月下旬终收。推荐品种:东圣808、金棚11号、西农2011。

②黄瓜:8月上旬育苗,9月上旬定植,10月上旬始收,12月下旬终收。推荐品种:津优35、津优38、津优303、津冬23、博耐13D、德尔1-1、德尔1-2。

③芹菜:7月下旬育苗,9月下旬定植,12月下旬至次年元月上旬收获。推荐品种:高犹他、日本西芹、文图拉。

④礼品西瓜:7月下旬育苗,8月上、中旬定植,10月下旬至11月上旬采收。推荐品种:玲珑王、福运来、早春红玉、墨童。

⑤甜瓜:7月下旬育苗,8月上、中旬定植,10月下旬至11月上旬采收。推荐品种:郁金香、西甜208、金蜜1号。

(2)冬春茬:生长期一般在9月至次年6月,可安排番茄、黄瓜、西葫芦等作物,品种选择以耐低温弱光为主。

①番茄:9月中、下旬育苗,10月下旬至11月上旬定植,2月上旬始收,6月上中旬终收。推荐品种:金棚11号、芬达、普罗旺斯;樱桃番茄推荐品种:千禧、红玉、秀女。

②黄瓜:10月上旬以黑籽南瓜做砧木嫁接育苗,11月上中旬定植,12月下旬始收,5月终收。推荐品种:博耐13C、博耐3000、津优30、德尔77。

③西葫芦:10月上旬育苗,11月上旬定植,12月中下旬始收(喷防落素保花)。推荐品种:冬玉。

(3)早春茬:生长期一般在2—7月,可安排番茄、黄瓜、辣椒、茄子、礼品西瓜、甜瓜、西葫芦等作物,品种选择以早熟为主。

①番茄:12月上中旬育苗,2月上中旬定植,4月中下旬始收,7月中下旬终收。推荐品种:金棚11号、芬达、普罗旺斯、东圣808。

②黄瓜:1月上旬育苗,2月上中旬定植,3月上中旬始收,6月下旬终收。推荐品种:津春3号、津优3号、津绿3号、德尔SW—1、德尔1—1、德尔1—2;小黄瓜:迷你2号。

③辣椒:1月上旬育苗,2月下旬至3月上旬定植,4月下旬始收,6月下旬终收。推荐品种:洛椒30号、37—72、陇椒2号。

④西瓜:12月中旬育苗,2月中下旬定植,5月中下旬上市。推荐品种:早春红玉、玲珑王、嘉年华、墨童。

⑤甜瓜:12月中旬育苗,2月中下旬定植,5月中下旬上市。推荐品种:西甜208、天玉1号、鑫福999、超甜8号、永航2008(薄皮)。

⑥茄子:12月下旬育苗,2月上中旬定植,4月中下旬始收,7月上旬终收。推荐品种:美引长茄、安德烈。

⑦西葫芦:1月上中旬育苗,2月上中旬定植,3月上旬始收,5月中下旬终收。推荐品种:冬玉。

2.大拱棚蔬菜茬口和品种推荐

(1)秋延茬:生长期在6—11月,可安排番茄、黄瓜、芹菜、菜花等作物,品种选择以抗病毒病和耐高温为主。

①番茄:6月上旬遮阴育苗,7月上旬定植,8月下旬始收,11月中旬终收。推荐品种:东圣808、金棚1号。

②黄瓜:7月上旬育苗,8月上旬定植,8月下旬始收,11月中旬终收。推荐品种:津优35、津优38、津优303、津冬23、博耐13D、德尔1－1、德尔1－2。

③芹菜:6月下旬遮阴育苗,8月下旬定植,11月中下旬收获。推荐品种:高犹他、日本西芹、文图拉。

④菜花:7月下旬至8月上旬育苗,9月上旬定植,11月中下旬采收。推荐品种:瑞士雪球、法国雪球、绿菜花。

(2)早春茬:生长期一般在3—7月,可安排番茄、黄瓜、辣椒、茄子、礼品西瓜、甜瓜、西葫芦等作物,品种选择以早熟为主。

①番茄:1月上中旬育苗,3月上中旬定植,5月中下旬始收,9月中下旬终收。推荐品种:金棚1号、芬达、普罗旺斯、东圣808。

②黄瓜:2月上旬育苗,3月上中旬定植,4月上中旬始收,7月上中旬终收。推荐品种:津春3号、津优3号、津绿3号、德尔SW－1、德尔1－1、德尔1－2,小黄瓜:迷你2号。

③辣椒:2月上旬育苗,3月下旬定植,5月下旬始收,7月下旬终收。推荐品种:洛椒30号、37－72、陇椒2号。

④西瓜:1月中旬育苗,3月中下旬定植,6月中下旬上市。推荐品种:早春红玉、玲珑王、嘉年华、墨童。

⑤甜瓜:1月中旬育苗,3月中下旬定植,6月中下旬上市。推荐品种:西甜208、天玉1号、鑫福999、超甜8号、永航2008(薄皮)。

⑥茄子:1月下旬育苗,3月上中旬定植,5月下旬始收,7月上旬终收。推荐品种:美引长茄、安德烈。

⑦西葫芦:2月上中旬育苗,3月上中旬定植,4月上旬始收,6月中下旬终收。推荐品种:冬玉。

3.茬口安排原则

以上列举了设施蔬菜的主要茬口和种植种类,温室一般是秋冬茬、早春茬、冬春茬,大拱棚是早春茬、秋延茬。在茬口和作物种类选择上应根据自身生产水平、市场预期以及前后茬作物大类不同的原则决定。

(二)设施番茄高产栽培技术

1.品种选择

应选择抗病性强,品质优良,商品性符合当地或销售地消费习惯,较耐贮运的品种。冬、春栽培还应选择耐低温、耐弱光的品种。拱棚栽培一般选用有限生长型的早熟品种,如西粉3号、秦粉2号、东农704、苏粉2号等品种。温室栽培一般选用无限生长型的中晚熟品种,如金棚11号、西农2011、普罗旺斯、樱桃番茄选用千禧、红玉、秀女等。

2.育苗

(1)种子准备

①种子质量及用量

种子质量应符合国家二级以上种子标准,纯度不低于95%,净度不低于98%,发芽率不低于85%,水分不高于7%。栽培667 m² 面积,常规育苗需种量40～50 g,穴盘育苗需种量20～30 g。

②种子消毒与浸种

可采用温汤浸种或药剂处理消毒。温汤浸种的方法是:用55℃温水浸种,不断搅动并加热水保持恒温10～15分钟,加入冷水使水温降至30℃以下,浸泡6～8小时后,捞出种子洗净催芽。药剂消毒的方法是:先将种子用25～30℃的温水浸泡25～30分钟,再放入10%磷酸三钠溶液中,常温下浸种20分钟,捞出种子洗净,再用清水浸泡种子6～8小时后催芽。

(2)催芽

经浸泡的种子用纱布袋盛装,置于25℃条件下,保湿催芽,催芽期间,每天用清水淘洗1～2次种子,待有70%以上种子露白时即可播种。

(3)苗床准备

冬春育苗在温床或温室中进行,夏秋育苗在露地进行,需遮阴降温。每栽培667 m² 面积,需播种床4～6 m²,分苗床40～50 m²。

(4)培养土配制及消毒

①培养土的配制

培养土要求肥沃、疏松、营养完全、清洁卫生、无污染。培养土应含全氮0.8%～1.2%,速效氮100～150 mg/L,速效磷高于100 mg/L以上,速效钾高于100 mg/L以上,总孔隙度60%左右,pH值为6～7。

培养土一般用5～6份未种过茄果类蔬菜的疏松肥活园土,与4～5份充分腐熟的圈肥或堆肥等混合而成,土与有机肥均需过筛。如果土壤黏重可加入适量细河沙,如果速效氮、磷含量低于50 mg/L,每方培养土可加尿素0.25 kg左右,过磷酸钙2～2.5 kg。

②培养土的消毒

A.福尔马林消毒:一般用0.5%的福尔马林溶液喷洒培养土,拌匀后堆积并用塑料薄膜密封5～7天,然后撤除薄膜,待药剂挥发后再使用。

B.农药消毒:可用50%代森锌200～400倍液喷洒,每平方米床面喷洒药液2～4 kg;或用65%的代森锌粉剂,每立方米培养土用药60 g,或505的多菌灵粉剂,每立方米培养土用药40 g,混合拌匀后用塑料薄膜覆盖2～3天,然后撤除薄膜,待药味挥发后使用。

C.蒸汽消毒:在有条件的地方用蒸汽将床土加热到90～100℃,处理约30分钟,降温后即可使用。

(5)播种

采用落水播种法,即在填好培养土的播种床灌足底水,水下渗后撒一薄层细干土后撒播种子,然后覆盖0.7～1.0 cm厚的培养土。每平方米苗床播种量10～15 g,夏季育苗一般不分苗,播种量应适当降低。

(6)苗床管理

①播种床管理

播后提高床温,促进出苗,白天苗床气温25～28℃,夜间18～20℃;出苗—破心(第一片真叶显露)后,降低床温,防止下胚轴徒长,白天15～20℃,夜间10～12℃;当破心出现2、3片真叶,白天气温提高到20～25℃,夜间10～15℃。通过揭盖草帘的迟早和通风调节苗床温度,夏季育苗可通过使用遮阳网降低苗床温度。

冬、春季育苗,播种床幼苗生长主要靠底水,苗期一般不需补水。夏季育苗需根据苗床土壤湿度变化情况适量补水。

②分苗及分苗床管理

夏季育苗一般不分苗,通过间苗,保持苗距5～6 cm,待幼苗达4～5片真叶时定植。

冬、春季育苗需进行分苗,以加大幼苗的营养面积。幼苗达2～3片真叶时,最晚在3～4片真叶时分苗。可在苗床开沟分苗,或在营养钵中分苗。开沟分苗的株行距为(8～10) cm×(8～10) cm;用营养钵分苗时,营养钵的上口直径为8～10 cm,每钵移植1苗。

分苗后的缓苗期(3～4天),需提高苗床温度,并保持较高湿度,以促进缓苗,白天床温25～28℃,夜间15～20℃。缓苗后至定植前5～7天,逐渐通风降温、降湿。白天床温22～25℃,夜间12～16℃。定植前5～7天,降低床温2～3℃,进行秧苗锻炼,增强秧苗的抗逆性。

③壮苗标准

冬、春茬栽培的秧苗,一般苗龄60～70天;株高23～25 cm,茎粗壮、节间较短,上下粗度一致;具7～8叶,叶片肥厚,叶色深绿,根系发达,无病虫害。

3.定植

(1)定植时期

拱棚秋延后和温室冬春茬定植期主要根据秧苗大小来确定,当秧苗达到壮苗标准时即可定植,为防高温影响,以下午高温过后定植为宜。

温室冬春茬、早春茬和拱棚春早熟栽培的定植期,则要根据秧苗大小和设施内的温度条件确定。当秧苗达到壮苗标准,且设施内5～10 cm地温稳定通过

10℃,即可定植。

(2)设施准备与消毒

新建设施必须提早建成。温室一般应提前一月建成,拱棚提前15天左右建成。旧设施必须提早修复。冬季和早春栽培时,设施需提前扣膜密封,高温消毒10～15天。

(3)整地施基肥

①深翻与施基肥

前作收获后,及时清除残株杂草,定植前30天左右深翻土壤30～40 cm,结合深翻施足基肥。

根据番茄的目标产量、单位产品需肥量和土壤肥力状况确定施肥量。一般中等土壤肥力(有机质2%～3%,全氮0.1%～0.13%,碱解氮80～100 mg/kg,速效磷70～100 mg/kg,速效钾100～130 mg/kg)条件下,冬春茬番茄每亩施优质厩肥8 000 kg,腐熟鸡粪2 000 kg,三元复合肥(N、P、K各含15%)80 kg。温室早春茬、拱棚春早熟、温室秋冬茬和拱棚秋延后栽培的基肥量应依次适当减少。

②整地作畦

一般于定植前10～15天整平地面作畦或作垄。北方地区设施栽培多进行垄栽。大架番茄品种实行宽窄行栽培,宽行垄距70～80 cm,窄行垄距50 cm。小架品种行距多为50 cm。垄底宽30～40 cm左右,垄高15～20 cm。

(4)定植密度

密度主要根据品种特性、整枝方式及单株留果数多少而定。温室冬春茬和早春茬多选用中晚熟品种,如果采用单杆整枝,定植行距60～65 cm,株距30～33 cm,每667 m^2 栽植3 300株左右;拱棚春早熟和秋延后栽培多选用早熟品种,一般行距40～50 cm,株距25～30 cm,每667 m^2 栽植5 000～6 000株。中晚熟品种如果采用连续摘心换头整枝,每667 m^2 栽植约2 200株左右。

(5)定植方法

秋季定植时,温度较高,采用明水定植,即按行株距栽苗后,大小行全面灌透水。冬春季定植时,温度较低,宜采用暗水定植法,即按行距开沟,顺沟灌水;按株距在沟内摆苗,水下渗后覆土封沟;栽苗后,在小行垄上覆盖地膜,如果土壤干燥,可在膜下小沟内轻灌一次定植水。

4.定植后的管理

(1)温度管理

定植后尽量提高温度,以利缓苗,不超过30℃不需放风,放风只宜在屋脊部开较小的放风口。缓苗后白天20～25℃,夜间15℃左右,揭苫前10℃左右,以利花芽分化和发育。

(2)光照管理

日光温室冬春茬番茄定植后正处在光照弱的季节,应设法提高室内光照强度。

增加光照强度的有效途径:一是温室覆盖的薄膜要选择透光率高的无滴防尘膜,每天揭开草苫后,擦净薄膜上的灰尘;二是在后墙处张挂反光幕,在保证温度的前提下,尽量早揭晚盖草帘或保温被。

(3)水分管理

定植缓苗后根据植株长势和土壤墒情考虑是否浇缓苗水。长势较旺,土壤水分比较充足不需浇水。如果长势不旺,土壤水分不很充足,易出现坠秧现象,可轻浇一次缓苗水。一般在第一穗果坐住,并已开始膨大时,浇一次催果水。以后根据植株生长发育状况、天气情况、土壤墒情进行灌水。一般3月份以前,每15~20天浇一次水。浇水要选择在晴天上午进行,灌水后注意通风排湿,追肥可结合灌水。冬季和早春温度低,多采用膜下灌溉。外温升高及加强放风后,在明沟中也要灌水。在果实膨大期每周灌一次水。

(4)追肥管理

肥料施用量必须按测土施肥要求量进行,施用的有机肥料必须腐熟,矿物肥料施用后必须无有害矿物残留。不能应用城市垃圾、污泥、工业废渣和未经无害化处理的有机肥。

一般在第一穗果坐住,并已开始膨大时,追一次催果肥,每667 m^2追碳酸氢铵25 kg或尿素10 kg,溶于水中,随水灌入地膜下的暗沟中。以后分别在第二、第三穗果膨大期各追一次肥,以腐熟的粪肥为佳,交替使用磷酸二铵、尿素,每667 m^2每次追肥量为15~20 kg。追肥结合灌水进行。

(5)植株调整

设施番茄栽培多采用单蔓整枝,即每枝只保留主枝,所有侧枝全部去除。无限生长型品种留5层果左右,摘心。

采用吊蔓栽培系统,即植株上方距畦面2.5 m(日光温室低些)处沿畦方向按行分别拉一道10号铁丝,每个植株上方用吊绳活动挂钩挂在铁丝上,挂钩可在铁丝上移动。采用单干整枝,当侧枝长至6 cm长时及时取掉。随着植株生长,把茎干缠绕在吊绳上。樱桃番茄不疏花疏果,普通大果番茄注意疏花疏果,每穗留3~5个果,多余花果及时去掉。喷花后7~15天,摘除幼果残留的花瓣、柱头及下部黄叶。

(6)保花保果

冬春茬番茄开花期遇到阴雨雪和灾害性天气时,温度偏低,光照不足,影响正常授粉受精,导致落花,需要用生长素处理。使用浓度及使用量不能超出标准,花期用30~50 mg/kg的防落素喷花保果。温度低时取上线,温度高时取下线。设施内最低温度稳定在15℃以上后,不再使用防落素喷花。不使用2,4-D喷花保果。

5.采收

采收期要根据市场情况确定。番茄是以成熟果食为产品的蔬菜,果实成熟大体分为4个时期,即绿熟期、转色期、成熟期和完熟期。在哪个成熟期采收,要根据运输条件来决定。

如果需要长途运输,可在绿熟期采收,运输期间不容易破损。后熟虽然能着色,但对品质有不良影响。销往较近地区可在转色期期采收,品质也较好。成熟期采收不耐贮藏运输,只能就地销售,或包装后近途运输。完熟期果肉已变软,含糖量最高,只宜作番茄酱或采种。

(三)西葫芦设施无公害栽培技术

1.栽培茬次

西葫芦设施栽培主要有温室栽培和塑料拱棚栽培。温室栽培有3个茬次,即秋冬茬、冬春茬和早春茬。塑料拱棚栽培主要为早春茬。杨凌西葫芦设施栽培主要栽培茬次安排见表1。

表1 西葫芦栽培方式与茬次安排

栽培方式	茬次	播种期	定植期	采收期	备注
塑料拱棚	春茬	2月上旬	3月上中旬	4月上旬至5月中旬	温床育苗
日光温室	冬春茬	9月下旬至10月上旬	10月下旬至11月上旬	12月下旬至4月底	温室育苗
	早春茬	1月上旬	2月下旬	3月下旬至5月中旬	温室育苗
	秋冬茬	8月中、下旬	9月下旬	10月中下旬至2月	露地播种后期覆盖

2.品种选择

宜选用抗病性强(主要抗病毒病、白粉病和灰霉病)、商品性符合当地消费习惯、坐果率高、丰产性好的品种。冬春设施栽培还应选择耐低温,耐弱光的品种。主要优良品种有早青一代、潍早1号、灰采尼、阿尔多利亚、吉美等。

3.育苗

(1)苗床准备

用温室或电热温床育苗。每栽培667 m² 面积需苗床面积20~25 m²,苗床宽1.3~1.5 m,长7~10 m。

(2)培养土配制

用非瓜类田园土 6 份,堆沤腐熟后的土杂肥 4 份,分别打碎过筛后混合均匀。并按每方培养土加入氮、磷、钾复合肥 1 kg,充分混匀后装入营养钵。

(3)营养钵

西葫芦用塑料营养钵育苗。营养钵上口直径 10~12 cm,高 10 cm。每栽培 667 m^2 需 2 000~2 200 个营养钵。

(4)种子准备

①种子用量

每栽培 667 m^2 需种子 300~400 g。

②种子处理

a. 温汤浸种。种子放入 55℃ 温水中浸泡 15 分钟,加入冷水,降至 30℃ 以下,再浸泡 4 小时。

b. 药剂消毒。可用 1% 高锰酸钾溶液浸种 20~30 分钟,或用 10% 磷酸三钠溶液浸种 15 分钟,以杀灭种子上的病毒。消毒后用清水洗净种子,再浸种催芽。

c. 浸种催芽。消毒后的种子用 25℃ 左右的水浸泡 4 小时,捞出种子,用湿布包起,放在 25~30℃ 处催芽。80% 种子芽长到 0.2~0.4 cm 时即可播种。

(5)播种

①播种时期

西葫芦育苗需要 30~40 天,播种期根据定植期向前推 30~40 天为宜。

②播种方法

冬季和早春育苗,选晴天中午播种。播种前先灌透营养土,水下渗后,每营养钵播 1 粒种子,播后均匀覆土 2.0 cm。

(6)苗床管理

①温度管理

播种后至子叶出土,白天床温 28~30℃,夜间 18~20℃,促进出苗;子叶出土至子叶展平,白天床温 20~25℃,夜间 10~15℃,防止下胚轴徒长;第一片真叶展开到定植前 7~10 天,白天床温 22~28℃,夜间 12~17℃,加快幼苗生长;定植前 7~10 天,床温降低 2~3℃,进行炼苗。

②水肥管理

育苗期间不追肥。秋冬茬育苗前期温度高,水分蒸腾量大,要适当补充苗床水分。冬季和早春育苗期间一般不需补水。

③其他管理

育苗期间要保持良好的光照条件,在保证温度的条件下,白天适时揭掉草帘,夜间加盖保温。并要适时通风,以调节苗床温度和降低空气湿度。

(7)壮苗指标

成苗具3～4叶,苗高10 cm左右,茎粗0.4～0.5 cm,叶色浓绿,叶片较小,叶柄长度相当于叶片的长度,无病虫害。

4. 定植

(1)定植时期

根据设施栽培的茬口安排、秧苗大小、设施内的温度条件确定定植期。秧苗达3～4叶,设施内5～10 cm地温达10～12℃时即可定植。

(2)整地施肥

定植前,每667 m² 施腐熟有机肥4 000～5 000 kg,并加施氮磷钾复合肥50 kg。结合施肥,提早深翻30 cm。定植前7～10天,整平地面并作垄。宽行垄距80～90 cm,窄行垄距60 cm,垄基宽40～45 cm,垄高15～20 cm。

(3)定植密度

每667 m² 栽苗1 800株左右株。大行距80～90 cm,小行距60 cm,株距50 cm。

(4)定植方法

温室秋冬茬和冬春茬采用明水定植,即按株行距栽苗后,大、小沟全面灌透水。温室早春茬、拱棚春茬以暗水定植为宜,即先按行距开10 cm沟,顺沟灌水,然后按株距摆苗、覆土。定植后在小行两垄上覆盖地膜。

5. 定植后管理

(1)温度管理

定植后缓苗期,拱棚、温室不通风,提高温度促进缓苗,白天25～30℃,夜间15～20℃。缓苗后至根瓜坐住,适当降低温度,促根控秧,白天20～25℃,夜间10～15℃。根瓜开始膨大后,适当提高温度,促进果实发育,白天22～25℃,夜间最低温度保持11～13℃。

(2)光照管理

设施栽培,白天适时揭去保温覆盖物,并擦净薄膜,提高透光率。阴天揭开保温覆盖物,棚室内温度不降到5℃,就要揭开见光。

(3)水分管理

定植缓苗后,如果温度较高,且土壤干燥时,可轻灌一次缓苗水。之后至根瓜膨大前一般不灌水。根瓜坐住后开始灌水。灌水量大小及间隔时间长短,要观察植株长势,还要根据天气情况进行。温室冬季灌水量要小,次数要少,约隔10～15天灌一水。晚秋和早春7天左右灌一次水。早秋和春夏季,灌水次数较多,约4～5天灌一水。冬季和早春宜灌小水,且采用膜下灌水。每次灌水后,结合温度调节及时通风,降低空气湿度。

(4)施肥管理

根瓜膨大至采收期,结合灌水追一次肥,以后约 10~15 天追一次肥,总追肥 4~5 次。每次追肥参考量为每 667 m² 追磷酸二铵 15 kg,或复合肥 30~40 kg,或粪肥 1 000 kg。

(5)保花保果

设施栽培中,因温度低及缺乏昆虫传粉,授粉不良,易造成化瓜。因此,必须进行人工授粉,促进坐果。人工授粉一般以上午 9~10 时最好,一朵雄花可授 3~4 朵雌花。

(6)植株调整

①吊蔓

矮生型西葫芦,在温室栽培条件下,生长期长,茎蔓可长达 60~70 cm,甚至更长。为使植株充分利用光能,提高产量和便于管理,必须吊蔓,使其直立生长。拱棚和露地栽培,可支 1 m 高的直立架固定植株。

②摘除老、病叶及侧枝

生长期及时摘除病叶、老叶及萌发的侧枝,以减少遮光、避免引发病害和过多消耗养分。

6. 采收

西葫芦以嫩果供食,必须适时采收。采收晚不仅品质降低,而且易导致上部化瓜。一般定植后 30~40 天即可开始采收,雌花开花后 10~15 天,单瓜重 0.25~0.75 kg 时采收为宜,基部瓜宜早采收。

7. 病虫害防治

(1)病害防治

西葫芦主要病害有病毒病、白粉病和灰霉病等。

A. 病毒病

①种子消毒。播种前用 1000 倍的高锰酸钾或 10% 的磷酸三钠溶液浸种 20~30 分钟,进行种子消毒。

②消灭病毒传播媒介。及时消灭田间蚜虫、白粉虱等病毒传播媒介。

③加强栽培管理。合理调节温度,适时灌水,防止高温干旱,控制发病条件。

④药剂防治。苗期和结瓜果初期是防治的关键时期。可喷洒病毒 A,病毒灵,抗毒剂 1 号等药剂。

B. 白粉病

①农业防治。合理灌水,加强通风,降低空气湿度。

②生物防治。喷洒 2% 农抗 120 水剂 200 倍液,每 667 m² 一次喷药液约 50 kg,每 7~9 天 1 次,连喷 2 次。

③物理防治。利用京 2B 膜剂或高脂膜 1 号,稀释 30～60 倍,喷洒叶片,形成保护膜。每 5～7 天 1 次,连喷 2～3 次。

④药剂防治。发病初期,可喷洒 0.2% 小苏打溶液,或 70% 甲基托布津 1 000 倍液,或 15% 粉锈宁可湿性粉剂 1 000 倍液,或 12.5% 速保利 2 000～3 000 倍液,交替喷洒。

C. 灰霉病

①农业防治。采用膜下灌水,宜在晴天上午灌水,加强通风,降低空气湿度;采取措施提高设施内温度,控制发病条件。及时摘除病叶、病果,带出室外深埋或烧毁。

②药剂防治。发病初期可用 50% 多菌灵 500 倍液,或 50% 农利灵 1 000 倍液或 50% 扑海因 1 000 倍液喷洒,药剂交替使用。也可用速克灵或百菌清烟雾剂熏烟,每 667 m^2 每次用药 200～250 g,于傍晚闭棚熏治。

(2) 虫害防治

西葫芦主要虫害有蚜虫、白粉虱等。

A. 蚜虫

①物理防治。温室拱棚采用防虫网隔离有翅蚜飞入,利用黄板诱杀,采用银灰色薄膜避蚜。

②药剂防治。可用 70% 的灭蚜松可湿性粉剂 1 500 倍液,20% 螨克乳油 1 500 倍液,50% 避蚜雾可湿性粉剂 2 000～3 000 倍液等喷雾防治。

B. 白粉虱

①农业防治。培育栽植"无虫苗",摘除带虫老、病叶,带出田外销毁。

②物理防治。使用防虫网、黄板诱杀。

③生物防治。在设施内人工释放白粉虱的捕食天敌草蛉或释放寄生性天敌丽蚜小蜂,3～5 头/株,每隔 10 天 1 次,共放 3～4 次。

④药剂防治。设施内用 22% 敌敌畏烟剂 0.5 kg/667 m^2,在傍晚密闭棚室熏杀成虫。或用 40% 绿菜宝 800 倍液、25% 扑虱灵可湿性粉剂 1 500 倍液喷雾防治,药剂交替使用。

休闲农业发展动态与开发模式

西北农林科技大学教授　刘天军

目前,我国已进入工业化、城镇化、市场化、国际化快速推进的发展阶段,农业和农村正发生重大而深刻的变化。随着经济社会的快速发展、科学技术的日新月异,农业功能不断拓展,内涵不断丰富,农业多种功能开始凸显。在农业的食物保障、原料供给和就业增收功能不断强化的同时,农业的观光休闲功能日益彰显。休闲农业是农业功能的延伸与拓展,是现代农业的重要组成部分。目前,我国休闲农业发展方兴未艾,前景十分广阔,亟须加强引导和扶持,使之走上健康发展的轨道。

一、休闲农业的概念、特征及功能

(一)休闲农业概念

休闲农业是指利用农村田园景观、自然生态环境资源,结合农林渔牧生产和经营、农村文化及农家生活,经过科学规划和开发设计,发挥农业与农村休闲功能,为游客提供观光、度假、体验、推广、示范、娱乐、健身等多项休闲需求,以增进城市居民对农业及农村的体验、提高农民收益为目的的农业经营形态。从广义看,休闲农业还包括休闲林业、休闲渔业、休闲牧业、休闲农家乐等。因此可以说,休闲农业是以农业为基础、以休闲为目的、以服务为手段、以城市游客为目标,农业和旅游业相结合、第一产业和第三产业相结合的新型产业。休闲农业是社会经济发展进入新阶段的产物,是农业多功能的拓展和延伸,是现代农业的组成部分。

(二)休闲农业的特点

1. 休闲农业是农业生产、农产品加工和游憩服务业三级产业相结合的新兴产业。
2. 休闲农业是体现生产、生活、生态和生命"四生"一体的农业经营方式。
3. 休闲农业所提供的休闲产品、休闲活动和休闲服务,具有服务业商品的特性。

4.休闲农业具有强烈的季节性,一年四季不同,有旺、淡季之分,无法连续生产。

5.休闲农业体现人与自然的和谐性,可以为游客提供亲近自然、回归自然的机会。

(三)休闲农业的功能

发展休闲农业是调整传统农业产业结构,加快农业产业化进程,增加农民收入的有效措施,是促进城乡统筹发展,解决"三农"问题,构建和谐社会主义新农村的重要途径。休闲农业具有以下几个方面的功能:

1.经济功能。休闲农业是农民就业增收的重要途径,有利于农村剩余劳动力的就地就近转移;是调整农村产业结构的重要方式,有利于农村经济的快速发展。

2.社会功能。休闲农业为都市居民与农村居民提供交流平台,有利于农村经济发展和农村面貌的改善;有利于促进农村社会的进步,缩小城乡差距。

3.教育功能。休闲农业可以为游客提供了解农业文明、学习农业知识、参与农业生产活动的机会,是融知识性、科学性、趣味性为一体的农业生态科普园地。

4.文化功能。休闲农业包涵农村民俗文化、乡村文化和农业产业文化,在为游客提供各种农村文化活动的同时,也能促进农村文化发展。

5.环保功能。休闲农业可以保护和改善生态环境,维护自然景观生态,提升环境品质,有利于生态系统良性循环。

6.游憩功能。休闲农业可以为游客提供观光、休闲、体验、娱乐、度假等各种活动的场所和服务,有利于放松身心,缓解紧张工作和学习的压力,陶冶性情。

7.医疗功能。休闲农业区具有优美的自然环境,新鲜的空气,宁静的空间,有利于调剂身心及养生保健。

二、我国休闲农业发展的背景及历程分析

(一)发展背景

我国休闲农业是在世界休闲农业成功发展的背景下,随着城市化进程的加快,居民可支配收入和闲暇时间的增加以及农村道路交通条件的改善,逐步发展起来的。

1.城镇化快速发展为发展休闲农业提供了市场空间。有关统计数据显示,目前我国城镇化率超过了50%,由于受到城市环境、生活和工作的压力,迫切需

要到郊外农村寻求新的休闲空间,欣赏田园风光、享受乡村情趣、回归大自然、陶冶情操。

2.快速发展的经济为发展休闲农业提供了经济基础。中国人均GDP超过了2 000美元。城镇居民家庭人均可支配收入达到1 310多美元,恩格尔系数也降到47.7%。根据国际经验,人均GDP达到1 000美元时,观光性旅游急剧膨胀,人均GDP达到2 000美元时,基本形成对休闲的多样化需求和多样化选择。人均收入达到3 000美元时,人们就有度假需求。20世纪90年代初至今,中国经济一直保持在7%以上的持续增长速度,为休闲农业发展提供了经济基础。

3.闲暇时间的增加为发展休闲农业提供了时间保证。休闲农业的发展是与人们日益增多的休闲时间相伴而生的,据统计,我国公众普遍享有国家法定假日全年114天(含周日)。其中,学生和教师则全年约140天,公务员及外企管理人员,全年约124天。再加上国家正在逐步推广的带薪休假制度,我们将有三分之一的时间在闲暇中度过,这些休闲假日时间的增加为发展休闲农业提供了时间保证。

4.农村交通条件的改善为发展休闲农业提供了有利条件。我国公路通乡率目前达到99.8%,公路通行政村率达到96%。而城市郊区的交通发展更快,有的地区已经与城市的主要交通网络连接在一起。而且农业休闲大多数是短途、短时休闲,目前城市私人汽车数量迅速增加,为其自驾外出郊区休闲提供了便利。

(二)发展历程

我国休闲农业兴起于改革开放以后,可以分为三个阶段:

一是早期兴起阶段(1980—1990年)。主要是靠近城市和景区的少数农村。根据当地特有的旅游资源,自发开展了形式多样的农业观光、农业节庆等活动,呈现单一的农村观光特点。

二是初期发展阶段(1990—2000年)。主要是靠近大、中城市郊区的一些农村和农户。利用当地特有的农业资源环境和特色农产品,开办了观光为主的观光休闲农业园,开展采摘、钓鱼、种菜、野餐等多种旅游活动,体现观光与休闲相结合的休闲农业的特点。

三是初具规模阶段(2000年至今)。主要是融合观光、休闲、娱乐、度假、体验、学习、保健等功能,加之各级政府的关注和支持,休闲农业初具规模,拓展了农业的综合功能。

三、我国休闲农业发展的现状及存在的问题

(一)发展现状

伴随我国改革开放进程的不断深化,我国城镇化进程不断扩大,尤其是大都市的涌现,城镇人口规模扩大,发展近郊都市型休闲农业成为必然趋势。截至2013年底,全国总人口达136 072万人,城镇人口73 111万人,占总人口比重为53.7%。快节奏的都市生活给人们带来巨大压力,为了缓解生活、工作和环境的压力,人们选择到农村旅游,欣赏大自然的无穷魅力,以休闲、旅游、娱乐为目的的短距离外出成为生活的重要部分。当然,人们的经济收入增长、空暇休闲时间充足、良好的交通道路环境也是休闲农业发展必不可缺少的因素。

目前,我国休闲农业发展态势良好,已形成初具规模。2.2万家休闲农业园区,180万家农家乐,年接待游客7亿人次,年经营收入达1 500亿元以上,带动2 000万农民从事休闲农业行业。经过近二十多年发展,我国休闲农业经营规模不断扩大,各项功能趋于完善,呈现多元化发展态势,经营内容丰富,促进了区域经济快速健康发展,成为当地社会经济发展的支柱产业。

同时,休闲农业也为促进转移当地农民剩余劳动力,提高农民经济收入,缓解社会城市资源需求压力,保护生态环境,发展消费方式的新业态,促进社会内需新兴产业发展,解决"三农"问题做出了积极贡献。

2004—2005年,国家旅游局组织专家、媒体机构、社会公益机构联合对全国1 000多家休闲农业旅游点进行示范点(基地)评定后,认定359家为国家休闲农业旅游示范点(基地)。如图3-1所示。

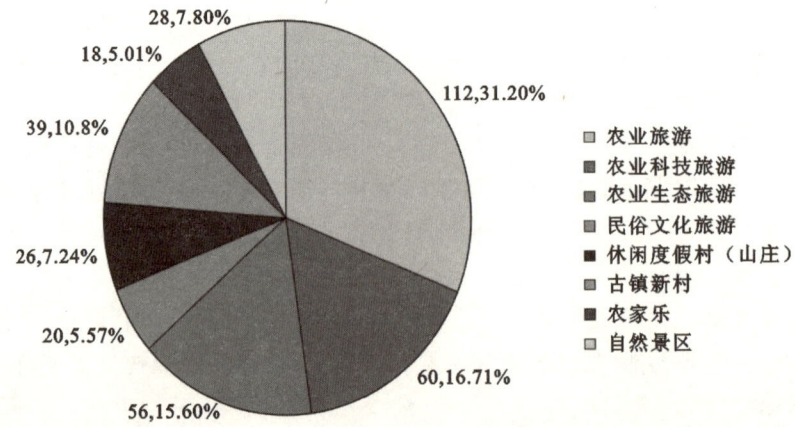

图3-1　2004—2005年度国家旅游局评定休闲农业旅游示范点类型图
注:本图数据来源于2004—2005年度国家旅游局休闲农业旅游点公示名单

(二)存在问题

1. 主管部门不明确,市场监管不完善

休闲农业是一种新兴产业,是各地经济发展过程中自发形成、快速发展起来的,但存在发展无序、建设重复、市场混乱,缺乏必要的规划论证和宏观管理、调控市场的基本规则,而管理体制不顺是最大的问题。休闲农业作为一个横跨农业、旅游业、服务业等多产业、多行业管理的新兴产业,其经营管理涉及农业、旅游、工商、质检、环保以及公安等多个政府部门。从休闲农业的注册登记、农业生产、旅游管理、总体规划、监督检查以及环境保护和治安管理等各环节,迫切需要政府主管部门发挥政府的经济调控职能,培育规范休闲农业市场,引导休闲农业的发展。避免客观上存在的谁都管,可又谁都不管的局面。

2. 特色不明显,发展不平衡

我国休闲农业发展兴起于改革开放以后,与世界其他国家和我国台湾地区相比起步较晚,但发展速度惊人,这主要依托于国内市场的拉动。正是因为初期的低成本、高利润促使"千军万马"搞休闲农业。一方面对休闲农业发展是一个很大的促进,另一方面,由于政府和经营者对休闲农业缺乏正确认识、整体规划、市场分析,使得休闲产品单一、缺乏特色,基础设施不完善,不同类型休闲农业定位的差异性小,同质化趋势严重。同时,休闲农业在全国范围内发展不平衡,多分布在东部经济发达省区、大城市郊区、著名景点周边以及特色农业地区。

3. 规划不科学,管理不规范

休闲农业基本上是以乡村企业、农民自主开发为主,近年来,一些地区的领导、经营者和农户急于发展经济,增加收入,凭着一股热情,没有做市场调查和投资分析,就利用现有农田、果园、牧场、养殖场一哄而上。使得项目设计趋同,布局不尽合理,功能不配套,市场定位不明确,缺乏个性化和文化内涵,简单仿效,粗放经营,在开发建设上随意性较大,存在着一定的无序性和盲目性。造成同一地区内项目功能雷同,互相竞争,效益低下,有的项目逐渐衰落乃至停业,甚至造成了生态环境和景观的破坏性开发。

4. 法规不健全、政策不明朗

目前,农民群众具有兴办旅游的积极性,但许多地方政府对发展休闲农业尚未制定优惠政策,税收、贷款、用地、工商管理、食品、卫生、安全保证等政策尚无明确规范,也没有制定全国性的休闲农业管理办法。没有政策,没有法规,就难于管理,也难以保证其健康、持续发展。

5. 资金投入不充足,政府扶持不到位

发展休闲农业虽是以利用当地农业资源和农业生产为基础,但搞好住宿设施、饮食设施、卫生设施、安全设施等建设需要大量资金的投入。然而,各级政府对休闲农业的扶持资金和政策不到位,乡村农民资金缺乏,休闲农业发展多数规模小、档次低、品牌单一,而高品位、高档次、多功能、知识型的较少,多数休闲农业区设施简陋、内容不够丰富,生态、文化内涵不高,社会影响力不大,知名度不高,缺乏吸引力,招商引资困难。因此,资金缺乏制约着休闲农业的发展。

6.人员素质不高、服务意识不强

目前,休闲农业经营管理人员大多是原来从事农业生产、加工、营销的农民,缺乏休闲业管理经验。服务从业人员大多是农民,从整体上来看素质仍然偏低,服务意识缺乏。因此,管理和服务难以满足市场对休闲高档次的服务要求,难以慰藉人们对休闲农业深层次的文化和生态内涵的心理渴求。

四、国外休闲农业发展的实践及经验

纵观各国发展休闲农业的实践,其发展历程、发展方向、组织形式、市场机制和效益等方面存在差异,呈现出休闲农业的不同发展模式。国外休闲农业发展典型国家包括法国、意大利、德国、日本、澳大利亚等,本文以法国、德国、澳大利亚三国为例,介绍各国休闲农业。

(一)法国休闲农业

法国休闲农业表现形式为乡村旅游为主,利用非营利性公益机构如行业协会、非政府机构的社会组织作用,在当地政府出台相关行业规范、技术标准、质量要求,促进乡村旅游业发展。农场经营作为乡村旅游中坚力量,发展了乡村客栈、特色农场、狩猎农场、露宿农场等主要形式,非营利性公益机构充分发挥行业约束作用,推进当地乡村旅游业健康快速发展。截至2012年底,法国拥有以乡村旅游经营为主的3万农民,其中约8 000户农民成为行业协会会员,法国每年约2 500万人选择乡村旅游作为度假方式,带动非农经济收入高达20亿欧元,占法国全国旅游收入的20%左右。

(二)德国休闲农业

德国休闲农业从20世纪30年代开始,发展为以"度假农庄"和"市民农园"为代表的两种度假型休闲农业。"度假农庄"侧重于游客与农庄人员同吃同住、共同劳作,体验农庄生活,欣赏田园风景,让游客融入农业生产生活中,感受人与自然的完美结合。政府鼓励农户发展"度假农庄",并给予享受免税优惠等政策。"市民农园"侧重于将土地规划成小块田地,出租给市民并收取一定租金,市民可以在土地上种植或经营家庭庭院,市民享受农业耕种和体验田园生活,接近大自然的乐趣。"市民农园"适应市民休闲要求,具有较强的生命力和发展空间,强调环境保护及休闲功能,提供绿色生态环境。在规范发展休闲农业方面,德国从国家政策层面予以指导。20世纪20年代,德国政府颁布《市民农园法》,是最早出台规范发展休闲农业的国家,促进了"市民农园"从生产导向型向生产、生活、生态多元一体方式转变。

(三)澳大利亚休闲农业

澳大利亚休闲农业依托澳大利亚葡萄产业发展优势,利用葡萄庄园农业景观资源,借助现代化酿造生产工艺,发挥葡萄酒文化内涵,开发休闲体验农业旅游产品,延伸产业链向第二、第三产业发展,带动餐饮、住宿、娱乐、购物等市场环境,提供特色优质服务,推进休闲农业发展,实现农业特色化与农业旅游有效结合,带动当地经济发展,发挥休闲农业社会、生态效益。澳大利亚官方统计数据显示,2012年澳大利亚休闲旅游吸引国内游客620万人,包括85万人次国外游客,实现经济收入高达158.9亿澳元。

(四)国外休闲农业发展经验

国外休闲农业发展充分立足本国国情,从历史文化、产业特色、市场需求等方面发挥资源优势,形成具有特色的休闲农业发展道路,并取得巨大经济、社会和生态效益,对国外休闲农业发展成功经验总结如下:

第一,政府通过出台行业法律法规,净化休闲农业发展环境。各国当地政府出台行业法律法规,政策文件等形式,逐步建立休闲农业行业法制体系。

第二,政府加大行业补贴扶持力度,促进休闲农业快速发展。政府通过财政预算规划,加大休闲农业行业投资力度,有效引导休闲农业不断可持续发展。

第三,行业协会制定行业发展规范标准,推动休闲农业科学发展。行业协会根据行业发展、现状及未来趋势,制定适应性行业标准,以提升休闲农业产品质量,引导经营者不断提高管理水平,建立行业会员与管理当局之间的沟通、发展平台,从而推进休闲农业科学发展。

第四,坚持市场引导,主导产业带动行业发展。休闲农业必须立足农业产业本身,促进产业布局优化,由传统农业向现代农业转变。

第五,优化资源结构,协调促进休闲农业产业市场化步伐。休闲农业侧重产业结构调整,更要不断优化资源结构,转化资源优势为经济优势,实现对环境资源的合理利用。

五、我国休闲农业发展的模式与经营类型

目前,我国休闲农业发展主要有以下七种模式30种类型:

(一)田园农业休闲模式

以农村田园景观、农业生产活动和特色农产品为休闲吸引物,开发农业游、林果游、花卉游、渔业游、牧业游等不同特色的主题休闲活动,满足游客体验农业、回归自然的心理需求。主要类型有:田园农业游、园林观光游、农业科技游、务农体验游。

(二)民俗风情休闲模式

以农村风土人情、民俗文化为休闲吸引物,充分突出农耕文化、乡土文化和民俗文化特色,开发农耕展示、民间技艺、时令民俗、节日庆典、民间歌舞等休闲活动,增加农业休闲的文化内涵。主要类型有:农耕文化游、民俗文化游、乡土文化游、民族文化游。

(三)农家乐休闲模式

指农民利用自家庭院、自己生产的农产品及周围的田园风光、自然景点,吸引游客前来开展吃、住、玩、游、娱、购等休闲活动。主要类型有:农业观光农家乐、民俗文化农家乐、民居型农家乐、休闲娱乐农家乐、食宿接待农家乐、农事参与农家乐。

(四)村落乡镇旅游模式

以古村镇宅院建筑和新农村格局为休闲吸引物,开发观光休闲。主要类型有:古民居和古宅院游、民族村寨游、古镇建筑游、新村风貌游。

(五)休闲度假模式

依托自然优美的乡野风景、舒适怡人的清新空气等等,结合周围的田园景观和民俗文化,兴建一些休闲、娱乐设施,为游客提供休憩、度假、娱乐、餐饮、健身等服务。主要类型有:休闲度假村、休闲农庄、乡村酒店。

(六)科普教育模式

利用农业观光园、农业科技生态园、农业产品展览馆、农业博览园或博物馆,为游客提供了解农业历史、学习农业技术、增长农业知识的旅游活动。主要类型

有：农业科技教育基地、观光休闲教育农业园、少儿教育农业基地、农业博览园。

(七)回归自然休闲模式

利用农村优美的自然景观、奇异的山水、绿色森林、静荡的湖水、发展观山、赏景、登山、森林浴、滑雪、滑水等旅游活动,让游客感悟大自然、回归大自然。主要类型有：森林公园、湿地公园、水上乐园、露宿营地、自然保护区。

表 3-1　我国休闲农业模式及类型

序号	模式	类型	典型代表
1	田园农业休闲模式	田园农业游	上海孙桥现代农业观光园
2		园林观光游	四川泸州张坝桂园林
3		农业科技游	北京小汤山现代农业科技园
4		务农体验游	广东高要广新农业生态园
5	民俗风情休闲模式	农耕文化游	新疆吐鲁番坎儿井民俗园
6		民俗文化游	山东日照任家台民俗村
7		乡土文化游	湖南怀化荆坪古文化村
8		民族文化游	西芷拉萨娘热民俗风情园
9	农家乐休闲模式	农业观光农家乐	四川成都龙泉驿红砂村农家乐
10		民俗文化农家乐	贵州郎德上寨民俗风情农家乐
11		民居型农家乐	广西阳朔特色民居农家乐
12		休闲娱乐农家乐	四川成都碑县农科村农家乐
13		食宿接待农家乐	江西景德镇农家旅馆
14		农事参与农家乐	陕西礼泉袁家村农家乐
15	村落乡镇旅游模式	古民居(宅院)游	山西王家大院和乔家大院
16		民族村寨游	红河哈尼族民俗村
17		古镇建筑游	山西平遥
18		新村风貌游	河南南街
19	休闲度假模式	休闲度假村	广东梅州雁南飞茶田度假村
20		休闲农庄	湖北武汉谦森岛庄园
21		乡村酒店	四川郫县友爱镇农科村乡村酒店
22	科普教育模式	农业科技教育基地	陕西杨凌农业科技农业观光园
23		观光休闲教育农业园	广东高明蒻雯教育农庄
24		少儿教育农业基地	山东寿光生态农业博览园
25		农业博览园	
26	回归自然休闲模式	森林公园	
27		湿地公园	
28		水上乐园	
29		露宿营地	
30		自然保护区	

六、我国休闲农业发展的对策和建议

针对目前我国休闲农业的发展状况和问题,特提出以下对策和政策建议:

(一)加强政府引导

发展休闲农业,可以充分利用青山绿水、蓝天白云的自然资本,满足人们精神文化需求,建设村容整洁的新农村,促进城乡物质和信息的交流,提高农民就地转移就业能力,增加农民收入。各级政府要充分认识到,大力发展休闲农业对建设社会主义新农村和现代农业、促进城乡和谐发展的重要意义,高度重视,采取有效的措施,积极引导休闲农业健康快速发展。各级行政主管部门,尤其是大中城市周边和风景名胜区周围的农业、旅游、林业、水利等各级各类行政主管部门都应该将发展休闲农业作为促进当地经济发展和新农村建设的一项重要措施和抓手,积极主动地把休闲农业发展列入新农村建设规划、摆上重要的议事日程。

(二)理顺管理体制

休闲农业作为现代农业的重要组成部分,是农民增收的重要渠道,应明确农业部作为主管部门,协调相关部门形成合力,降低政府管理成本,增加管理效果。建议由农业部牵头,会同旅游、林业、水利、工商等部门建立"全国休闲农业发展联席会议制度",制定促进我国休闲农业发展的政策,统一指导全国休闲农业的发展。各部门按照各自的职责分工,各司其职,避免出现职能交叉重叠、职责不清、责权分离、管理缺位等问题,为休闲农业的健康发展创造良好的外部条件。"全国休闲农业发展联席会议"办公室可以设在农业部发展计划司,成员单位由相关部门的主管司局组成,具体日常工作可以委托农业部农村社会事业发展中心协助办理。

(三)制定发展规划和相关标准

组织专家开展深入调查研究,全面了解休闲农业发展的基本情况,研究制定促进休闲农业发展的规划和引导发展的标准。一是根据我国各地区休闲农业发展的状况,制定国家发展休闲农业发展的规划,科学布局,分类指导,明确区域定位、功能定位、形态定位、市场定位,并由国务院授权农业部对外发布,促进全国休闲农业的发展。二是根据不同形式休闲农业的发展状况和特点,对我国的休闲农业进行系统的界定和分类。在突出不同地域、文化、人文理念和特色的前提下,由农业部制定相应的行业标准,积极引导并规范休闲农业科学、系统、可持续发展。

(四)加大扶持力度

休闲农业是在建设社会主义新农村的大背景下出现的一种新的现代农业产业化模式。新农村建设需要有新产业的支撑,需要有现代农业的支撑,需要有新型农民的支撑。所以,国家应该加大对休闲农业的政策和资金支持力度,把发展休闲农业作为新农村建设的一个重要抓手。

(五)加强理论研究

由于休闲农业是介于农业、服务业、旅游业之间,横跨第一产业与第三产业的新型产业形式,也可以称之为一种新的农业产业化模式,是发展现代农业的一种新的重大突破,因此要加强对这种新兴产业发展的理论研究。最近国内外已经出现了一些关于发展休闲农业的新思路、新探索和新思考,同时也出现了体验经济学、休憩产业、绿色GDP等新的理论研究成果。按照宏观经济学GDP发展对人们物质精神追求变化产生影响,恩格尔系数降低对休闲、养生需求的影响等相关理论,完全有可能从理论的角度对休闲农业的发展做出解释。因此,建议由农业部牵头,集中组织一批农业经济、旅游经济、休憩产业等方面的专家对发展休闲农业的理论进行系统分析和研究,探索指导休闲农业发展的理论依据和发展方向。

(六)建立农民利益保障机制

在休闲农业的发展过程中,如果农民不能成为产业发展带来的收益增加效应的收益主体,或者是主要受益群体,势必会严重挫伤农民对发展休闲农业的热情和积极性。过去一些农业观光园区建设都是由一些有资金实力的公司投资兴建,农民往往只能获得有限的雇佣劳动关系所得的微薄报酬。因此,建议在发展休闲农业时,一定要探索保护当地农民的合法权益的机制,按照"自愿、合法、有偿"的原则,鼓励农民以土地(包括果园、池塘、农业生产设施等)入股、以劳动入股,成为休闲农业园区和配套设施建设的股东和主人,实现按股分红,确保农民有合法和稳定的收益,才能提高农民对发展休闲农业的积极性,使休闲农业企业与农民心往一处想,劲往一处使,共同以主人翁的姿态促进当地休闲农业的发展。

(七)加强国际合作与两岸交流

发达国家及我国台湾的休闲农业起步早,已经取得了显著的成绩,也积累了一些经验,值得借鉴。为了提升我国休闲农业的发展水平,要积极推进国际合作和两岸交流,组织相关人员赴国外和台湾进行交流考察。

农产品质量安全现状与风险分析

西北农林科技大学教授　张建新

一、农产品质量安全现状

食品安全是人类生存与发展的最基本需要，也是一个国家稳定、社会发展和人民安居乐业的永恒主题。由于全球环境污染的日趋严重，世界人口的急剧增加，资源紧缺矛盾加剧，信息化快速发展使得公共安全包括食品安全透明度的不断扩大，加之食品科技自身的迅速发展以及人民大众对高质量生活愿望的不断提高，都给全球食品安全形势带来了新的挑战。

随着全球经济一体化的不断推进，食品贸易与日俱增，使得食品安全影响打破了国界的限制。人们在看到世界各地星罗棋布的中餐馆的同时，也看到肯德基和比萨饼、可口可乐和百事可乐遍及中国城乡；陕西、山东的浓缩苹果汁绝大多数出口到美国、欧盟以及日本等国家；中国人吃加拿大的小麦，用美国的大麦酿造中国啤酒；美国转基因大豆大批量销往国外，德国超市销售来自南太平洋岛屿的粗纤维食品，已经司空见惯。可见，一个国家的食品不安全就会直接影响到另一个国家或者更多国家的食品安全，甚至会造成全球恐慌。

食品质量和安全卫生问题的屡屡出现，已经成为全世界共同关注的焦点。20 世纪 80 年代以来，由食品而引起的重大安全事件不断发生，给人们的生活和社会稳定带来极大冲击。在国内外影响面较大的食品安全事件有：

1. 疯牛病

1986 年在英国发现，现在发病率每年仍以 23% 的速度增加，并从英国向西欧、全欧和亚洲扩散，受其影响的国家超过 100 个。20 世纪 90 年代其流行达到高峰，英国就有 34 万个牧场的 17 万多头牛感染此病，屠宰焚毁达 30 多万头。发病后主要表现为牛早老性痴呆，记忆丧失，震颤，神经错乱，最终死亡。英国自 1986 年公布发生疯牛病以来，仅禁止牛肉出口一项，每年经济损失就高达 52 亿美元。为杜绝和遏制"疯牛病"的蔓延，不得不采取宰杀行动，造成的经济损失 300 亿美元，几乎使英国的养牛业破产。2001 年德国因疯牛病导致卫生和农业部长辞职。这一事件造成的直接损失达 3.55 亿欧元,如果加上与此关联的食品工业,据估计经济损失达 13 亿欧元。

2. 二噁英

二噁英属于氯代环三芳烃类化合物,国际癌症研究中心已将它列为人类 I 级致癌物。为目前世界已知的中毒性最强的有毒化合物,"1 克二噁英可致 1 万人死亡"。1999 年在比利时、荷兰、法国、德国相继发生因二恶英导致畜禽类产品及乳制品污染的事件。人类过食用含有二噁英的畜禽食品,就有可能致癌,还可引起严重的皮肤病,甚至伤及胎儿。因"二噁英事件",比利时政府内阁倒台。

3. 大肠杆菌"O-157"

自 1996 年 6 月从日本多所小学发生集体食物中毒事件而发现元凶为"O-157"大肠杆菌以来,日本全国至当年 8 月患者达 9000 多人,其中 11 人死亡,数百人住院治疗,波及 44 个都府县。感染上大肠杆菌"O-157"的患者往往都伴有剧烈的腹痛、高烧和血痢,病情严重者并发溶血性尿毒症和脑炎,危及生命。"O-157"引起的食物中毒事件不仅在日本,而且在美国以及欧洲、澳洲、非洲等地也发生过。据美国疾病预防控制中心(CDC)估计,"O-157"在美国每年可造成 2 万人生病,250~500 人死亡。

4. 雪印事件

雪印乳业公司成立于 1925 年,其资信资格被日本证券评估公司评为 A 级,是日本最大的乳制品厂家。2000 年 6 月在日本关西等地区,食用雪印牌牛奶导致 14 500 多人患腹泻、呕吐,180 人住院治疗,厂家不得不对占牛奶市场总量 14% 的雪印牌牛奶进行产品召回,雪印公司的 21 家分厂停业整顿。

这是战后日本发生的规模最大一起食品中毒事件。大阪府公共卫生研究所证实,从患者饮用剩余的雪印牛奶中检查出了黄色葡萄状球菌,这种葡萄状球菌导致 A 型肠毒素滋生,该毒素可造成饮用者腹泻、呕吐及全身不适。大阪市政府根据日本《食品卫生法》,勒令雪印乳业公司大阪工厂"无限期停业"。

2001 年 9 月 10 日,日本确认国内第一头感染疯牛病的病牛。为防止疯牛病蔓延,日本农林水产省 10 月决定,由国家出资收购未经安全检查的国产牛肉。雪印食品公司下属的关西肉食品中心趁机派人到兵库县西宫冷藏保管中心,悄悄地将 13.8 吨澳大利亚产牛肉装进日本国产牛肉的包装盒、贴上国产牛肉标签,使这些牛肉摇身一变成了政府收购的国产牛肉,从中牟利。由于用进口牛肉冒充国产牛肉赚取昧心钱的丑事被曝光,该公司在 2002 年 4 月底被彻底关停解散,自作自受地为区区 900 万日元的"肮脏利润"付出了倒闭破产的惨重代价。

5. 上海甲型肝炎

1987 年 12 月至 1988 年 2 月,上海甲型肝炎暴发性流行事件,导致 28 万市民染上肝炎。经过农业部9个多月的调查,发现该病的直接原因是部分市民生食毛蚶、牡蛎、蛤蜊、蚝芽等水产品。

6. 山西假酒

1998年2月,山西省朔州、忻州、大同等地区连续发生多起重大假酒中毒事件,有200多人中毒,其中27人死亡。国家规定,食用酒精中甲醇残留量不能超过0.4 g/L。而此次查获的山西假酒甲醇含量高达361 g/L,散装白酒甲醇含量严重超标(超过国家标准902倍),已与毒液无异。

7. 蔬菜甲胺磷残留

1999年1月,广东省46名学生食物中毒;同年6月,某省一医院接受了34人中毒事件,中毒原因都是食用含有甲胺磷农药残留的"蔬菜"。以广东省为例,仅1995年就发生蔬菜农药中毒80起,中毒人数达1874人。同年8月,某市一家企业发生17名职工中毒的事件;同年10月,某市某公司的37名职工中毒。据有关部门检测证明,上述这些中毒事件都与吃了含有过量甲胺磷农药残留的"毒菜"有关。

8. 假奶粉事件

2004年4月安徽阜阳"假奶粉事件"。劣质奶粉事件造成171名婴儿出现营养不良综合征,其中13名婴儿死亡。据国务院调查组成员、卫生部卫生执法监督司副司长苏志介绍,劣质婴儿奶粉主要是以各种廉价的食品原料如淀粉、蔗糖等全部或部分替代乳粉,再用奶香精等添加剂进行调香调味制成的,并没有按照国家有关标准添加婴儿生长发育所必需的维生素和矿物质。因此,从内在质量的检验结果来看,其营养素含量根本不符合国家有关规定,用这样的奶粉喂养婴儿,将会严重影响婴儿的生长发育。这次调查认定,劣质奶粉中蛋白质等营养素全面低下是造成婴儿患病的重要原因,特别是在农村和偏远地区对婴儿的危害相当严重。最后经卫生部、中国疾病预防控制中心和北京市预防疾病控制中心对回收奶粉进行的检测结果表明,多数奶粉蛋白质、脂肪含量严重不足,微量元素钙、铁、锌等含量极低,产品标示的使用方法不准确。总体上看,本次回收奶粉大多数为不合格产品,产品的各种营养素全面低下,有的甚至完全没有营养,属于假奶粉。

近几年还有"瘦肉精""苏丹红""三聚氰胺""毒豇豆"等重大食品安全事件,对人们的食品消费和安全健康造成了严重影响,也严重影响了食品行业在人们心目中的形象,从而在社会上出现了"吃动物怕激素,吃植物怕毒素,喝饮料怕色素,能吃什么心中没数……"对食品安全形势的不满,尤其是2008年出现的"三鹿奶粉"事件,又一次将中国的食品安全问题推向了风口浪尖,引起食品行业的

"8级大地震",人们担忧今后"还能吃什么"?

虽然发生了大大小小的食品安全事件,但从国内外食品安全总体情况看,食品生产与加工的质量安全水平比过去有了明显的提高,食品品种丰富、产品五花八门、食品货架琳琅满目,满足了人们生活的需求。就中国食品安全问题来看,尤其是改革开放30多年来,食品质量安全总体水平稳步提升,食品安全与卫生状况总体上还是好的,占主流地位,但也出现一些不可忽视的问题。从国家食品质量安全监督抽查结果来看,食品合格率呈逐年提高,全国食品合格率从15年以前的50%～60%,已经提高到目前的90%左右。如2007年上半年,全国31个省、自治区、直辖市食品平均合格率为89.2%,其中有14个省达到90%以上,充分说明食品安全一年比一年好。

据《中国的食品质量安全状况》白皮书(2007)数据,2006年全国规模以上食品工业企业实现总产值21 586.95亿元人民币(不含烟草),占全国工业总产值的6.8%,同比增长23.5%。其中,粮油加工、肉类加工、乳制品加工等行业的工业增加值和利润增长率均超过20%。2006年,中国食品工业主要产品产量分别是:小麦粉5 193万吨,食用植物油1 985.5万吨,鲜冷藏冻肉1 112.5万吨、乳制品1 459.6万吨、啤酒3515.2×10^3万升、软饮料4 219.8万吨,同比分别增长28.2%、17.5%、24.0%、23.5%、14.7%和21.5%。2007年1月至6月,食品工业总产值累计12 816.2亿元人民币,同比增长29.9%。啤酒、食用油、饮料、味精等食品的总产量位居世界前列。精深加工食品的比重均有不同程度的上升,如液体乳产量占到乳制品总量的85%以上;软饮料制造业打破过去一直以碳酸饮料为主的局面,形成了包装饮用水、碳酸饮料、果蔬饮料、茶饮料等多元化发展的态势;粮油行业中,特制二等以上的精制小麦粉占小麦粉总产量的65%;标准一等米以上的精米占大米总产量的88%,特等大米在大米中所占比重达到33.9%;一级油、二级油(分别相当于原国家标准中的色拉油和高级烹调油)在食用植物油中所占比重合计达到58.5%。

优质品牌农产品市场占有率稳步提高,无公害、绿色、有机和地理标志产品等品牌农产品已成为出口农产品的主体,占到出口农产品的90%。近5年来,绿色食品出口以年均40%以上的速度增长,已得到40多个贸易国的认可。截至2009年底,全国认证无公害农产品已达到49 000个,认定无公害农产品产地已超过51 000个,面积5 000多万公顷;全国使用绿色食品标志企业6 000家,获证产品15 700多个,实物总量9 000万吨,认证产地面积2 000万公顷;经认证的有机生产基地(企业)3 000余家,产品接近2 600多个,实物总量510多万吨;有国家级农业标准化示范区近600个,农业标准化示范县(场)100多个,省级标准化示范区近3 500多个,带动种植面积超过3 500多万公顷。2001年实施"无公害食品行动计划"以来,农业部对全国37个大中城市蔬菜产地和蔬菜批发市场进行了农药残留等监测,蔬菜中农药残留量逐年下降,2007年的监测结果显示,蔬菜中农药残留平均合格率为93.6%;畜产品中"瘦肉精"污染和磺胺类药物残留监测平均合格率分别为98.8%和99.0%;水产品中氯霉素污染的平均合格率为99.6%,硝基呋喃类代谢物污染监测合格率为91.4%,产地农残抽检合格率稳定在95%以上。

中国是食品进出口大国,多年来食品进出口不断增长。2006年,食品进出口贸易总额为404.48亿美元(不包括小麦、玉米、大豆等农产品),同比增长了21.45%。2006年,中国出口食品2 417.3万吨,货值266.59亿美元,同比分别增长了13.29%和16.0%;出口食品货值列前10位的品种分别为:水产品、水产制品、蔬菜、罐头、果汁及饮料、粮食制品、调味料、禽肉制品、酒、畜肉及杂碎。

二、农产品风险分析

(一)风险分析的框架

对食品风险分析理论的理解和应用,必须正确区分危害(Hazard)和风险(Risk)这两个基本概念。根据国际食品法典委员会(CAC)对风险分析的一系列定义,危害(Hazard)是指食品中含有的,潜在的将对健康造成副作用的生物、化学和物理的致病因子。风险(Risk)是指由于食品中的某种危害而导致的有害于人群健康的可能性和副作用的严重性。食品风险分析包含风险评估(Risk Assessment)、风险管理(Risk Management)和风险信息交流(Risk Communication)3个组成部分。风险评估是一种系统地组织相关技术信息及其不确定度的方法,用以回答有关健康风险的特定问题。要求对相关信息进行评价,并且选择模型根据信息做出推论,风险评估是整个体系的核心和基础,由国际食品法典委员会所描述的危害识别(Hazard Identification)、危害描述(Hazard Characterization)、暴露评估(Exposure Assessment)和风险描述(Risk Characterization)4个分析步骤组成。风险管理有别于风险评估,是权衡选择政策的过程,需要考虑风险评估的结果和与保护消费者健康及促进公平贸易有关的其他因素。如必要应选择采取适当的控制措施,包括取缔手段。风险信息交流(Risk Communication)是贯穿风险分析整个过程的信息和观点的相互交流的过程。交流的内容可以是危害和风险,或与风险有关的因素和对风险的理解,包括对风险评估结果的解释和风险管理决策的制定基础等;交流的对象包括风险评估者、风险管理者、消费者、企业、学术组织以及其他相关团体。风险分析三要素之间的关系如下图所示。

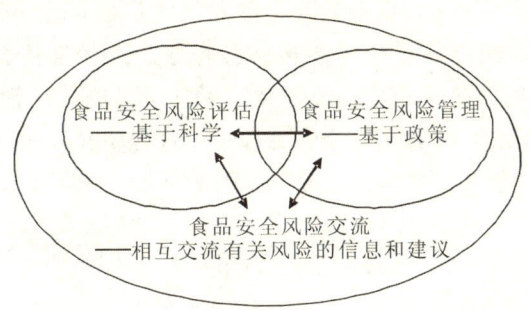

风险评估被认为是风险分析中"基于科学"的部分;风险管理是在选取最优风险管理措施时对科学信息与其他因素(如经济、社会、文化与伦理等)进行整合和权衡的过程;风险交流是相互交流有关风险的信息和建议的过程。

(二)风险评估

风险评估的过程可以分为四个明显不同的阶段:危害识别(Hazard Identification)、危害描述(Hazard Characterization)、暴露评估(Exposure Assessment)和风险描述(Risk Characterization)。

1.危害识别(Hazard Identification)

危害识别又称危害确定或危害鉴定,是对可能在食品或食品系列中存在的,能够对健康产生副作用的生物、化学和物理的致病因子进行鉴定。危害识别的目的在于确定人体摄入污染物的潜在不良效应,对这种不良效应进行分类和分级。对于化学因素(包括食品添加剂、农药和兽药残留、有机污染物和天然毒素),可采取流行病学研究、动物试验、体外实验、结构-活性关系等方式,也可采用"证据力"方法采用已证实的科学结论来获取危害程度的依据。一般对于该步骤而言,很多比较成熟的结论可以直接参考或进行相互借鉴。

(1)流行病学研究。如果能够从临床和流行病学研究上获得数据,流行病学研究在危害识别和其他步骤中也应当充分利用。但对于大多数化学物来说,临床和流行病学资料难以得到。如果流行病学研究数据能够获得阳性结果,则需要将其应用到风险评估中。在设计流行病学研究时,或分析具有阳性结果的流行病学资料时,应当充分考虑个体易感性,包括遗传易感性、与年龄和性别相关的易感性以及营养状况与经济状况等。同时,风险评估的流行病学研究必须采用公认的标准程序进行。此外,由于大部分流行病学研究的统计学效率不足以发现低水平暴露的效应,阴性结果在危险性评估中难以得到肯定答案。即使流行病学资料的价值最大,风险管理决策也不可过分依赖流行病学研究。

(2)动物试验。动物试验用于风险评估的绝大多数毒理学数据来自动物实验,这就要求这些实验必须遵循标准化试验程序。国际经济合作与发展组织(OECD)和美国环境保护局(EPA)曾经制定了化学品的危险性评价程序,我国也以国家标准形式制定了《食品安全性毒理学评价程序和方法》。无论采用什么程序,所有试验均应按良好实验室规范(GLP)和标准化的质量保证/质量控制方案实施。

(3)体外试验。体外试验(in vivo test)相对于体内试验(in vitro test),体外试验可作为作用机制的补充资料,例如遗传毒性试验。这些试验必须遵循GLP或其他广泛接受的程序。但是,体外试验的数据不能作为预测对人体危害的唯一资料来源。体内和体外试验的结果可以促进对作用机理和药物代谢动力学、药效学的认识,但在许多情况下无法取得这些资料,因而风险评估进程不应因等待作用机理和药物代谢动力学/药效学资料而延误。给药量和药物作用计量的资料有助于评价作用机理和药物代谢动力学数据,评估时尚需考虑化学物特性(给予剂量)和代谢物毒性(作用剂量)。

(4)结构—活性关系。结构—活性关系对于识别人类健康危害的加权分析有用。在对一类化学物进行评价时,此类化学物的一种或多种物质有足够的毒理学资料,可采用毒物当量的方法,并通对该类化学物中的一种物质的认识来推导该类化学物中另外物质对人类摄入后的健康危害,如DDT有机氯农药。一般化学物结构—活性关系是一个定量关系,即定量结构—活性关系,主要反映其化学结构与其对生态或生物体效应的因果关系和量变规律。化学物质包括其物理化学特性(如溶解性、熔点、沸点等)、立体化学特性(如原子质量、电子密度等)、量子化学特性(如分子容积、表面积等)。其危害性与其中的物理化学特性具有非常大的相关性,尤其是水溶性,根据-COOH,-CO,-OH,-NH$_2$,-CN化学键,其毒性有增加的趋势。结构—活性关系对于暴露评估过程中了解化学物与度量终点之间关系效应非常重要。

2.危害描述(Hazard Characterization)

危害描述又称危害特征描述,是指定量、定性地评价由危害产生的对健康副作用的性质。对于化学性致病因子要进行剂量—反应评估,对于生物或物理因子在可以获得资料的情况下也应进行剂量—反应评估。危害描述重点在于这些不良反应的定量表述,核心是剂量—反应关系的评估,其主要内容是描述不良影响的严重性和持久性,在危害描述过程中,一定要明确被感染的主体,并尽可能测定感染的结果。危害描述一般包括不良影响的剂量—反应评估、易感人群的鉴定及其与普通人群的比较、分析不良影响的作用模式或机制的特性,以及不同物种间的推断,即由高到低的剂量—反应外推等4个步骤,具体采用以下5种方法进行危害描述。

(1)剂量—反应关系的外推。剂量一般取决于化学物质摄入量(即浓度、进食量与接触时间的乘积),效应是指最敏感和关键的不良健康状况的变化。所谓剂量—反应关系的评估就是确定化学物的摄入量与不良健康效应的强度与频率,包括剂量—效应关系和剂量—反应关系。剂量—效应关系是指不同剂量的外源性化学物与其在个体或群体中所表现的量效应大小的关系;剂量—反应关系则指不同剂量的外源性化学物与其在群体中所引起的质效应发生率之间的关系。为了与人体摄入量水平相比较,需要把动物试验数据外推到比动物试验低得多的剂量,也就是在所研究的剂量—反应关系的评估曲线之外。但这种外推过程在质和量上皆存在不确定性。危害的性质也许会随剂量的改变而改变或完全消失。如果动物与人体的反应在本质上不一致,则所选的剂量—反应模型可能有误。即使在同一个剂量,人与动物在毒物代谢动力学上也可能存在不同;如果剂量不同,代谢方式存在不同的可能性更大,如高剂量化学物会使其正常解毒/代谢途径饱和,而产生低剂量时不会产生的毒作用。因此,在将高剂量的不良效应外推到低剂量时,这些与剂量有关的变化所造成的潜在影响就成为毒理学家关注的焦点。

(2)剂量的度量。动物与人体的毒理学剂量是否相同是另一有争议的问题。一般使用每千克体重的毫克数作为种属间的度量。近年来,美国提出度量单位每千克体重的毫克数应该乘以3/4的系数。检测人体和动物靶器官中的组织浓度和消除速率可以取得理想的度量系数(如在二噁英中就考虑体脂含量和消除速率),血中化学物的水平也接近这种理想方法。在无法获得充分证据时,常规使用种属间的通用系数可以作为主要依据。

(3)遗传毒性与非遗传毒性致癌物。毒理学家对化学物的不良健康效应存在阈值的认识比较一致,但遗传毒性致癌物例外。由少数几个分子甚至一个分子的突变就有可能诱发人体或动物的癌症,根据这一致癌理论,致癌物就没有安全剂量。许多国家的食品安全管理机构认定遗传毒性与非遗传毒性致癌物存在不同,即某些非遗传毒性致癌物存在剂量阈值,而遗传毒性致癌物不存在剂量阈值。由于目前对致癌机制的认识不足,致突变性试验筛选致癌物的方法尚不能应用于所有致癌物。原则上,非遗传毒性致癌物可以按阈值方法进行管理,如可观察的无作用剂量水平——安全系数法。在证明某一种物质属于非遗传毒性致癌物之外,往往需要提供致癌机制的科学资料。

(4)阈值法。由动物毒理学试验获得的 LOAEL 或 NOAEL 值除以合适的安全系数就得到安全阈值水平。即每日允许摄入量(Acceptable Daily Intake,

ADI）。ADI 值提供的信息是：如果按其 ADI 值或低于 ADI 的量摄入某一种化学物，则对健康没有明显的风险。这是由于假定该化学物对人体与实验动物的有害作用存在着合理的阈剂量值。但实验动物与人体存在种属差别，其敏感性和遗传特性也存在差异，并且膳食习惯也不同。鉴于此，安全系数可以克服此类不确定性，弥补人群中的个体差异。通常对动物长期毒性试验资料的安全系数为 100。当然，理论上存在某些个体的敏感性程度超出安全系数的范围。因此，当一个化学物的科学数据有限时，原则上采用更大的安全系数，如 200。此外，有些国家的卫生机构按效应的强度和可逆性来调整 ADI。即使如此，采用安全系数并不能够保证每一个个体的绝对安全。因此，对于特殊人群如儿童、老人，可以在考虑他们摄入水平的基础上，采用一个特殊的转换系数进行保护。

（5）非阈值法。对于遗传毒性致癌物，一般不采用 NOAEL 乘以安全系数的方法来制定允许摄入量，因为即使在最低剂量仍然存在致癌危险性，即一次受到致癌物的攻击造成遗传物质的突变就有可能致癌。致癌物零阈值的概念在现实管理中是难以实行的，而可接受风险（Acceptable Risk）的概念成为人们的共识。在遗传毒性致癌物的管理上存在两种办法：一是禁止生产和使用某些化学物（如二溴乙烷农药、致癌性的食品添加剂等）；二是对化学物制定一种极低而可以忽略不计、对健康影响甚微或社会可以接受的风险水平，这一办法的实施就要求对致癌物进行定量风险评估。评估用的数据仍然来自高剂量动物实验，而高剂量时的剂量—反应关系可能与低剂量时剂量—反应关系完全不同。以数学模型对可接受风险的剂量水平进行推导，曾提出多种拟合度较高的外推模型。目前，有 6 种常用的模型，其中最常用的线性多阶段模型，但对许多化学致癌物外推到人可能摄入的低剂量时的反应仍不是最适合的。目前的模型大多数是以统计学为基础，而不是以生物学为基础进行评估，也就是说，目前的模型仅利用实验性肿瘤的发生率与剂量，几乎没有其他生物学资料。没有一个模型能利用实验验证，也没有对高剂量的毒性、细胞增殖与促癌或 DNA 修复等作用进行修正。由此可以认为，当前在实践中使用的线性模型是对危险性的保守性估计，用线性模型做出的风险特征描述一般以"合理的上限"或"最坏估计量"等字眼表述。许多管理机构已经认识到它们无法预测人群的接近真正的风险。非线性模型可以部分克服线性模型所固有的保守性，采用它的先决条件就是制定可接受的风险水平。选择可接受的危险性水平取决于每个国家危险性管理者的决策，美国 FDA 和 EPA 选用百万分之一作为界限，这代表了科学界和管理者的共识。

3. 暴露评估（Exposure Assessment）

暴露评估又称摄入量评估，是指定量、定性地评价由食品以及其他相关方式对生物的、化学的和物理的致病因子的可能摄入量。暴露评估主要根据膳食调查和各种食品中化学物质暴露水平调查的数据进行的。通过计算,可以得到人体对于该种化学物质的暴露量。人体与化学物的接触,显然发生于外部环境和机体的交换界面(如皮肤、肺和胃肠道)。暴露评估就是对人体对化学物接触进行定性和定量评估,包括暴露的强度、频率和时间,暴露途径(如经皮、经口和呼吸道),化学物摄入(Intake)和摄取(Uptake)速率,跨过界面的量和吸收剂量(内剂量)。也就是测定某一化学物进入机体的途径、范围和速率,来估计人群与环境(水、土、气和食品)暴露化学物的浓度和剂量。

(1) 摄入量的评估。对于食品添加剂、农药和兽药残留以及污染物的膳食摄入量的估计,需要有相应的食物消费量与这些食物中要评估的化学物浓度资料。食品添加剂、农药和兽药残留的膳食摄入量可根据规定的使用范围和使用量估计。最简单的情况是,食品中某一添加剂含量保持恒定,原则上以最高使用量计算摄入量。但在许多情况下,食品中的量在食用前就发生了变化,如食品添加剂(如亚硝酸盐、抗坏血酸等)在食品储存过程中可能发生降解或与食品发生反应;农药残留在农产品原料加工过程中会降解或富积;食品中的兽药残留则受到动物体内代谢动力学、器官分布和停药期的影响。因此,食品中的实际水平可能远远低于最大允许使用量或残留量。因仅有部分农作物或家畜家禽使用农药和兽药,食品中有时甚至可以不含农药或兽药残留。食品添加剂的含量可以从制造商那里获得,而包括农药和兽药残留在内的食品污染物的摄入量则要通过敏感和可靠的分析方法对代表性食品进行分析获得。

一般来说,膳食摄入量评估有3种方法:总膳食研究、单个食品的选择性研究和双膳食研究。总膳食研究将某一国家或地区的食物进行聚类,按当地菜谱进行烹调成为能够直接入口的样品,通过化学分析获得整个人群的膳食摄入量;单个食品的选择性研究,是针对某些特殊污染物在典型(或称为代表性)地区选择指示性食品(如猪肾中的镉、玉米和花生中的黄曲霉毒素等)进行研究;双膳食研究则对个体污染物摄入量的变异研究更加有效。1975年以来,WHO开展了全球环境监测系统/食品规划部分(GEMS/FOOD),制定了膳食中化学污染物和农药摄入量的研究准则。中国预防医学科学院营养与食品卫生研究所作为WHO食品污染物监测合作中心(中国),一直承担着GEMS/FOOD在中国的监测任务,进行中国总膳食研究和污染物监测,开展我国食品污染物国家卫生标准的制订工作。

根据测定的食品中化学物含量进行摄入量评估时,必须有可靠的食物消费量资料。评估化学物的摄入量时,不仅要求我国居民食物消费的平均数,而且应该有不同人群的食物消费资料,特别是敏感人群的资料。如在铅的评估中,婴幼儿十分重要，1992年的中国总膳食研究就包括了婴儿和2~8岁的食物消费量数据，并采用这些数据进行食品样品的制备与分析。我国目前膳食摄入量的数据主要来自膳食调查，但在制定国际性食品安全风险评估办法时应该注意膳食摄入量资料的可比性，特别是世界上不同主食消费情况。GEMS/Food已经建立了5个地区性（亚洲、非洲、东地中海、欧洲和拉美）的和全球性的膳食数据库，这是依据联合国粮食和农业组织（FAO）食物平衡表数据制定的。

膳食中食品添加剂、农药和兽药的摄入量必须低于相应的ADI值。通常实际摄入量远远低于ADI数值。因为对污染物确定ADI值存在困难，常采用暂定允许摄入量的办法。污染物的膳食摄入量偶然会比暂定允许摄入量高，我国的总膳食研究表明，2~8岁儿童膳食铅的摄入量超过了铅的暂定允许摄入量的18%，这说明我国膳食铅已经可能对健康引起损害。

（2）暴露的生物标志物/内剂量和生物有效剂量的评估。可以采用生物监测来评估机体中化学物的内暴露量，这包括：①生物组织或体液（血液、尿液、呼出气、头发、脂肪组织等）中化学物及其代谢物的浓度；②人体由于暴露化学物导致的生物效应（如烷基化血红蛋白、酶诱导的改变等）；③结合于靶分子中化学物及其代谢产物的量。生物标志物（Biomarker）不仅整合了所有来源的环境暴露的信息，也反映了诸多因素，如环境特征、生理处置的遗传学差别、年龄、性别、种族、生活方式等。对于许多的环境污染物，在暴露和生物效应之间的生物学过程尚不清楚，生物标志物可以提供线索。因此，生物标志物就成为生物监测的关键，而在暴露水平和生物标志物之间建立包括毒物代谢动力学在内的相关性有利于生物标志物的选择。通过改进生物学标志物的灵敏度、特异性和对低剂量暴露的早期有害效应的可预测性，来保护易感人群。在过去十几年中，已经发展的生物标志物主要用来检测损伤DNA各种化学物和致癌物的暴露，包括体液中母体化合物及其代谢产物或DNA/蛋白质（如白蛋白和血花蛋白）加合物的接触指标，并发展了生物学效应标志物，如暴露个体的细胞遗传学改变。已建立生物标志物的有烟草和涉及膳食方面的化学物，如黄曲霉毒素、亚硝胺、多环芳烃、芳香胺和杂环胺等。在食品污染物的生物监测中，除了上面这些以DNA加合物为主要生物标志物外，还有一些采用了机体负荷水平，如有机氯农药"六六六"和"滴滴涕"、多氯联苯和二噁英等环境持久性污染物可以采用体脂中含量来评估。而有机磷农药等可以采用血液胆碱酯酶活性作为接触/效应性生物学标志物；镉可以损害肾小球的通透性和肾小管的重吸收而出现小分子蛋白尿，此也可以作为生物学标志物。

4. 风险描述（Risk Characterization）

风险描述是指在危害确定、危害特征描述和暴露评估的基础上，对给定人群中已知或潜在的副作用产生的可能性和副作用的严重性,做出定量或定性估价的过程,包括伴随的不确定性的描述。风险描述的结果是对人体摄入某化学物对健康产生不良效应的可能性进行估计,它是危害鉴定、危害描述和摄入量评估的综合结果。某一化学物如果存在阈值,则对人群风险可以采用摄入量与 ADI 相比较的百分数作为风险描述,如果所评价的化学物质的摄入量较 ADI 小,则对人的健康危害的可能性甚小,甚至为零。如 1992 年中国总膳食研究评估,我国膳食总的来说是安全的,但 2~8 岁儿童铅的摄入量超过暂定允许摄入量的 18%,表明我国儿童已经处于铅污染的危害中;大样本的儿童调查也发现,血铅超过 100 μg/L 的儿童在城市已占 40%,这也表明铅对我国儿童健康的潜在危害已经是不容忽视的问题。

食品添加剂以及农药和兽药残留采用固定的风险水平比较切合实际,因为假如估计的风险超过了规定的可接受水平,就可以禁止这些化学物的使用。在描述危险性特征时,必须认识到在风险评估过程中每一步所涉及的不确定性。危险性特征描述中的不确定性反映了在前面三个阶段评价中的不确定性。将动物试验的结果外推到人时存在不确定性,例如喂养 BHA 的大鼠发生前胃肿瘤、阿斯巴甜引发小鼠神经毒性效应的结果可能不适用于人;而人体对化学物的某些高度易感性反应在动物中可能并不出现,如人对味精(谷氨酸钠)的不适反应。在实际工作中应该进行额外的人体试验研究,以降低不确定性。

(三)风险管理

风险管理有别于风险评估,是权衡选择政策的过程,需要考虑风险评估的结果和与保护消费者健康及促进公平贸易有关的其他因素。如必要应选择采取适当的控制措施,包括取缔手段。风险管理包括风险管理选择评估、执行管理决定及管理措施监控三个过程。风险管理选择评估的基本内容包括确认农产品质量安全问题、描述风险概况、就风险评估和风险管理的优先性对危害进行排序,为进行风险评估制定风险评估政策,决定进行风险评估及风险评估结果的审议。风险管理选择评估的程序包括确定现有的管理选项、选择最优管理选项及最终的管理决策。执行管理决定指风险管理措施的采纳及实施。管理措施监控指对政策有效性进行评估及在必要时对风险管理或风险评估进行审核及验证。食品风险管理的目标是通过选择和实施适当的措施,尽可能地控制这些风险,从而保障公众的健康。

我国以前制定了一系列的食品卫生国家标准,但食品安全的卫生措施也应该涉及食品贸易。我国已经加入世界贸易组织,应该按国际规则来进行风险管理。SPS 协定允许成员国利用合法手段保护该国消费者的生命和健康(包括食品安全),但禁止滥用不合理的措施限制贸易。由此,CAC制定的食品法典是防止人类免受食源性危害和保护人类健康的统一要求。虽然在技术上食品法典是非强制性的,但在国际食品贸易争端中是作为食品安全的仲裁标准。在风险管理决策中,保护人类健康应该是首先要考虑的问题。食品法典是保证食品安全的最低要求,成员国可以采取高于食品法典的保护措施,但应该利用风险评估技术提供适当依据,并确保风险管理决策的透明度,而不是任意的人为限制。CAC的决策过程所需要的科学技术信息由独立的专家委员会提出,包括负责食品添加剂、化学污染物和兽药残留的WHO/FAO食品添加剂专家联合委员会(JECFA),针对农药残留的WHO/FAO农药残留联席会议(JMPR)和针对微生物危害的WHO/FAO微生物危险性评估专家联席会议(JEMRA)。CAC系统的风险分析由许多部门执行,其领域如下:

(1)食品添加剂。由JECFA提出某一食品添加剂的ADI值,食品添加剂与污染物食品法典委员会(CCFAC)批准此食品添加剂在食品中的使用范围和最大使用量。目前,CCFAC正在将食品添加剂从单个食品向覆盖各种食品的食品添加剂通用标准(GSFA)发展。在制定食品添加剂使用量的单个食品标准时极少考虑添加剂总摄入量的可能,而GSFA则要考虑总摄入量的评估。

(2)化学污染物。主要包括工业和环境污染物(如重金属、不易降解的多氯联苯和二噁英等)和天然存在的毒素(如霉菌毒素)。危险性分析结果以暂定每周耐受量(PTWI)或暂定每日最大耐受量(PMTDI)估计值表示,类似于ADI的对健康不构成危险性的每日允许摄入量。然而,ADI是食品添加剂因技术需要而设置的一个可接受值,污染物采用"可耐受"而不是"可接受",强调食品中不可避免摄入污染物的允许量。因为,污染物存在蓄积过程,采用PTWI,对于没有蓄积性的砷、锡、苯乙烯等采用PMTDI。这些数据是以NOEAL及安全系数为基础的。对于如黄曲霉毒素等遗传毒性致癌物,JECFA不提出PTWI或PMTDI,而是采用尽可能减少到实际可达到合理的最低水平(ALARA),即在不丢弃该食物或不对主要食物供应造成严重影响的情况下,不可能再减低的污染物水平。CCFAC会同CAC的有关产品委员会设定食品中化学污染物的最高限量。GEMS/Food和其他国家级机构进行的污染物摄入量评估是CAC制定最高限量的依据。目前,CCFAC已经按危险性评估和危险性管理的原则制定了污染物及其毒素通用标准(GSCTF)。

(3)农药残留。JMPR实施农药残留毒理学评价的结果会制定出ADI值,此外根据良好农业规范(GAP)下的农药残留水平制定某些产品中农药最大残留限量(Maximum Residue Limit,简称MRL)的建议值。GEMS/Food根据MRL和全球膳食模型估计理论每日最大摄入量(TMDI),并与ADI进行比较。

如果 TMDI 超过 ADI 值,可以用校正因子(如考虑可食部分与加工过程中残留的改变)来计算估计每日最大摄入量(EMDI)。因为,前面的计算无疑会扩大了摄入量,GEMS/Food 也收集农药实际摄入量数据。农药残留法典委员会(CCPR)使用各种方法计算摄入量,这是因为初始估计值大于 ADI 值,并不代表一定存在问题,根据农药监测和国家食品消费数据计算的摄入量更加精确。CCPR 对 JMPR 提出的 ADI 值和 MRL 值进行审议,并对 MRL 值进行修改。

(4)兽药残留。JECFA 对兽药做出毒理学评价,如同食品添加剂一样以 NOEAL 制定 ADI 值。但由于抗生素类作用于肠道菌群,一般以抗菌活性水平作为 ADI 值的终点指标。JEFCA 通过对可食用的肉、奶等动物性食品估计兽药残留的可能摄入量,并与 ADI 比较;同时提出与兽药使用良好规范(GPVD)相一致的 MRL。与食品添加剂和污染物不同,兽药残留有专门的兽药残留法典委员会(CCRVDF),其任务是正式推荐 MRL。

另外,风险管理必须遵循如下原则:①风险管理应当采用一个具有结构化的方法,它包括风险管理选择评估、执行管理决定以及监控和审查。在某些情况下,并不是所有这些方面都必须包括在风险管理活动当中。②在风险管理决策中应当首先考虑保护人体健康。对风险的可接受水平应主要根据对人体健康的考虑决定,同时应避免风险水平上随意性的和不合理的差别。在某些风险管理情况下,尤其是决定将采取的措施时,应适当考虑其他因素(如经济费用、效益、技术可行性和社会习俗)。这些考虑不应是随意性的,而应当保持清楚和明确。③风险管理的决策和执行应当透明。风险管理应当包含风险管理过程(包括决策)所有方面的鉴定和系统文件,从而保证决策和执行的理由对所有有关团体是透明的。④风险评估政策的决定应当作为一个特殊的组成部分包括在风险管理中。风险评估政策是为价值判断和政策选择制定准则,这些准则将在风险评估的特定决定点上应用,因此最好在风险评估之前,与风险评估人员共同制定。从某种意义上讲,决定风险评估政策往往成为进行风险分析实际工作的第一步。⑤风险管理应当通过保持风险管理和风险评估二者功能的分离,确保风险评估过程的科学完整性,减少风险评估和风险管理之间的利益冲突。但是应当认识到,风险分析是一个循环反复过程,风险管理人员和风险评估人员之间的相互作用在实际应用中是至关重要的。⑥风险管理决策应当考虑风险评估结果的不确定性。如有可能,风险的估计应包括将不确定性量化,并且以易于理解的形式提交给风险管理人员,以便他们在决策时能充分考虑不确定性的范围。例如,如果风险的估计很不确定,风险管理决策将更加保守。⑦在风险管理过程的所有方面,都应当包括与消费者和其他有关团体进行清楚的相互交流。在所有有关团体之间进行持续的相互交流是风险管理过程的一个组成部分。风险情况交流不仅仅是信息的传播,而更重要的功能是将对有效进行风险管理至关重要的信息和意见并入决策的过程。⑧风险管理应当是一个考虑在风险管理决策的评价和审查中所有新产生资料的连续过程。在应用风险管理决定之后,为确定其在实现食品安全目标方面的有效性,应对决定进行定期评价。为进行有效的审查、监控和其他活动可能是必须的。

(四)风险交流

风险交流是贯穿风险分析整个过程的信息和观点的相互交流的过程,交流的内容可以是危害和风险,或与风险有关的因素和对风险的理解,包括对风险评估结果的解释和风险管理决策的制定基础等,交流的对象包括风险评估者、风险管理者、消费者、企业、学术组织以及其他相关团体。

1. 风险交流的目的

(1)通过所有的参与者,在风险分析过程中提高对所研究的特定问题的认识和理解;

(2)在达成和执行风险管理决定时增加一致化和透明度;

(3)为理解建议的或执行中的风险管理决定提供坚实的基础;

(4)改善风险分析过程中的整体效果和效率;

(5)制定和实施作为风险管理选项的有效的信息和教育计划;

(6)培养公众对于食品供应安全性的信任和信心;

(7)加强所有参与者的工作关系和相互尊重;

(8)在风险情况交流过程中,促进所有有关团体的适当参与;

(9)就有关团体对于与食品及相关问题的风险的知识、态度、估价、实践、理解进行信息交流。

2. 进行有效的风险交流的要素

(1)风险的性质:包括危害的特征和重要性,风险的大小和严重程度,情况的紧迫性,风险的变化趋势,危害暴露的可能性,暴露的分布,能够构成显著风险的暴露量,风险人群的性质和规模,最高风险人群;

(2)利益的性质:包括与每种风险有关的实际或者预期利益,受益者和受益方式,风险和利益的平衡点,利益的大小和重要性,所有受影响人群的全部利益;

(3)风险评估的不确定性:包括评估风险的方法,每种不确定性的重要性,所得资料的缺点或不准确度,估计所依据的假设,估计对假设变化的敏感度,有关风险管理决定的估计变化的效果;

(4)风险管理的选择:包括控制或管理风险的行动,可能减少个人风险的个人行动,选择一个特定风险管理选项的理由,特定选择的有效性,特定选择的利益,风险管理的费用和来源,执行风险管理选择后仍然存在的风险。

3. 风险交流对象

(1)政府:不管采用什么方法来管理危害公众健康的风险,政府都对风险交流负有根本的责任。当风险管理的职责放在使有关各方充分了解和交流信息的职责上时,政府的决策就有义务保证,参与风险分析的有关各方有效地交流信息。同时风险管理者还有义务了解和回答公众关注的危害健康的风险问题。在交流风险信息时,政府应该尽力采用一致和透明的方法。交流的方法应根据不同问题和不同对象而有所不同。这在处理不同特定人群对某一风险有着不同看法时最为明显。这些认识上的差异可能取决于经济、社会和文化上的不同,应该得到承认和尊重。只有其所产生的结果(即有效地控制风险)才是最重要的。用不同方法产生相同结果是可以接受的。通常政府有责任进行公共健康教育,并向卫生界传达有关信息。

(2)企业界:企业有责任保证其生产食品的质量和安全。同时,企业也同政府一样,有责任将风险信息传递给消费者。企业全面参与风险分析工作,对做出有效的决定是十分必要的,并且这可以为风险评估和管理提供一个主要的信息来源。企业和政府间经常性的信息交流通常涉及在制定标准或批准新技术、新成分或新标签的过程中的各种交流。在这方面,食品标签已经并通常用于传递有关食物成分以及如何安全食用的信息。将标签作为交流手段,使之成为风险管理的一种方法。风险管理的一个目标是确定最低的、合理的和可接受的风险。这就要求对食品加工和处理过程中一些特定信息有一定了解,而企业对这些信息具有最好的认识,这对风险管理和风险评估者拟定有关文件和方案时将发挥至关重要的作用。

(3)消费者和消费者组织:在公众看来,广泛而公开地参与国内的风险分析工作,是切实保护公众健康的一个必要因素。在风险分析过程的早期,公众或消费者组织的参与有助于确保消费者关注的问题得到重视和解决,并且还会使公众更好地理解风险评估过程,以及如何做出风险决定。而且这能够进一步为由风险评估产生的风险管理决定提供支持。消费者和消费者组织有责任向风险管理者表达他们对健康风险的关注和观点。消费者组织应经常和企业政府一起工作,以确保消费者关注的风险信息得到很好的传播。

(4)学术界和研究机构:学术界和研究机构的人员,以他们对于健康和食品安全的科学专业知识,以及识别危害的能力,在风险分析过程中发挥重要作用。媒体或其他有关各方可能会请他们评论政府的决定。通常他们在公众和媒体心目中具有很高的可信度,同时也可作为不受其他影响的信息来源。研究消费者对风险的认识或如何与消费者进行交流,以及评估交流的有效性,这些科研工作者也可有助于风险管理者寻求对风险交流方法和策略的建议。

(5)媒体：媒体在风险交流中显然也起到非常关键的作用。公众得到的有关食品的健康风险信息大部分是通过媒体获得的。各种大众媒体针对不同事件、不同场合以及不同媒体发挥着各式各样的作用。媒体可以仅仅是传播信息，但也可制造或说明信息。媒体并不局限于从官方获得信息，它们的信息常常反映出公众和社会其他部门所关注的问题。这使得风险管理者可以从媒体中了解到以前未认识到的公众关注的问题，所以媒体能够并且确实促进了风险交流工作。

三、食品质量安全监控体系

(一)影响食品质量安全的关键因素

近几年发生的非法人为添加物，如"三聚氰胺""苏丹红""孔雀石绿""瘦肉精""塑化剂"等重大食品安全事件，加之食品本身存在的安全性危害因素，导致食品安全形势受到世界各国政府及消费者普遍关注，成为人们议论的热点话题。

由于在质量安全方面就存在着"信息不对称问题"，普通消费者很难全面、准确地把握农产品和食品质量安全水平，如核心营养素多少、营养价值、添加剂种类及其含量水平等指标。人们在选购农产品和食品时，多以感官(外观)或者品牌、包装来初步判定其质量安全性。信息不对称使农产品和食品会出现"同质化"问题，在复杂的市场竞争中存在着"劣币驱逐良币"的危机，甚至使消费者承担经销商价格欺诈的风险。

与其他工业产品相比，食品在生产、加工、贮存、运输和销售的过程中有很多二次污染的机会，且容易受到多方面的污染，这些污染物质来自环境污染和生产加工、贮存、运输过程之中，也包括来自食品本身天然存在的有毒有害物质和致敏物质，这也就增加了食品安全的风险性。与此同时，也会使安全控制监管措施出现一些缺位。

通常把食品的危害种类按其性质可分为以下三类。

(1)生物性危害

食品的生物性危害包括微生物、寄生虫和昆虫的污染，主要以微生物为主，危害较大，主要为细菌和细菌毒素、霉菌和霉菌毒素。①威胁生命致害因子：如肉毒杆菌、霍乱弧菌、鼠伤寒沙门氏菌、河豚毒素、麻痹性贝类毒素等。②引起严重后果或慢性病的因子：如沙门氏菌、志贺氏菌、空肠弯曲菌、副溶血性弧菌、甲肝病毒、致病性大肠杆菌等。③造成中度或轻微疾病的因子：如产气荚膜梭菌、蜡样芽孢杆菌、多数寄生虫、组胺类物质等。④藻类和贝类毒素：麻痹性贝类毒素（Paralytic Shellfish Poison，PSP），腹泻性贝类毒素（Diarrheic Shellfish Poisons，DSP），健忘性贝类毒素，神经性贝类毒素，藻青菌毒素（Cyan bacterial Taxins，CT）等。

据WHO报道，全世界每年食源性疾病70%由致病微生物引起，也就是说致病微生物是影响食品质量安全的最大危险。

(2) 化学性危害

来源复杂，种类繁多。主要有：①来自生产、生活和环境中的污染物，如农药、化肥、兽药、有害金属、多环芳烃化合物、硝酸盐、N-亚硝基化合物、二噁英、杀虫剂、杀菌剂、除虫剂、除草剂、灭鼠剂等。②从生产加工、运输、储存和销售工具、容器、包装材料及涂料等溶入食品中的原料材质、单体及助剂、消毒剂、洗涤剂等物质。③在食品加工储存中产生的物质，如酒类中有害的醇类（甲醇、杂醇油）、醛类等。④滥用食品添加剂等。

(3) 物理性危害

物理性危害主要包括杂质和放射性危害。①食品中存在杂质或者异物，如砂粒、木屑、头发等。②食品的放射性主要来自放射性物质的开采、冶炼、生产以及在生活中的应用与排放。

(二) 食品质量安全监控体系框架

关于食品质量安全监控体系的建设与实施，国际上有许多技术方法与措施。由于社会制度、经济发展水平和文化背景等差异，不同国家采取了适应本国的食品质量安全的监控方式与方法，在确保食品质量安全方面发挥重大作用，有力地维护国家安全和消费者健康，但与世界各国消费者对食品安全的满意程度还有一定的差距。

世界范围内的食品安全问题，使各国经济受到严重损害，威胁社会稳定和国家安全。如美国每年约有7200万人发生食源性疾病，占总人口的30%左右，约造成3500亿美元的损失；英国1987年至1999年期间证实的疯牛病病牛达17万头，损失300亿美元，影响到消费者对政府的信任；比利时二噁英污染事件，卫生部长和农业部长下台，也使执政长达40年之久的社会党政府垮台；德国出现疯牛病后，卫生部长和农业部长被迫引咎辞职；2000年日本奶制品中大肠杆菌O—157，引起世界范围内的普遍关注和消费者恐惧；1997年上海的甲肝病毒等食品安全问题，以及随后出现"瘦肉精"苏丹红"大头娃娃奶粉"多宝鱼"三聚氰胺"等等事件引起了全社会的关注，消费者忧心忡忡。因此，建立有效的食品安全监控体系已经成为社会和政府的一项十分重要的任务。

2012年6月28日，国务院发布了国家食品安全监管体系"十二五"规划，在对我国食品安全监管体系现状和存在主要问题分析的基础上,提出到"十二五"期末,基本建立起适合我国国情,预防为主、全程覆盖、责任明晰、协同高效、保障有力的食品安全监管体系,米、面、油、蔬菜、肉、乳品、蛋、水产品等重点食品质量安全状况持续稳定良好,食品安全水平显著提升,城乡居民饮食安全得到切实保障,并建成较为完善的法规标准、监测评估、检验检测、过程控制、进出口食品安全监管、应急管理、综合协调、科技支撑、食品安全诚信和宣教培训等10大体系。

就全世界食品安全监控而言,目前,基本按照"从土地到餐桌"的全程控制来实现监控目标。无论是国家,还是农产品生产和食品生产加工企业在具体实施上,主要涉及以下4个方面的技术基础:

(1)食品质量安全监控的重要依据——标准;

(2)食品质量安全监控的实施手段——测量(计量);

(3)食品质量安全监控的最终目标——质量(安全);

(4)食品质量安全监控的有效途径——合格评定。

在总结前人的观点和考虑未来发展需要的基础上,依据"安全产品是生产出来的,而不是检验出来"的思路,我们把监控重点放在食品生产加工的全过程,提出食品质量安全监控体系框架是:

食品质量安全监控体系框架=标准体系(A)+合格评定(B)+ 市场准入(C)+消费者评价(D)

食品质量安全监控体系由4个子体系构成,即A标准体系,B合格评定(认证)体系,C市场准入体系和D消费者评价体系。4个子体系是一个科学的有机整体,相互渗透,相互制约,各自发挥着相应的功能,形成了以标准体系为核心,以合格评定和市场准入为抓手,以消费者评价为补充的食品质量安全监控的基本构架。这个体系适用于农产品,包括种植业和养殖业和食品生产加工的安全控制管理。

1. 标准体系

这是一个十分复杂的体系,也是该体系框架中最为庞大的体系,主要包括技术标准体系、管理标准体系和工作标准体系,涉及农产品和食品生产加工的全过程。一个行之有效的标准体系由数百个,甚至数千个标准组成,而且许多都是企业内部控制性标准。由于企业的规模不尽相同,对标准与标准化认识和重视程度也有一定的差异,因此,形成的标准体系中标准的数量也就明显不同。但不管标准体系中标准数量有多少,在技术标准体系中最为关键的标准是不能缺少的,这主要包括5类标准,即"把关""前提""保障""指南""承诺"标准。

我们把技术标准体系中的产品质量标准就称之为"把关"标准,把关标准可以是国际标准、国家标准、行业标准、地方标准和企业标准中的产品标准,只要产品质量安全符合"把关"标准要求,就应该说产品安全质量是合格的。要生产和加工出符合"把关"标准的产品,那么相应对生产和加工环境就有一定的要求。这个具体的要求,我们称之为"前提"标准,如要生产绿色食品、有机产品,其产地环境就必须符合绿色食品、有机产品相应的生产环境标准的要求。这是一个必要前提,否则,就不会生产出符合绿色食品、有机产品标准的产品。生产和加工条件虽然符合要求,但生产过程中使用的生产资料和食品添加剂是否符合标准的规定,也直接影响着产品质量安全。因此,只有这些用于生产和加工的生产资料如化肥、农药、兽药和食品添加剂等符合标准,才能保障产品质量安全。我们把对生产资料和添加剂的要求标准称之为"保障"标准。产地、原料都有了安全保障,一定程度上提高了产品安全性。但如果生产加工过程出现问题,还会产生新的安全问题。因此,制定生产加工技术规程,明确如何操作,并按照规定的程序,就会使质量安全有保障,这些标准我们称之为"指南"标准。指南性标准制订应该以企业标准为主,尤其是在农产品生产中,避免制定行业标准。这是因为我国同一产品生产的环境条件差异大,行业标准很难适应不同地区的需要。在技术标准体系制定包装标识标准,就是为了使消费者明确产品的产地和生产企业等,获得知情权。同时,也是生产者和加工企业对消费者的一个承诺,我们称之为"承诺"标准。上述5类标准是技术标准体系的核心和灵魂,无论是什么规模的企业,这5类标准均不可缺少。

2. 合格评定

实际上就是国际上通用的产品质量安全认证和相关体系认证。主要包括ISO 9000认证、HACCP认证、GAP认证、GMP认证、ISO 22000认证、SA 8000认证、绿色食品认证、有机食品认证、无公害农产品产地与产品认证、ISO 14000认证等。这些都属于第三方认证,是对生产和加工企业的质量安全确认。因此,我们认为通过认证就是取得了一个质量安全的"证明"。一般情况下,获得这个证明是要收费的,因此,在市场经济条件下,只凭这样的证明还是不能完全确保安全质量。

3. 市场准入

是政府加强食品质量安全管理的重要手段,实质上是把食品生产加工纳入工业产品许可证制度来管理,没有许可证就不能进入市场。这个体系由政府相关部门负责实施,我们把其称之为"监管"体系。食品生产加工由质量技术监督部门负责监管;餐饮服务由食品药品管理部门负责监管;食品流通领域由工商行政管理部门负责监管;食用农产品(包括水产品、畜禽产品)生产由农业部门负责监管;动物屠宰领域由商务部门负责监管。只有取得了相应生产许可证,才能从事相关食品的生产加工资格,产品也才会进入相应的市场。

4.消费者评价

是食品质量安全监控体系中的重要补充,"群众的眼睛是雪亮的"。市场上类型多如繁星的食品,其质量安全如何,消费者可以说是心知肚明。他们对不同食品、不同品牌等有着较为深刻的认识,并不断积累判定食品优劣的经验,形成了各具特色的消费风格和习惯。因此,把消费者的评价纳入该体系十分必要。消费者评价的实施,要根据评价目标,制定相应要求和具体的实施方案。

针对不同问题编制调查提纲,内容设计要全面准确反映评价需要,经过实际分析归类,确定消费者对产品质量安全的满意度。

这样一个食品质量安全监控体系由 4 个子体系来完成,应该说只要各个部分均发挥功能,食品安全质量就会有保障,人民群众就会满意。

现代畜牧业产业体系建设

西北农林科技大学副教授　王永军

近年来,随着中共中央一系列中央一号文件精神的贯彻落实,陕西省各级党委、政府在深入调查研究的基础上,把加快区域性畜牧产业发展作为农业产业结构调整的突破口,作为促进农业增产、农民增收和农村发展的主导产业和重要工作,不断加大扶持力度,强化工作措施。全省畜牧产业有了长足发展,呈现出区域布局趋于合理、养殖规模不断扩大、产量持续稳定增长、产业结构进一步优化、综合生产能力稳步提高、产供销一条龙、科工贸一体化、产业化发展水平逐年提高的良好发展态势。

但是,由于陕西省不同区域的自然、经济、社会条件千差万别,加之区域性畜牧业固有产业基础差别较大,各级政府对区域性畜牧业发展的重视程度和基本发展思路不同,政策措施和扶持力度不同等因素,致使陕西省区域性畜牧业产业化发展还很不平衡,各地畜牧业产值占农业总产值的比重、畜牧业收入增长对农民家庭收入增长的贡献率等存在较大差距。如作为我省资源大县的府谷县,2007年全县农业总产值2.43亿元,占全县国民经济总产值46.72亿元的5.2%,其中畜牧业产值0.70亿元,占农业总产值的28.8%,畜牧业收入增长对农民家庭收入增长的贡献率不到10%;而宝鸡市麟游县2002年畜牧业总产值占农业总产值的56.1%,其中畜牧业收入占农民人均纯收入的41.5%。这种发展的不平衡性,从来自不同区域的广大农牧民所关注问题的差异即可得到直观反映。尤其是贫困地区的绝大多数农民,由于对畜牧产业发展在区域性农村经济发展中的地位与作用认识不到位,对大力发展畜牧业仍然持怀疑态度。因此,其目前关注的主要问题仍然集中在畜牧业有没有发展前途、投资畜牧业是否可行这一层次;经济欠发达地区的农民,虽然已经认识到发展畜牧产业在促进农业增产、农民增收和农村发展中的重要性,但由于对畜牧产业中不同畜种的养殖特点(如生物学习性、消化生理特点、能量和物质的转化特性等)、所需基本条件、市场变化等缺乏系统了解,因此,目前主要纠结的是项目选择问题,关注的主要问题是投资畜牧业选择什么项目最好,采用何种养殖模式最好等方面;经济发达地区的农民或者是长期从事畜禽养殖的农民,关注的主要问题则是如何提高畜牧业生产的经济效益。

为了有针对性地解决不同区域农民所关注的主要问题,促进畜牧产业发展,本专题将从解答上述3个问题入手,突出"提高畜牧业生产经济效益的基本思路和主要途径"这一重点,以期对我省区域性畜牧业产业化发展有所裨益。

一、现代畜牧业生产体系

(一)畜牧业生产的概念及特点

1.畜牧业生产

从系统论的观点出发,畜牧业生产是指以家养动物为核心,人们利用自然资源(土地、水等)、生物资源(畜禽、饲草、饲料等)、社会资源(人力、物力、财力、科技、市场等),进行畜产品生产、产品加工、运输和销售过程所形成的有机联系的整体。它是一个系统工程,一般称为畜牧生产系统。它是农业生产系统的亚系统,其实质是人类通过饲养动物参与自然界的能量流动和物质循环,来满足自身食品需求的一种生产方式。其功能是将植物性的能量和物质转化为动物性的能量和物质,并以畜产品形式储存,完善农业生态系统的物质循环和能量流动。其构成要素为畜禽的繁殖、生长、发育及其与之有机地联系着的饲料、环境、疾病防治、人的参与等,其水平的高低表现在能量和物质的转化效率上。

按照经济学的观点,畜牧业生产是自然再生产和经济再生产的有机整体。从自然再生产的角度看,动物是生产者,通过其特有的新陈代谢机能,一方面不断繁衍后代,维系物种的延续性,同时生产出各种畜产品如肉、奶、蛋、皮、毛、绒等;从经济再生产的角度看,动物又成为一种生产、生活资料,既可直接作为畜产品供人们消费,又可像"机器"一样把饲草饲料加工成为人类需要的各种畜产品。

2.畜牧业生产的主要特点

(1)畜牧业生产中的动物具有双重性

畜牧业生产是自然再生产和经济再生产的有机整体,在这个整体中,动物既是生产资料,又是生活资料。动物在整个畜牧业生产过程中的这种双重性,也是畜牧业区别于其他行业的主要特点。

(2)畜牧业生产是以植物生产为基础的第二性生产

植物生产是第一性生产,经过光合作用将太阳能转化为以碳、氮等物质为媒介体的植物化学能(仅能转化到达地面太阳能的1%)。而动物生产则是利用动物(尤其是草食动物)的生理机能,把绿色植物产品转化成为动物性产品,同时将一部分动物不能吸收利用的物质排出体外,作为肥料归还土地而成为植物生产所需的养分,这就形成一个植物生产和动物生产相互联系、相互作用的农业生态系统。在这个生态系统的循环中,植物生产是第一性生产,动物生产是第二性生产。动物生产应以植物生产为基础,其功能是将植物化学能转化成动物化学能并以动物产品的形式储存下来。

随着人类社会经济的发展及生活水平的逐步提高,动物性产品(尤其是蛋白质营养)在人类膳食结构中所占比重不断增加,畜牧业生产已经成为农业生产体系的重要组成部分。在现代农业生产体系中,要求动物饲养量和个体生产水平不断提高,仅仅依靠粮食生产的剩余粮食及其秸秆作为动物饲料已无法满足动物生产的需要,此时,植物生产应适应动物生产的需要而进行结构调整。相关资料表明,在现代农业发达国家,畜牧业产值占农业总产值的比重一般在65%以上,饲料作物种植面积至少占农业用地面积的55%以上。

植物经过光合作用将太阳能转化为植物化学能中,其中只有5%固定在适于人类直接食用的物品中,而95%则以草原、灌木、林地及作物秸秆等形式储存下来。从长远的观点看,人类要从自然界中获取更多的食物,将会越来越多地依赖草食动物对草地及其他不为人食的粗饲料的转化能力,这也意味着食草动物在未来畜牧业中的地位更加重要。

(3)畜牧业生产周期长且饲养管理具有连续性

动物生产过程包括种用动物生产和商品动物生产两大部分,所以生产周期长。动物生产周期主要包括动物繁殖周期、生长周期和生产周期。例如,蛋用种鸡的育雏育成至少需要20周,产蛋期要至少持续45周,一个完整的繁殖周期需要450天以上。牛、马等动物因妊娠期(280天)长而使繁殖周期更长。在动物生产周期内,尽管会出现一些生产间歇如母畜配种产仔间歇、奶畜干乳期、蛋鸡冬夏季停蛋期等,但此时仍需要按时饲喂,消耗饲草料和人工,而不像植物生产对物资消耗、劳动力消耗具有间歇性。

(二)畜牧业生产的发展沿革与基本特征

人类自有历史以来,就开始驯养动物并利用动物产品为食物。在长期的发展过程中,畜牧业生产曾有多次兴衰更迭,其发展过程大致可以分为原始畜牧业生产、传统畜牧业生产和现代畜牧业生产三个阶段。

19世纪初到20世纪,动物营养学、饲料生产学、动物遗传学和动物育种学科门类的起步,以及部分工业化国家以机械化和电气化为特征的现代农业的兴起,为现代动物生产发展奠定了基础。到20世纪中期,计算机、生物学、电子学等新技术的发展与应用,推动了许多动物生产环节走向机械化和自动化,提高了动物生产的劳动生产率。现代动物生产的目的是运用现代化科技成果,力求以最少的投资和劳力,获得最多质优的动物产品,满足人类不断提高的生活水平之需要。它与传统动物生产的主要区别是更多地强调提高各种生产效率和经济效益,而不是单纯依靠增加饲养头数来达到增产的目的。衡量现代动物生产水平主要有三项指标:一是饲料转化率,即饲料转化成动物产品的效率;二是劳动生产率和饲养规模,即现代动物生产应当有适当规模以发挥最佳的技术水平和劳动生产率;三是资金利润率和周转率;即投资少、收益高,获得的经济效益大。

(三)畜牧业生产的主要目的

畜牧业是我国国民经济的重要组成部分,畜牧业生产的目的就是以最低的生产成本和环境代价,获取数量最大、品质优良和安全卫生的畜产品,丰富人们的生活,提高人们的健康水平,同时带动经济发展。根据现代畜牧业发展理念,畜牧业生产的社会属性是第一位的,经济属性是第二位的。也就是说在市场经济条件下,当以"安全卫生""优质高产"和"生态"为主要特征的畜牧业生产的社会属性得到基本满足时,"高效"才是发展畜牧业生产的最根本目的。正因为如此,不断提高畜牧业生产经济效益是畜牧业生产者永恒的追求,而如何提高畜牧业生产经济效益就成为一个长期不变的课题。

(四)畜牧业生产关键技术

畜牧业生产过程是一个十分复杂的系统工程,其构成要素为畜禽的繁殖、生长、发育及其与之有机联系着的饲料、环境、疾病防治、人的参与等。在长期的发展过程中,随着科技的不断进步,人们在畜牧业发展过程中不断总结、完善并发展形成了一系列关键实用技术。这些关键实用技术的广泛应用,在确保动物性食品的安全性、不断提高家养动物生产力水平和动物性产品质量品质,逐步提高畜牧业生产经济效益和生态环境保护等方面发挥了重要作用,已经成为促进畜牧业可持续发展的最大推动力。

(1)保障畜产品安全卫生的关键技术;

(2)提高畜产品品质的关键技术;

(3)提高畜禽生产力水平的关键技术;

(4)畜禽生产对环境污染控制的关键技术;

(5)提高畜牧业生产经济效益的关键技术。

二、畜牧产业发展在区域性农村经济发展中的地位与作用

(一)畜牧业发展水平是小康社会的重要标志

畜牧业是农业和整个国民经济的重要组成部分。纵观近百年来世界畜牧业

发展的态势,凡是经济发达的国家都是畜牧业发达的国家;凡是经济发达的地区都是畜牧业发达的地区。因此,现代畜牧业生产已成为衡量一个国家或区域经济发展水平、农业生产发展水平的重要标志。目前,世界上许多发达国家畜牧业产值均接近或超过农业总产值的50%,有的占到60%~70%;我国目前畜牧业产值在农业总产值中的比重由1949年的12.4%提高到2005年的35%左右,但与发达国家相比较差距很大。

(二)畜牧业生产已经成为农民增收的主导产业

党的十五大提出要实行农业产业化,扶持龙头加工企业,实现农业增产农民增收。为了实现这一目标,后来的中央农村工作会议决定,把发展畜牧业作为调整农业产业结构的突破口和促进农民增收的主导产业。党的十六大明确指出"推进农业产业化经营,提高农业的综合效益"是解决"三农"问题的重要工作内容。2004年以来,中央连续发布的中央一号文件强调"三农"问题的重要性,提出农村经济发展的思路与措施。其中关于畜牧产业发展的相关论述中,明确提出要转变养殖观念,调整养殖模式,积极推行健康养殖方式,做大做强畜牧产业。

近年来,全国各地认真贯彻落实中央一号文件精神,把加快畜牧产业发展作为调整农业结构、促进农业增效、农民增收和农村发展的重要工作,不断加大扶持力度,强化工作措施,全国畜牧产业有了长足发展。2005年,《陕西省畜牧业"十一五"发展规划》《陕西省畜禽良种繁育体系建设"十一五"规划》以及2005年陕西省委、省政府做出《进一步加快畜牧产业化建设的意见》(陕政发〔2005〕40号)中,强调规模化生产、集约化经营、规范化养殖是陕西畜牧业发展的根本出路,将畜牧产业作为陕西继苹果产业之后的第二大产业来抓,并从政策和经济上加大了对龙头企业的扶持力度。

(三)现代畜牧业生产已经成为我省农民增收的重要途径

目前,陕西省畜牧产业的区域化格局已初步形成,近年来养殖规模持续扩大、畜产品数量持续稳定增长、畜牧业产值占农业总产值的比重持续增加,呈现良好发展态势。畜牧产业已成为农民增收和农村经济发展的重要支柱产业之一,在促进全省经济社会发展中发挥着越来越重要的作用。

近年来,不管是从全国还是陕西来看,农民纯收益的增长速度均呈现相对下降趋势。进一步分析发现,凡是畜牧业发达的地区,农民纯收益的增长速度均要高得多。近几年,畜牧业收入增长对农业家庭收入增长的贡献率已达到30%以上,成为农民现金收入的主要来源。农民畜牧业收入增长速度超过种植业。如宝鸡市麟游县2002年畜牧业总产值就占到农业总产值的56.1%,其中畜牧业收入占农民人均纯收入的41.5%。

三、如何选择合适的畜牧业养殖项目

面对广大农民和养殖企业关注度较高、看似简单的"投资畜牧业选择什么项目最好"这一问题,其实很难用一两句话说清楚。众所周知,畜牧产业所涉猎及的畜禽种类很多,每一种畜禽的生物学习性、消化生理特点、对能量和物质的转化效率等差异很大,其主要畜产品也完全不同,从这个意义上说不同畜禽种类间不存在可比性。但是农户或者是企业从事畜牧产业生产的目的,从社会学方面讲,就是生产品质优良和安全卫生的畜产品,以丰富人们的生活、提高人们的健康水平;从经济学方面讲,就是以最低的生产成本获取数量最大的畜产品参与国际国内的市场竞争,从而获取最大的经济效益。从提高经济效益的角度考虑,将不同畜禽种类的生物学特性与农户或者是企业的自身条件(资源优势、现有基础、投资能力、技术水平、风险承受能力以及产品市场等)有机结合后则具有可比性。也就是说,没有最好的畜牧业养殖项目,只有最适合自身条件的畜牧业养殖项目。因此,将不同畜禽种类的生物学特性与自身条件的有机结合,是进行畜牧业养殖项目选择的基本原则。除自身条件外,关于不同畜禽种类的生物学特性方面应重点关注以下几点。

(一)选择饲料转化效率高的畜禽

不同畜禽种类的生物学习性、消化生理特点不同,决定了其对能量、蛋白质和干物质的转化效率等差异很大。研究显示,不同畜禽种类对饲料中能量的转化效率由高到低依次为:奶牛、蛋鸡、肉鸡、猪、肉牛、羔羊;对饲料中蛋白质的转化效率由高到低依次为奶牛、肉鸡、蛋鸡、猪、肉牛、羔羊;对干物质的转化效率由高到低依次为奶牛(59.4%)、蛋鸡(26.0%)、肉鸡(22.5%)、猪(17.3%)、肉牛(11.1%)、羔羊(7.4%)。

(二)选择繁殖效率高的畜禽

就产肉而言,其实质是利用母畜禽的繁殖能力繁育出幼龄畜禽,经育肥出栏后提供肉食品满足人们的需要。因此,从某种意义上说,繁殖效率是决定其产肉能力的最重要因素。根据不同畜禽种类的繁殖特性,结合目前现有技术水平,正常情况下不同畜禽的繁殖效率(以每个母畜禽一年可繁殖的幼龄畜禽数量表示)由高到低依次为:家禽、兔、猪、羊、牛。

(三)选择劳动生产效率高的畜禽

随着国内劳动力成本的逐年上升,劳动力成本在畜产品生产总成本中的比重逐步增加,已经成为影响畜牧业生产经济效益的重要因素之一。因此,在进行项目选择时,应充分重视不同畜禽种类在生产过程中的劳动生产效率。劳动生产效率通常用每个农业人口生产的畜产品数量(kg)表示。我国目前畜牧业生产水平条件下,不同畜禽种类的劳动生产效率呈现以下规律:

1. 不同畜产品生产的劳动生产效率比较

生产肉、奶、蛋、毛、蜂蜜等畜产品的劳动生产效率不同,其由高到低依次为:肉类(75.38 kg)、禽蛋(22.06 kg)、产奶(13.4 kg)、原毛(0.34 kg)、蜂蜜(0.30 kg)。

2. 不同肉类生产的劳动生产效率比较

由高到低依次为:猪肉(50.34 kg)、禽肉(14.64 kg)、牛肉(5.87 kg)、羊肉(3.1 kg)、兔肉(0.37 kg)。

3. 不同奶类生产的劳动生产效率比较

由高到低依次为:奶牛奶(9.17 kg)、水牛奶(2.86 kg)、山羊奶(0.27 kg)。

4. 不同禽蛋类生产的劳动生产效率比较

由高到低依次为:鸡蛋(22.06 kg)、其他禽蛋(3.85 kg)。

四、提高畜牧业生产经济效益的基本思路和有效途径

现代畜牧业生产与传统畜牧业生产的主要区别在于是更多地强调提高劳动生产效率和经济效益,而不是单纯依靠增加饲养头数来达到增产的目的。生产水平衡量指标主要包括3个方面:一是饲料转化率(有利于提高饲料转化率);二是劳动生产效率和饲养规模(有利于提高劳动生产效率);三是资金利润率和周转率(有利于提高资金利润率和周转率)。

由于影响上述3方面指标的因素很多,因此说提高畜牧业生产经济效益是一个复杂的系统工程。虽然如此,但主要思路和途径,包括技术、经营和决策等有多个方面。本专题重点介绍技术方面的思路和方法。

(一)重视科技进步在现代畜牧业中的重要作用

古今中外社会经济发展的历史证明,科技进步是社会经济发展的最大推动力。在全面系统总结国内外社会经济发展规律的基础上,邓小平做出了"科学技术是生产力、科学技术是第一生产力"的科学论断,为如何提高畜牧业生产经济效益指出了明确的方向:实施科技兴牧战略,依托科技进步,不断提高畜牧业生产经济效益。虽然如此,但科技进步的内涵十分丰富,如何将有限的人力、物力和财力科学合理地投入到科技兴牧的具体实践中,发挥事半功倍的效果,就成为

畜牧科技工作者必须面对的问题。

科学技术是第一生产力,畜牧业科技的进步对提高企业总体生产水平和经济效益起着决定性的作用。因此,现代畜牧业生产特别重视科技进步,表1所示。

表1 甲、乙两个母猪饲养户2006、2007年生产水平比较

项目	2006年		2007年	
	甲	乙	甲	乙
饲养规模(母猪)(头)	10	10	20	10
年产仔窝数(窝)	2	2	2	2.4
窝产活仔猪数(头)	8	8	8	11
年产活仔猪数(头)	160	160	320	264

(二)"少吃、多生、快长、高产"是提高畜牧业经济效益的基本技术思路

畜牧业生产过程剖析:从资源利用角度讲,畜牧业生产过程是指人们利用自然资源(土地、水等)、生物资源(畜禽、饲草、饲料等)、社会资源(人力、物力、科技、市场等),进行绒、肉等畜产品生产过程的总体。从经济学的角度看,畜牧业生产过程是人类利用绒山羊的自然再生产能力,以植物性和部分动物性产品为主要食物(饲料),获取人类必需的畜产品的整个过程,是自然再生产和经济再生产的有机整体。从自然再生产的角度看,畜禽是生产者,通过其特有的新陈代谢机能,一方面不断繁衍后代,维系物种的延续性;另一方面,生产出各种畜产品如肉、皮、毛、绒等。从经济再生产的角度看,畜禽又成为一种生产、生活资料,既可作为畜产品供人们消费,又可像"机器"一样把饲草饲料加工成为人类需要的各种畜产品。不论是从哪个角度分析,其生成过程的实质是人类通过饲养动物参与自然界的能量流动和物质循环,来满足自身食品需要的一种生产方式,其水平的高低表现在能量和物质的转化效率上。

根据上述分析,可按照以下4条基本技术路线进一步提高畜牧业生产经济效益:

(1)采用综合措施,不断提高整个生产过程中饲料转化成畜产品的转化效率,相对降低单位畜产品的饲料成本,达到间接提高经济效益的目的。这条技术路线的核心内容可简称为"少吃"(生产单位畜产品所消耗的饲料费用少)。

(2)采用综合措施不断提高畜禽繁殖效率,这条技术路线的核心内容可简称为"多生"(生繁殖效率高)。

(3)采用综合措施不断提高肥育性能(重点是平均日增重),这条技术路线的核心内容可简称为"快长"(生长速度快)。

(4)采用综合措施不断提高畜禽生产水平,这条技术路线的核心内容可简称为"高产"(生产水平高)。

综上所述,可以认为"少吃、多生、快长、高产"是提高畜牧业经济效益的基本技术思路。其中"多生、快长、高产"主要反映产出因子对利润的影响,而"少吃"则主要反映投入因子对利润的影响。

(三)实现"少吃、多生、快长、高产"的主要技术措施

1. 加强畜禽新品种选育及推广应用,是实现"少吃、多生、快长、高产"的重要技术措施

反映"少吃、多生、快长、高产"的主要技术指标,在畜牧业生产中均属于数量性状指标。按照数量遗传学理论,数量性状由遗传因素(畜禽品种质量)和环境因素(畜舍环境条件、饲料营养状况、饲养管理水平、繁殖技术水平、疫病控制等)共同决定,其中遗传因素是内因,环境因素是外因。根据辩证法观点,内因是依据,外因是条件,外因通过内因而起作用。因此,采用现代育种技术,加强畜禽新品种选育及推广应用便成为实现"少吃、多生、快长、高产"的重要技术措施。

畜禽新品种选育及推广应用过程中所涉及的育种技术,主要包括畜禽遗传资源的评价、保护和利用三个方面,其中畜禽遗传资源的利用技术主要包括新品种(系)选育、现有品种(系)选育提高技术及杂交优势利用技术等。

2. 畜舍环境条件的控制,是实现"少吃、多生、快长、高产"的重要支撑条件

现有研究结果及大量生产实践证明,畜禽养殖舍的环境条件(温度、湿度、光照、通风等)是影响畜禽生产性能的重要因素之一。当畜禽处于最适的环境条件下时,有利于最大限度地发挥畜禽的生产潜力,否则,将会对畜禽生产能力产生较大的负面影响。如热应激能较大幅度地降低奶牛和家禽的生产性能;冷应激会加大畜禽对饲料的消耗;畜舍内有害气体超标,也会降低畜禽的生产性能以及畜禽对疫病的抵抗能力。因此,重视畜禽舍环境质量控制,是提高畜禽生产性能,获取最大利润的重要保障。

重视畜禽舍环境质量的控制,首先应从畜牧场的选址、布局与设计做起,从源头上奠定良好的基础;同时,在日常的生产管理过程中,应充分重视温度、湿度、光照、通风等条件的控制,尽可能满足畜禽最大生产潜力。

3. 按照营养需要供给全价配合饲料,是实现"少吃、多生、快长、高产"的保障条件

饲草饲料是从事畜牧业生产的主要物质基础。按照不同畜禽的营养需要,供给全价配合饲料可以最大限度地提高畜禽对饲料的转化效率,降低畜产品生

产的饲料成本,提高畜牧业生产经济效益。按照不同畜禽的营养需要供给全价配合饲料,涉及的相关技术主要包括饲料原料生产与加工技术(如人工牧草栽培技术、粗饲料碱化技术、青贮技术、膨化技术等)、饲料加工设备制造技术、饲料配方技术和全价配合饲料加工技术。

4.疫病控制技术是实现"少吃、多生、快长、高产"的重要保障措施

推广应用畜禽疫病综合防治技术,对于控制常见疫病的发生具有重要作用,不但可以保证畜禽良好的健康状况,有利于充分发挥畜禽的最大生产潜力和进一步提高畜牧业生产经济效益,而且有利于绿色无公害畜产品的生产,对于保障人类健康具有十分重要的现实意义。畜禽疫病控制应坚持"预防为主,治疗为辅"的基本原则,在具体实施过中,首先应坚持春秋两季进行预防接种。在此基础上,做好科学饲养管理与常规兽医卫生工作。

科学饲养管理是预防动物疫病的基础。动物只有获得良好的饲养管理条件,供给充足的全价营养,才有健康的体质。对幼年动物而言,才有利于免疫器官的发育;对成年动物来说,则有利于免疫功能的正常发挥。相反,若管理不善、营养不良、圈舍条件差、拥挤、载畜量过大、饮水不卫生等,则动物就会发育不良、体质虚弱,也就易于遭受感染,发病也较为严重。常规兽医卫生工作同样是预防动物疫病的重要措施之一,包括消毒、杀虫、灭鼠及消灭或避开动物寄生虫的中间宿主。

5.重视设施的改进

畜牧业生产设施的现代化是现代畜牧业的重要特点之一。通过设施生产的改进,可以进一步提高畜牧业生产水平和劳动生产效率。如畜牧业生产中常用的自动喂料系统、饮水系统、通风系统、光照系统、清粪系统,养猪业的产床、保育床等设施的应用等等。

6.重视食品质量安全

进入21世纪,全球畜牧业发展面临着一个共同的问题:畜产品的安全质量问题。所谓畜产品食品安全,是指畜产食品中不应含有可能损害或威胁人体健康的因素,不应导致消费者急性或慢性毒害,或感染疾病,或产生危及消费者及其后代健康的隐患。前些年农药、兽药、饲料添加剂、动物激素等化学物质在畜牧业生产中的大量使用,促进了畜牧业生产的发展,同时也为畜产品安全带来了危害。在此期间,国内外畜产品安全质量事件频繁发生,如疯牛病使英国兴盛百年的肉牛业惨遭灭顶之灾,并殃及德、法、荷、比、日等国,人们谈牛色变;猪鸡饲料中混入二噁英事件在比利时产生巨大的社会震动,导致比利时内阁集体辞职……从某种意义上讲,畜产品食品安全问题已不仅仅是一个经济问题,而是一个政治问题。

在我国同样也存在诸多影响畜产食品安全的严重问题,如瘦肉精事件、三聚氰胺事件等,一方面对消费者的消费安全产生了较大影响;另一方面,一些畜产品因质量指标达不到国际标准,而在出口贸易中被拒收、扣留、退货、索赔的事件也屡有发生,可以说畜产食品不安全已经成为制约我国畜牧业健康发展的瓶颈。为此,农业部2001年提出"无公害食品行动计划",要求在8~10年内,在全国范围内达到主要农产品生产无公害的目标。

精准脱贫与乡村振兴
——农业农村干部培训读本

现场教学篇

现代农业发展动态
——杨凌现代农业创新园

一、现场教学目的

1. 了解掌握现代农业发展动态与发展趋势；
2. 掌握现代农业发展的模式和发展途径；
3. 思考现代农业发展应该注意的问题。

二、基本情况

(一)概况

教学点设在杨凌现代农业科技创新园。该园以展示国内外农业及其相关学科高新科技和创意农业的新成果、新技术为内容，以科技成果转化与旅游观光为经济增长点，以农业专家与企业技术部门为主体，展现农业新技术、新品种和新成果。该园是目前国内集设施农业、观光农业和创意农业为一体，面积最大、技术最先进的现代农业科技创新园。这里展示了国内外现代农业设施与农业高新技术，以新颖的构思打造我国独特的观光旅游产业。园区设施位居国内一流，成为展示现代农业科技发展的示范橱窗。

现代农业创新园占地1 300亩，分为智能温室、日光温室和露地三个功能展示区。该园主要展示三方面的内容：一是设施展示，主要展示智能温室、日光温室和节水灌溉设施；二是技术展示，通过六座国际领先水平的现代化温室，集中展示现代农业创造的各种先进的生产技术和条件；三是品种展示，利用日光温室和露地栽培设施，展示适宜干旱半干旱地区应用的1 500多个农作物品种。

智能温室展示区选用目前国际最先进的文洛型、大跨度尖顶型和A-Frame型三种自控智能温室技术，建成了现代农业创意馆、西部特色展示馆、超级蔬菜馆、工厂化育苗中心、梦幻花卉馆、奇异蔬菜馆六个展示馆，主要展示现代生物技术、环境调控技术、施肥灌溉技术、无土栽培技术、信息管理技术以及现代农业新品种、新成果。日光温室和露地展示区正在规划建设当中。

(二)展馆介绍

1.西部特色展示馆

西部特色展示馆主体建筑为大跨度尖顶玻璃温室,单跨 12 m,共 4 跨,跨度 48 m,长度 72 m,高 7.8 m,面积 3456 m^2;覆盖材料,侧墙为中空玻璃,顶部为夹胶玻璃。高大的温室突出优点,适宜栽种高大植物、布设高大景观,造型别致,采光保温效果好。

西部特色展示馆以特色、科技、生态、人文为理念,以西部特有品种和特色栽培展示为主题,以人文特色艺术景观的造园手法,以和谐、团结、共融为设计思路,结合现代栽培技术,通过绿意盎然生机勃勃的农业景观,展示古老人文智慧的传承与现代科技文明的发展。该馆不仅尽展西部地域特色景观,还展示了人们充分利用现代农业栽培技术栽培一些传统的典型植物。展馆分为四个区,原野绿洲、雪域药园、滇西映像、西域慧都。

原野绿洲展示区以野生蔬菜为主,包括紫叶生菜、蕨菜、荠菜、大叶蒲公英、鸡冠花、沙棘等。引入这些野生蔬菜的目的是让人们了解它们的营养价值,推广野生蔬菜的种植,提高农民收入。该区的三个皮影人物是陕西省皮影文化的展示;该区还栽有石榴树、矮化后的盆栽苹果树和一种新型的栽培技术——立柱栽培;以不同层次的方法种植了谷子、薏米、青稞、燕麦,表现了西部梯田景观。

雪域药园展示以藏药、蒙药为主的中药文化。主要展示的中草药品种有:天山雪莲、枸杞、黄麻、紫苏、防风、薄荷、牛蒡、知母、草决明、夏枯草、黄芪、黄连、连翘、金银花、板蓝根、紫花地丁、鱼腥草、大黄、丹参、半夏、桔梗等,还有七里香、薄荷、海索草、薰衣草、绿罗勒、紫罗勒、甜罗勒等一些香料作物。芳香植物除了具有药用价值外,还含有香气成分,可以作为精油被提取出来,用于医药、食品加工、化妆品等行业。天然香料香味独特,无毒副作用,近年来,还发现有抗氧化作用。此外,还有茉莉、杜鹃、芦荟、金银花、桂花、凤仙等食用花卉。食用花卉不仅具有食用、药用价值,也可以用于酿酒,提取香精。食用花卉的蛋白质含量远胜于牛肉、鸡蛋,维生素含量高于水果。

滇西映像展示区主要展示了滇西自然、人文景观。该区种植了香蕉树、小金橘、佛手、柠檬、扶桑、夜来香、杜鹃、米兰、栀子花、朝鲜蓟、桂花等芬芳美丽的南方观赏植物。

西域慧都展示区的标志景观包括新疆著名的坎儿井,象征伊斯兰圣廷的铁艺,甘肃省著名旅游景点——嘉峪关。该区主要栽培马铃薯、山药、沙葱、倒挂金钟等。

2.超级蔬菜馆

超级蔬菜馆主体建筑采用文洛型玻璃温室,单跨 3.2 m,共 15 跨,跨度

48 m,长度 72 m,建筑面积 3 456 m²。该馆以新品种、新技术的集成创新为载体,借助现代化的蔬菜栽培技术,把多样化的蔬菜品种通过各种新的栽培模式、技术和艺术手段展现出来,体现了观光型设施农业新技术和文化艺术的结合。

该馆主要以设施蔬菜现代化新技术的规模化生产展示为主,集中展示了黄瓜、番茄、西瓜、彩椒、香蕉西葫芦、豇豆等瓜果豆类蔬菜的三种基质高效栽培模式,其分别为桶式无土栽培、槽式无土栽培和袋式无土栽培。

(1)桶式无土栽培:采用一种新型桶式无土栽培装置进行栽培。该装置的特殊结构很好地调节了蔬菜根际固体、气体、液体三相的平衡,解决了无土栽培中根际供液和供氧的矛盾,并且装置底部的营养液层在一定时间内能持续供给植株充足的营养液和水分,使植株健壮生长。该栽培技术优点突出:①易移动性强;②提早种植,提早上市;③节约肥水;④节约基质,残根清理方便;⑤病害少;⑥增产增值。利用无土栽培装置,比常用的其他无土栽培形式增产 20%~35%,增值 20%~90%。

(2)槽式无土栽培:用砖等材料制作栽培槽,在槽的内部添加基质,浇灌营养液进行栽培。与有土栽培相比,槽式无土栽培具有四大优点:①节约成本,可省肥 30%~50%、省水 50%以上;②减轻劳动强度,一次建槽可长期使用;③减少病虫害的发生;④提高农产品品质,减少环境污染,而且可以在一切不适于一般农作物生长的地方进行农作物栽培。

(3)袋式无土栽培:一般采用能装入 22 L 左右基质的乳白色扁平状的塑料袋作为栽培袋,用滴灌方式进行栽培的一种简易无土栽培方式。可以栽培黄瓜、番茄、茄子、辣椒、西甜瓜等大部分果类蔬菜,每条栽培袋可以栽培 4~5 株。该栽培技术具有五大优点:①便于肥水控制,节约肥水;②每棵植株的根系都有自己的活动空间,根系舒展;③一旦发生病害,整个植株比较容易清理掉;④所用的基质全部经过消毒灭菌,本身无污染,生产的产品清洁卫生、无污染;⑤与非袋式无土栽培相比,空气相对湿度较低,有利于减轻霜霉病、白粉病等病害的发生。

超级蔬菜馆在展示先进的高效高产无土栽培技术的同时,引进了新、奇、特蔬菜品种 30 余种,其中有穗似葡萄,成串采收的串番茄;还有又黑又亮的"黑珍珠"般的黑番茄;有红、橙、黄、紫等五颜六色的彩色甜椒;形似香蕉的金黄色的西葫芦;酷似灯泡的大个茄子。这些经过挑选具有很好观赏性的农产品,通过现代化的栽培,具备了很强的实用性,给人以新奇甚至是惊奇的感觉。让人们在休闲娱乐的同时,既开阔眼界、增长知识,又起到了新品种、新技术示范作用。

3.工厂化育苗中心

工厂化育苗中心主体建筑为文洛型玻璃温室,单跨 3.2 m,共 15 跨,跨度 48 m,长度 72 m,建筑面积 3 456 m²。该馆又名杨凌美庭工厂化育苗馆,是由杨凌美庭两岸农业开发有限公司,依托西北农林科技大学、台湾农大等农业院校共同建设的海峡两岸农业合作试验区。

"蔬菜要高产,种苗是关键。"工厂化育苗中心利用现代化育苗设施和国内外最先进的现代育苗技术,以现代化、企业化的模式组织种苗生产和经营,实现种苗的规模化生产。采用台湾引进的全自动化播种机播种,以及自行研发的有机介质,进入催芽室催芽,2~3天进入计算机监控的全自动的炼苗室和育苗室,25~45天即可成苗。该苗木具有无病毒、根系发达,吸收水分、养分能力强,定植后不伤根,不缓苗,植株生长发育快等特点,实现了早熟、高产、抗病、优质的目标。

4. 梦幻花卉馆

梦幻花卉馆主体建筑采用了尖顶大跨度的玻璃温室,单跨12 m,共4跨,跨度48 m,长度72 m,建筑面积3 456 m²。此馆有两大特点:第一,从国内外引入了一些比较珍贵的花卉品种,品种总数达到300余种,而这些品种在我国北方是基本见不到的;第二,通过景观设计将新品种、新技术融入其中,创造了一个和谐、生动的农业景观形象。

该馆整体围绕"一轴、一环"布局,以彩虹长廊为主轴线,整个温室内部主要游览路线为环线。分为彩廊叠翠区、花美术馆展示区、蜜蜂主题花卉区和鸟语国花林休憩区等四个区域。

(1)彩廊叠翠区:主要展示垂吊花卉和水生花卉品种,以及垂吊花卉和水生花卉的栽培技术。垂吊花卉除采用滴灌外,同时应用了比较节水的蓄水花盆。水生花卉品种主要是常见的热带水生花卉,如睡莲、水葱、黄菖蒲等垂吊花卉,紫牡丹和红花芙蓉等。

(2)花美术馆展示区:以现代设计手法为理念,吸收美术作品展出及产品展示的形式,运用植物的材料布置出一道匠心独特的花艺廊。主要展示的新品种有:蓝羽、小天使、白雪等。这个区域分为三个部分:第一部分主要展示的是一些常见的家庭盆栽花卉品种,品种有肾蕨、马蹄莲、卡特兰等;第二部分用植物材料勾勒出山峰和蝴蝶的造型,主要在于产品的展示;第三部分展示了盆栽花卉在现代家庭装饰中的应用,如立体植物猪笼草、墙挂干花等。

(3)蜜蜂主题花卉区:主要体现"杨凌精神"——心系黄土高原,艰苦创业;扎根黄土高原、扎根大西北;吃苦耐劳,团结协作,联系群众,全心全意为人民服务。这一区域主要为杨凌的花卉生产作示范。在设计中将蜜蜂的一些元素融入景观,让观赏者在观赏的同时了解"杨凌精神"。

(4)鸟语国花林休憩区:采用一种由多个上下叠合的栽培盆组成的立式无土栽培装置作为花卉茶室,既是技术展示,也是技术应用。本装置可栽培生菜、菠菜、草莓等蔬菜,花卉、香草类观叶植物,用于温室、露地等大规模商业化栽培,也可用于观光农业展示。

5.奇异蔬菜馆

奇异蔬菜馆主体建筑采用了 A－Frame 型玻璃温室,单跨 9.6 m,共 5 跨,跨度 48 m,长度 72 m,建筑面积 3 456 m²。奇异蔬菜馆除展示了一些奇特的观赏瓜果和果蔬外,最主要的是以展示高科技现代农业技术为核心,集中展示了 15 种先进无土栽培技术,分别是:

(1)营养液膜水培技术。营养液在一平缓坡度的栽培床上缓缓流动,不形成液层,作物根系伸展于床面与定植盖板间的空隙层(3～5 cm 之间)中均匀吸收水肥,大部分根系裸露在床内潮湿的空气中,根系的水、肥、气环境优越,作物生长好,产量高。营养液膜技术可以栽培各种果菜和叶菜。

(2)多功能深液流水培技术。栽培床内具 4～8 cm 的营养液层,作物根系悬浮伸展于营养液中,营养液通过从进液口不断输入和回液口不断排出,实现循环流动。营养液面和整个栽培床(槽)呈水平状态,对作物根系的水、肥、气吸收非常有利。多功能深液流水培技术主要适用于栽培各种叶类蔬菜,也可栽培部分果菜。

(3)深液流漂浮水培技术。栽培床内具 15～30 cm 的营养液层,作物根系悬浮伸展于营养液中,营养液通过进液口不断输入和回液口不断排出,实现循环流动。营养液面和整个栽培床(槽)呈水平状态。栽培床内液层比较深,定植板直接漂浮于液面,作物根系吸收水、肥非常方便,根部液温比较稳定。深液流浮板水培技术适用于栽培各种叶类蔬菜。

(4)管道式水培技术。利用常规直径 75～110 mm 的 PVC 管或 PE 管材制成栽培管,按栽培目标的需要布置成栽培床或栽培墙。每根栽培管道呈水平状态,以确保管道内液位高度的一致性,由相应的支架做支撑或固定。管道的一头是进液口,另一头为回液口,通过间断或不间断的供液,并设定好液位高度来保持管道内的液位,一般液位高度为管道直径的 1/3 到 2/3。管道式水培技术可以根据需要设计制作成多种栽培造型,既可制成固定式,也可做成可移动式。管道式水培技术主要适宜于栽培矮生的蔬菜,以叶菜栽培为主。

(5)墙面立体栽培技术。采用特制高密度泡沫板制成栽培墙板,在栽培墙板间填充有利于根系生长和吸收水肥的基质体。栽培墙上有倾斜向上的插植孔,蔬菜苗在特制的定植杯中培育,成苗后可直接插入栽培墙的插植孔中。墙面立体栽培技术可以充分利用建筑物的立体表面(具良好光照)附着固定,也可通过在栽培墙内设钢管骨架而自立成墙,形成双面或几何垂直多面的栽培设施。适用于栽培各种矮生植物,包括蔬菜、花草、药材及粮食作物等。

(6)柱式立体无土栽培技术。柱体是由若干个高密度泡沫栽培钵串叠而成。栽培钵呈圆形,四周具五个梅花形插植孔,栽培钵底有排液孔,使整个柱体上下栽培钵能互相连通,有利于营养液的循环供给。钵内填充有利于作物根系生长的基质体。蔬菜苗在配套特制的定植杯中培育,成苗后插入柱体的插植孔中。可以连续栽培5~10茬叶类蔬菜,连续生产10~15个月,此后需打开柱体进行残根清理和基质、设施的消毒,重新组装后继续使用。主要适用于栽培矮生的花草、蔬菜、草莓、药材等作物,既可大面积进行蔬菜生产,也可用于立柱式的花草景观布置。

(7)单株盆钵式基质无土栽培技术。该技术是常规盆栽法的衍生,适合各种果菜的规模化生产,采用发丝滴灌可以实现单盆、单株的均匀供液。该技术的优点是能避免株间根系病虫害的传播;可以根据品种和植株大小随时调节株行距;有利于基质配制、消毒和换茬;不需要过多的固定设施,灵活性强。

(8)深液流水培法。该技术是由营养液膜水培法逐渐改良而来的,所需设施主要由盛载营养液的种植槽、悬挂植株的定植网框或定植板块、地下贮液池、营养液循环流动系统等4部分组成。深液流所用的营养液的液层较深(5~10 cm),植株悬挂在液面上,其重量由定植网框或定植板块所承载,根系垂入营养液中。深液流水培法的主要优点是液量多而深,营养液的浓度、酸度、温度以及水分存量都不易发生剧烈变动,为根系提供了一个较稳定的生长环境。

(9)雾(气)培,又称气增或雾气培。它是将营养液压缩成气雾状而直接喷到作物的根系上,根系悬挂于容器的空间内部。通常是用聚丙烯泡沫塑料板,其上按一定距离钻孔,于孔中栽培作物。两块泡沫板斜搭成三角形,形成空间,供液管道在三角形空间内通过,向悬垂下来的根系上喷雾。一般每间隔2~3分钟喷雾几秒钟,营养液循环利用,同时保证作物根系有充足的氧气。

(10)漂浮毛管水培。所需设施包括种植槽、定植板、地下贮液池、循环管道和控制系统4部分。种植槽由聚苯乙烯板连接成长槽,槽内铺防渗聚乙烯薄膜,板上覆盖亲水性无纺布,两侧向下垂延至营养液槽中,通过毛细管作用,使浮板始终保持湿润。秧苗栽入定植杯内,然后悬挂在定植板的定植孔中,正好把槽内的浮板夹在中间,根系从定植杯的孔中伸出后,一部分根爬伸生长到浮板上,产生根毛吸收氧,一部分根伸到营养液内吸收水分和营养。种植槽上端安装进水管,下端安装排液装置,进水管处同时安装空气混入器,增加营养液的容氧量。排液管道与贮液池相通,种植槽内营养液的深度通过垫板或液层控制装置来调节。

(11)细叶菜栽培模式。该模式由水槽、多孔定植槽、仿土壤栽培介质、供回液系统组成,是为解决香菜、鸡毛菜、茼蒿、韭菜、小葱等高密度细叶蔬菜在水培模式时不能高密度种植、费人工、不能撒播的问题研发。是模仿细叶菜土壤栽培模式设计,实现了细叶菜在水培栽培时可以撒播。细叶菜无土栽培技术适用于栽培各种适合密植的细叶型植物,包括蔬菜、花草、药材及粮食作物等。

(12)平架式漂浮培。此套装置是在传统漂浮培的基础上研发而成。

(13)多段密植装置。该装置是在营养液膜技术的基础上研发而成。

(14)新式管道栽培。本装置是在原有移动式管道栽培的基础上研发而成。

(15)蔬菜树式栽培。该模式利用容器和其他辅助设施,实现了蔬菜像大树一样形成"树冠",具有产量高、观赏性强等优点。

总之,奇异蔬菜馆以展示高科技的现代农业技术为核心,融入园林景观的手法,让参观者在赏心悦目的环境中体会高科技现代农业的魅力。

目前,现代农业科技创新园已成教学、科研、实习、培训和推广基地,学校的专家教授进园开展科研、教学、生产活动,积极研究和引进国内外先进的技术成果,充分发挥现代农业技术成果的展示与辐射功能。与此同时,还为省内外培育了一大批科技人才,成为杨凌地区现代农业观光旅游的亮点。

6. 农业生态餐厅

生态餐厅首开中国生态宴先河,将健康原生态主题与现代高科技农业技术完美结合,引入现代农业、塞纳河餐厅的健康生活理念,开发出独具特色的原生态健康大宴,打造融原生态餐饮、西方葡萄酒文化、浪漫法餐于一体的中国首屈一指、最具特色的新型餐饮模式。

农业生态宴以中国传统饮食中的味道天然、用料考究为根本,引入法餐严格选材、健康烹饪的烹制理念,甄选创新园奇、珍、稀可食用原材料,创意性将食材的根、茎、叶首次作为烹饪主料,搭配园区绿色有机原生态蔬果食材,珍贵天然香料,采用无损营养的科学烹饪手法,将法餐健康理念与中国菜的烹饪技法融于一席,并开创性的将品味美食的美妙之旅移植于鸟语花香的植物花卉场馆内,在数万株植物的自然呼吸中,一边品味自然美味的健康美食,一边享受天然的原生态美景。

三、主要特点

1. 三种不同类型的智能连栋温室——文洛型、大跨度尖顶型、A-Frame型,向人们展示了现代化连栋温室的结构和功能。它们的共同特点就是由天沟连接起来的多个单栋温室构成,设有保温、采暖加热、通风降温、内遮阳、外遮阳、供液及残液回收、空气循环、自动控制、镀锌钢架等系统。

智能连栋温室主要展示现代设施农业工程技术,是现代农业工厂化生产的示范,代表了未来农业发展的方向。

2. 园内展示的各种现代农业的高新无土栽培技术,在科普教育、示范带头、指导推广方面有十分重要的作用。它们是无公害绿色农业生产技术的示范基地、新品种试验示范区,推广先进实用的设施农业及无公害栽培技术、绿色健康的蔬菜生产方式展示平台。

3.引进国内外各种名优奇特的蔬菜、花卉、观赏植物等新品种,种类丰富,品种繁多,色彩斑驳,秀色可餐,让人耳目一新。成为集科研、教学、人才培养及观光旅游于一体的现代农业高科技创新园。

总之,该园在示范的基础上,兼顾了观光旅游业、农产品外销的产业模式,不仅获得了较高的经济效益,还产生了广泛的社会效应。

四、功能优势

1.研究推广设施农业高新无土栽培技术,推广先进及实用的无公害乃至绿色生产综合栽培技术。

2.发展成为蔬菜新品种、新种苗、新技术的示范中心,向周围辐射,形成蔬菜一体化新技术栽培示范基地。

3.发展种子、育苗、花卉、农产品超市,向周围提供种子、幼苗、花卉新品种及花卉产品、农产品。

4.进一步扩大和发展观光农业产业,推动农村产业和城市生态旅游的发展,改善生态环境,营造舒适休闲的旅游新亮点。

五、主要启迪

1.现代农业工厂化生产的示范橱窗

现代化的连栋温室自动控制系统能根据不同作物对环境条件的要求,进行生长环境的自动化调控,提供最佳的生长环境条件,使作物始终处在最适宜的环境条件下生长,不受外界自然条件的限制。自动化供液系统能自动供给作物不同生长时期所需的营养和水分,满足作物各生长阶段的营养需求。使农业生产在现代设施和高科技栽培技术条件下,实现工厂化、科学化生产,促进农业现代化。这些代表了未来农业发展的方向,具有前瞻性的示范作用,使我们提高了对高科技的认识,增强了信心。同时也明确了与现代化的差距。动力与压力并存,启示大家在未来的工作中,要更加重视科技,全力培育人才,以科技促进农业产业化进程,发展特色农业产业区,形成农业产业集群,提升农业竞争力。

2.现代农业国际化的展示平台

该园从多个国家和地区成功地引进了新特名优蔬菜、花卉和观赏树木新品种,如樱桃番茄、灯泡茄子、彩色甜椒、香蕉西葫芦、紫叶生菜、观赏南瓜等珍奇蔬菜,还有圣诞红、仙客来、蝴蝶兰、四季常春花、朝鲜蓟、非洲茉莉、木本大豆、木本番茄、鹤望兰、橡皮树等名优花卉、观赏树木品种。同时,创造性地提出和成功试验出适合西部传统典型植物的生产栽培技术,也成功地引进、研究出多项高科技栽培技术,成为高科技国内国际化的展示平台,起到了国际化示范效果。

这启示大家在积极培育人才的同时,要与高等院校和科研院所加强联系,建立"市校合作""县校合作"协作组织,大力引进和推广应用新品种、新技术,以科技推动当地农业和社会经济快速发展。

3. 无公害绿色农业生产的典范

园区采用无土栽培高新技术,控制了土壤病虫的污染危害;自动化平衡施肥,减少了营养富积和硝酸盐、亚硝酸盐的含量;生长环境条件的自动控制,作物生长健壮不易发病;几乎不使用农药,无农药残留,在土壤、施肥、环境、植保方面达到了无公害绿色生产的要求,获得了无公害绿色标志认证,起到了无公害绿色生产示范作用。

在经济全球化的背景下,农田污染和残留量超标,是制约我国农业国际化发展的主要技术障碍。改变"绿色歧视",发展绿色农业,是我国农业国际化的关键。因此,我们要重视食品安全,科学利用当地自然生态资源优势,积极发展绿色农业、安全农业,提高农产品的品质和产值。同时作好无公害绿色食品生产的认证,做好市场准入。

4. 发展都市农业的示范模式

现代农业、生态农业、观光农业是都市农业的重要特征。园区采用现代化设施,实现无土栽培、自动调控环境条件和营养供应,工厂化生产,数字化管理实现了现代农业、生态农业和数字化农业。同时园区在杨凌城区,又是杨凌观光旅游的热点。因此,它是发展都市农业的一个示范。

当今以农业公园、休闲农场、生物农场为代表的多种形式的都市观光农业发展迅速,启发大家要重视休闲农业、观光农业、田园农业,结合当地实际,在城市或城镇发展不同形式和规模的都市农业,引导和促进当地农业经济多元化快速发展。

思考题

1. 该现场教学点对你有什么启发?
2. 现代农业发展趋势是什么?
3. 对现代农业发展的建议。

区域主导产业选择
——周至县哑柏裕盛苗木花卉村

一、现场教学目的

1. 了解如何根据市场和当地资源条件选择主导产业；
2. 了解如何把主导产业通过市场组织和政府组织做强做大；
3. 了解产业化的发展路径。

二、基本情况

站在杨哑渭河大桥向南远望，有一个绿树成荫、四季有绿、三季有花、鸟语花香的村庄，这就是以苗木花卉而闻名西北乃至全国的西北最大的苗木花卉基地——周至县裕盛村。

周至县是西北地区重要苗木花卉生产大县，裕盛村是周至县苗木花卉生产繁育面积最大的村。裕盛村发展苗木花卉历史悠久，据《重修周至县志》记载，已有84年的发展历史，是周至县最早繁育苗木的村庄之一。如今苗木花卉已成为裕盛村的主导产业，2015年全村苗木花卉种植面积已达10 000多亩，全村100%的农户不同程度从事苗木花卉的生产，并已经辐射到周边十多个村组。

裕盛村是周至县西部的一个大村，共有20个村民小组，1270户，5 863人，耕地面积7 000多亩。近年来，在村"两委会"全体同志的共同努力下，裕盛村在"一村一品"建设方面，走在了其他村庄的前列。

来到陕西省周至县哑柏镇裕盛村，好像走进了一个超级大花园。一座座装饰一新的别墅式建筑排成了行，一颗颗棕榈、冬青、玉兰树等把房前屋后打扮得如同花园，一辆辆崭新的宝马、别克等高档轿车时不时地穿梭在街头巷尾、田间地头。谁能想到，这里原来还是远近闻名的"逃荒村"，是小小的苗木，就把它变成了"小康村"。

当年，裕盛村是一个由来自18个省、自治区的逃荒者组成的"逃荒村"。由于这里地处渭河荒滩，土地瘠薄，种粮食连种子钱都收不回来，村民们吃不饱、穿不暖，不得不另谋出路。20世纪70年代，在村民小组组长余来斌的带动下，大伙偷偷地种植了苗木。尽管当时培育的品种还是价格低廉的杨树,但是,这里的沙土地种花木却是得天独厚。周围"以粮为纲"的村子一个劳动日值二三角钱,他们村里的保守数字却是1元多。改革开放后,尤其是"山川秀美"工程开始后,裕盛村的苗木产业迎来了辉煌的"春天"。大伙一致推选"苗木带头人"余来斌当他们的"领头羊"。在余来斌的带领下,村民们积极调整农业产业结构,种植苗木花卉的农户一年比一年多,面积一年比一年大,7 000多亩耕地全部栽种苗木花卉,使这里成了名副其实的"苗木村"。这还不够,村民们又到外村、外省承包耕地栽种苗木,全村拥有苗木花卉1.2万亩,成为西北地区最大的苗木花卉生产和销售集散地。

苗木花卉生产搞上去了,主导产业明确了,如何把苗木花卉这一绿色产业链拉长？村委会定期聘请西北农林科技大学有关专家教授对村民进行培训和指导,从苗木花卉种植技术到病虫害防治技术,从苗木花卉园艺修剪到园林造型布置,全方位打造精品苗木品牌。苗木大户积极培育绿化工程公司,走"绿化企业＋协会＋经纪人＋农户"的生产经营模式。1997年,裕盛苗木花卉有限公司成立,2004年裕盛村苗木花卉合作经济协会成立。如今全村已有16个绿化工程公司,农民合作经济协会发展会员达300多人,216人获得农民经纪人证书,常年在外从事苗木花卉营销队伍人数达300多人,每年销往全国20多个省(区)的苗木数量达1亿株。到了苗木销售季节,每天要外运苗木数十车,不但解决了本村的剩余劳力问题,而且在用工高峰期,每天还有1 500多外村的村民来打工。

如今,裕盛村苗木花卉产业链总收入2亿元,人均纯收入达30 000元,全村拥有高级私家车150多辆,电脑289台,苗木网站68多户,成了名副其实的"小康村"。

三、主要做法

(一)村两委会正确领导

10年来,村民依靠苗木花卉产业之所以能够走上勤劳致富的道路,主要得益于村支部的正确领导,与村委会一班人的共同努力。近年来,仅村支部书记余来斌个人用于村庄建校、修路、安装电话,建立集体网络的资金不低于10万元。由于支书有带领村民致富的强烈事业心,不仅在村"两委会"中威信很高,在村民中的威信也很高。村"两委会"更是一个讲团结、讲民主、敢干事、干成事的班子。

(二)培育龙头企业,成立农民专业合作社

村上积极培育和扶持大中型绿化工程公司,走绿化企业＋协会＋农户的经营模式,引导村民走规模化、集约化、专业化、标准化的道路。如今,全村超过100亩的苗圃有15个,30亩以上的苗圃有70个,绿化工程公司36个,在外村租地经营苗圃的有40个,在西藏、青海、甘肃等省(区)经营苗圃的不下10户,常年在外销售苗木的专业人员有300多人。每年销往西北、华北、东北、华东等20多个省、市、自治区的苗木数量达1亿株。2004年村上成立了苗木花卉专业合作社,现有会员200多人,经培训考核,2015年已有300人获得农民经纪人证书。

(三)建设信息网络

发展和完善日益扩大的销售网,以信息化带动产业化,已成为裕盛人的共识。1996年,村上架通了本村的电话线,1997年5月,在电信部门的支持下,建成了周至第一个村级2 000门的宽带程控机房。如今,全村电话普及率98%,手机普及率99%,宽带用户105户。村上不但有集体网站,同时号召有条件的农户建立了48个私人网站,农户们不仅在互联网上查找苗木供求信息,同时也在互联网上发布苗木供求信息。信息网络的建设,给裕盛人民带来了便捷的服务,有力地促进了裕盛苗木花卉产业的发展,为裕盛人民带来了丰厚的经济效益。

(四)实施精品战略、名牌战略

为了提高产品质量,增加适销对路的产品,进一步做强、做大、做精、做细苗木花卉产业,发展精品苗木、名牌苗木,村上领导不惜重金,聘请西北农林科技大学有关专家教授定期对村民进行讲课。正是由于这种"以质量求生存,以市场求发展,以精品求效益"的发展理念,使该村生产的苗木花卉产品科技含量不断增加、商品化程度不断提高,为产品提供了广阔的销售市场,为村上苗木花卉产业持续健康地发展打下了坚实的基础。10年来,苗木花卉产业给裕盛人民带来了10亿元的收入。如今,村上有860户盖起了价值15万~36万元造价不等的欧式小洋楼,家用电器普及率在90%以上。这一个个鲜活的数字,无不在印证着一个有目共睹的事实,这就是在社会主义新农村建设的今天,裕盛村依靠"一村一品"不仅使自己富裕起来了,也带动了周至苗木花卉产业的发展和其他相关产业的发展,为农民增收,建设社会主义新农村打下了坚实的基础。

四、主要启迪

1.依托当地资源优势和市场需求发展主导产业。

2. 引入现代化科技资源,把产业做到专业化和规模化。
3. 依托市场创品牌,实现产业品牌化发展。
4. 建设苗木花卉市场,依靠市场配置资源。
5. 发展专业合作社,带动村民收入水平提高。

思考题

1. 选择农村发展主导产业的原则是什么,你认为你们村的主导产业应该是什么?
2. 农村主导产业做强做大的方法和途径是什么?请举例说明。
3. 新农村建设中"两委会"的主要作用是什么?请举例说明。

精准脱贫与乡村振兴——农业农村干部培训读本

农业科技新视野
——西北农林科技大学博览园

一、现场教学目的

1. 增强学员对农业科学的感性认识；
2. 了解农业发展需要涉及的学科领域；
3. 了解农业发展的历史沿革。

二、基本情况

西北农林科技大学博览园位于杨凌国家农业高新技术产业示范区,西宝高速中段,东距西安市 82 km,西距宝鸡市 86 km,与太白山和法门寺 20 km 之遥。

博览园建设占地 200 亩,总建筑面积 16 000 多平方米,包括逸夫科技馆、动物博物馆、昆虫博物馆、土壤博物馆、植物博物馆、中国农业历史博物馆 5 个专业博物馆和蝴蝶园、植物分类园、树木园及多种种质资源圃等,是集教学、科研、科普于一体的重要学科基地。博览园是学校在整合科教资源的基础上建立起的博物馆群,全面、系统宣传农业科技知识,展示我国农业科技成就,在我国尚属首例。

在 80 多年的长期建设和发展过程中,西北农林科技大学在农业科教方面取得了瞩目的成绩,特别是杨凌的几代农业科教专家收藏积累了大量珍贵的动物、植物、土壤、昆虫标本(实物)和农史典藏,成为学校的重要科教资源。其中昆虫标本 120 万号、植物标本 55 万份,收藏量均居全国高校之首;动物标本数十万号,其中富有农林专业特色的珍稀动物 8 000 余件;线装古籍 5 万余册,为全国农林院校之冠,全国现存农业古籍 300 余种,学校收藏 284 种,其中善本文献 20 余种。

1987 年,依托植物保护学院丰富的昆虫标本收藏,学校创建了全国第一个昆虫博物馆,开始了标本资源保护、开放利用和科普教育新路子的探索。1996 年,国务院副总理李岚清来校考察后,批准立项建设昆虫博物馆二期工程,使昆虫博物馆和昆虫学科得到了进一步的发展。昆虫博物馆先后被评为"中国青年科技创新行动教育基地""陕西省青少年教育基地""陕西省科普教育基地""全国科普教育基地单位"等,成为科学研究、教学实践、科普教育的重要基地,为宣传学校和杨凌示范区发挥了重要作用。昆虫博物馆的建成为学校标本资源开放利用、服务教学和科研、开展科普教育树立了成功典范。

1999年合并组建西北农林科技大学后,为了进一步整合和挖掘学科资源优势,建立集科研、教学、科普为一体的学科基地,保护和开放利用标本资源,展示农业科技成就,传播农业文化和科学知识,在原昆虫博物馆的基础上,学校依托昆虫学、畜牧兽医学、植物学、土壤学和农业历史学等学科研究成果和优势,于2001年10月启动了博览园建设项目。

博览园是一个社会公益性建设项目,它的建设得到了国家和陕西省政府、社会各界、广大校友和全校师生员工的关心、支持和资助。其中邵氏基金会捐赠500万元港币建设逸夫科技馆,社会各界和广大校友捐资400余万元建设中国农业历史博物馆。地方政府、各界友人还捐赠了大批展品,支持博览园的建设。

2006年11月,博览园全面建成并向社会开放,成为学校的一个学科展示平台。主要服务教学和科研,并面向公众开展科普教育,推进素质教育、爱国主义教育,促进先进科技与先进文化相结合,提高民族科学文化水平,在创建和谐社会中发挥重要作用。博物馆通过多种现代化展示手段和丰富的标本、模型、实物、文物展览,形象、系统、科学地介绍与人类关系密切的动物、昆虫、植物、土壤知识和农业科技史,展示我国农业科技和生物技术发展取得的辉煌成就,面向公众传播农业文化和科学知识。目前,博览园已经成为国内最大的以农业科技为主题的由五个专业博物馆组成的全国科普教育基地,在服务教学、普及农业科学知识、全面提升素质教育方面起到了重要作用。

三、专业博物馆简介

(一)昆虫博物馆

中国第一个昆虫博物馆1987年6月创建于原西北农业大学,昆虫博物馆二期工程于1999年8月完成并正式投入使用,第三期工程展览馆和蝴蝶网室于2005年10月建成并向社会开放。

昆虫博物馆的建设和发展一直受到党和国家领导及上级部门的重视和关怀。国家副主席王震、全国政协副主席王任重、国务委员黄华、国家科委主任宋健、国家计委主任宋平、农业部部长何康、刘江和陕西省历届党政领导都给予了大力支持。昆虫博物馆1987年建成后,1988年7月农业部教育司又拨专款7万元装修博物馆展览厅等。国务院副总理李岚清同志1996年来杨陵区,视察了昆虫博物馆,要求进一步搞好昆虫博物馆建设,使其发挥更大的作用。随后由国家计委、农业部、陕西省人民政府、杨凌农业高新技术产业示范区和原西北农业大学投资800万元进行二期工程建设。通过先后3期建设,现已建成了全球最大、有较高知名度的综合型昆虫专业博物馆。1999年,被共青团中央和全国青联命名为"中国青年科技创新行动教育基地",是西北农林科技大学科普教育中心"全国青少年科普教育基地"的主体,2000年,被命名为"陕西省科普教育基地"和"陕西省青少年教育基地",2003年,被评为2A级旅游单位,2005年,通过"全国科普教育基地创建单位"验收,2011年11月15日,西北农林科技大学博览园成为杨凌首家国家4A级旅游景区。

昆虫博物馆初期建筑面积1 400 m², 二期工程新馆面积4 600 m², 2003年又投资1 500万元在杨凌示范区繁华地段始建新展馆,展览面积3 600多平方米,并配套建设温室和网室3 300 m², 饲养蝴蝶等活虫供观众观赏。昆虫博物馆三期建筑总面积已经达到10 000多平方米,成为世界上最大、综合性最强的昆虫博物馆,是一个融科学研究、标本收藏、人才培养和科普教育于一体的综合性学科基地。

昆虫博物馆分为展览、收藏、科学研究和支撑系统四大部分。

1. 展览部分:是目前全球展览面积最大、展品最为丰富、展览档次最高、集成多种现代化展示手段,融知识性、趣味性于一体的昆虫学科普基地,同时,也是重要的爱国主义教育基地。

新展馆外形独特,建筑面积3 600 m², 是原展示面积的3倍。馆内大量采用了光电模型、幻影成像、多媒体技术等现代化展示手段,科技含量高、设施先进。馆内有6个展厅,系统地展示一个昆虫奇趣世界,特别是生态区可以利用温室常年放养活碟等观赏昆虫。馆外配套建设了3 300 m²的蝴蝶网室,可供进行各类活虫饲养和蝴蝶放养研究,供观众观赏参观。

2. 收藏部分:收藏国内外各类昆虫标本120多万号,收藏量位居全国高校之首,是重要的昆虫物种多样性保藏基地。

3. 研究部分:包括农业部昆虫研究所、昆虫学博士点、植物保护一级学科博士后流动站、教育部和农业部重点开放实验室昆虫学部分、农林科大昆虫资源研究发展中心、实验工作室和图书馆等。接受国内外访问学者、研究生进行合作研究和论文写作。

4. 附设机构:1979年创刊《昆虫分类学报》,1997年创办中国昆虫学会蝴蝶分会会刊《中国蝴蝶》,先后创办了陕西省昆虫学会、中国昆虫学会蝴蝶分会、周尧昆虫分类学奖励基金会。

(二)动物博物馆

西北农林科技大学农业科技博览园动物馆是依托西北农林科技大学动物科

技学院原有各种动物标本的资源优势,在邵氏基金项目第15批赠款大学项目资助下组织建设的学校重点项目。

西北农林科技大学组建后,为了充分利用整合后的资源优势,更好地发挥其在教学、科研及科普方面的重要作用,学校决定建设动物标本馆。标本馆总建筑面积4 300余平方米,馆藏各种珍贵标本8 000余件。动物馆分为生命起源与动物进化展厅、珍稀动物展厅、宠物与观赏动物展厅、动物体的结构与功能展厅、动物养殖与人类文明展厅、动物疾病与人类健康展厅、动物生产与生态环境展厅、动物生物技术展厅等8个展厅。

生命起源与动物进化展厅:以动物起源、动物进化历程、动物分类为主线,通过文字介绍及图片、化石标本、动物标本和模型、模拟演示、触摸屏电脑等展示手段,重点介绍生命起源与动物进化的历史与现状。

珍稀动物展厅:以国家一级、二级保护动物标本及其栖息地的生态环境为支撑,重点介绍国家一级、二级保护动物种类、分布、数量及其环境保护、动物遗传资源保护的重要性和关系。

宠物与观赏动物展厅:以人与动物的和谐相处为主线,重点介绍宠物与观赏动物、宠物现象、宠物经济、宠物用品等相关知识,唤醒人类的动物保护意识。

动物体的结构与功能展厅:以动物体的十大系统(被皮系统、肌肉系统、骨骼系统、消化系统、呼吸系统、循环系统、神经系统、淋巴系统、泌尿系统、生殖系统)为主线,通过文字介绍及图片、标本、模型、三维动画演示等展示手段,重点介绍动物体十大系统的结构与功能方面的相关知识。

动物养殖与人类文明展厅:重点介绍动物养殖与人类文明发展简史、畜牧业生产系统、动物产品与人类需要、家畜品种资源、饲料与饲料工业、绿色畜产品与绿色畜牧业生产技术的相关知识。

动物疾病与人类健康展厅:以畜牧业生产过程中发生的重大疫病及其对人类健康的影响为主线,重点介绍重大疫病发生的病原、易感动物、传染途径、人与动物发病后症状、病变、防治措施等相关知识。

动物生产与生态环境展厅:以畜牧业生产过程中发生的另一重大问题——对环境的破坏为主线,重点介绍畜牧业生产与生态环境的关系、畜牧业生产过程中可能发生的环境危害的主要形式、危害程度、畜牧业可持续发展的策略和对策等内容。

动物生物技术展厅:以优质、高产、高效畜牧业生产和畜牧业可持续发展为主线,重点介绍畜牧业生产过程中的主要成熟适用技术和高新技术的研究成果、应用等。

(三)植物博物馆

西北农林科技大学植物博物馆是在西北农林科技大学西北植物研究所标本馆基础上而建的。该标本馆始建于 1936 年,珍藏有自 20 世纪 20 年代以来采自我国西北、华北、西南等地的植物标本约 55 万余份,是我国目前馆藏量最为丰富的植物标本馆之一,也是我国西北地区收集最全、规模最大、建馆历史最为悠久的植物标本馆。该标本馆的馆藏标本,不仅植物种类异常丰富,涵盖了从地衣、苔藓、蕨类、裸子植物到被子植物的所有类群,而且采集地点遍布全国,尤其是秦岭和黄土高原的植物标本最为详尽,其丰富程度和现有的珍藏价值在国内外享有盛誉。同是该馆还藏有植物模式标本 300 余份,植物照片 3 万余张。该标本馆先后出版和参与编写了《中国植物志》《秦岭植物志》《黄土高原植物志》《Flora of China》《中国滩羊区植物志》《华北植物区系地理》等植物学专著,在秦岭地区和黄土高原地区乃至西北地区植物学研究中占据重要地位。

植物博物馆分为展览、收藏、科学研究等三部分。

1. 展览部分:是目前我国西北地区展览面积最大、展览档次最高、融知识性、趣味性于一体的植物学科普基地。它由室内展厅和温室两部分组成,建筑总面积约 2 000 m^2,是目前我国西北地区最大的植物科学博览馆之一。其中,室内展厅约有 1 200 m^2,分为植物的奥秘、植物与环境、植物多样性、植物与人类等 4 个展厅,系统地展示了一个充满奇闻妙趣的植物世界。温室约有 800 m^2,重点向观众展示植物界的主要类群和各种趣味植物,揭示植物的多样性和观赏性及其与人类生存和发展的关系。此外,在室外还栽植着来源于世界各地的数百种花草树木,其中有不少为珍稀濒危的国家重点保护野生植物。

2. 收藏部分:收藏国内外各类植物标本约 55 万号,收藏量位居全国高校之首。其中种子植物标本约 50 万份、蕨类植物标本约 2 万份、苔藓植物标本约 2 万份、地衣植物标本约 1 万份。

3. 研究部分:包括西北农林科技大学标本馆(WUK)及植物分类研究室,主要的研究方向有:(1)经典分类研究:包括植物资源的调查采集、重要类群的识别区分、专科专属的分类及其系统发育研究等;(2)物种生物学研究:对一些具有重大应用前景的类群,如小麦族、苜蓿属、栎属等,探究其下各类群的种间亲缘关系及其进化过程;(3)虚拟植物标本馆及标本馆信息化建设:包括植物标本信息数据库及其共享平台的建立、标本信息管理系统的开发、虚拟标本馆的设计与展示等。并有植物解剖实验室、植物显微摄影室、植物标本制作间及植物分类专业图书资料室、西北农林科技大学植物标本馆网站等附属机构作为技术支撑。

(四)土壤博物馆

土壤是地球陆地表面能维持植物生长的疏松表层,是地球系统中大气圈、水圈、生物圈和岩石圈共同作用的产物和它们的交汇界面。可以说,土壤是地球的"皮肤",是维系全球陆地生态系统的最重要部分。

土壤是气候、生物、母质、地形、时间和人为活动等成土因素作用下形成的,在不同的自然地理区域中这些因子表现的方式和强度差异很大,因此,土壤具有时间中的演化特征和空间中的分异规律,这些特征反映在土壤的水平和垂直变异上。土壤的层次发育是在现在或过去自然条件下,以土壤风化和生物活动为主导过程的物质迁移转化的体现,而土层的水平变异则是气候、地貌和景观条件不同所引起的。

土壤是动植物生存及生长的自然体,是人类赖以生存的物质基础。人们的生活水平往往取决于土壤的质量以及依赖土壤生存的动植物种类、数量和质量。

俗话说,"一方水土养一方人"。自从农耕社会出现以来,土壤一直就是社会不可或缺、最重要的公共财富。我国古代劳动人民指出"万物土中生",这高度概括了土壤对人类的重要意义。"百谷草木丽乎土"。因为有了肥沃的土壤才有五彩缤纷的大千世界,在封建社会,帝王对土壤也表现出高度的崇敬,"江山社稷"是国之大计,而社稷本就是土神和谷神的总称。至今,在北京中山公园内,还保留着被称作"五色土"的社稷坛,它始建于明永乐年间,社稷坛既体现了古人对乡土国土的深厚感情,同时,又相当准确地反映了我国土壤的分布——东青、南赤、西白、北黑、中黄,堪称世界上最早的土壤博物馆。

本土壤博物馆收集了半个世纪以来,学校土壤科学工作者在不同时期采集的全国各地的典型土壤剖面,包括整段标本、微型盒装标本和反映土壤发生演化过程的形态标本等。除此之外,还有许多反映世界上其他国家土壤特征的一些照片和文字材料。

土壤博物馆分 4 个展厅,分别是:(1)土壤的形成与演化厅;(2)中国土壤分类与分布厅;(3)中国与世界土壤主要剖面厅;(4)土壤与环境及人类的关系厅。

我们通过观看这些丰富多彩的土壤,可以更好地了解土壤,认识土壤,从而树立保护土壤、珍惜土壤资源的意识。

(五)农业历史博物馆

中国农业历史博物馆展览面积 $4\ 000m^2$,按照历史顺序布展,分为原始农业厅、三代农业厅、汉唐农业厅、宋元农业厅、明清农业厅和近现代农业厅 6 部分,系统、全面地展现了中国农业历史发展的基本脉络与辉煌成就。为目前国内展示内容最为系统的农业历史博物馆。

原始农业厅,通过原始农业工具、生活器具等实物和图文资料,清晰展示了我国原始农业起源、发展的地域性特色。

"三代"农业厅:通过土地私有化、生产方式转变等生产关系的变革,土壤与物产、农时与物候等人们对农业科学的认识,金属农具的出现、农用动力的应用、农田水利的发展等生产力发展三大板块,突出反映了夏、商、周及春秋战国时期农业由原始向传统过渡的大变革特征。

汉唐农业厅:通过小麦的推广与作物结构变化、北方旱作技术体系的成熟、铁犁牛耕的普及、畜牧业之盛以及丝绸之路的开通发展、饮食文化的发达、大型综合性农书问世等多个方面,全面展现了秦、汉、魏、晋、南北朝和隋唐时期农牧业融合、中外农业科技交流的盛况。

宋元农业展厅:通过水田耕作技术体系的形成、江南农田水利、园圃业商品化、棉花引种及传播等六个部分,系统展示了中国传统农业发展重心南移后以稻作农业技术体系形成为核心的发展状况。

明清农业展厅:通过耕作制度的变化、基塘农业的出现、土地的开发利用多元化、农业科技的运用及发展等板块,介绍了这一时期农业精细化、集约化和商品化特点。

近现代农业厅:通过农业科技的发展与应用,农用动力由畜力向机械化过渡,近现代农业教育、科研与推广体系的建立等,反映了在西学东渐影响下我国农业进入转型期的基本特点。

该馆还特别通过周人迁徙路线图、杨凌地貌巨幅照片及后稷雕塑,介绍了杨凌作为中国农业发祥地的历史渊源及其在中国农业历史发展进程中的独特地位和影响。

全馆综合运用了文字、图片、实物、雕塑、光电以及场景再现等多种手段,其中历代农业工具、种子、生活用品等农史实物达到 2 000 余件,包含历代珍贵农史文物 500 余件。展示脉络清晰、特点鲜明、手段形象、知识性强。

早在 20 世纪 50 年代,学校就开始了农业史的研究,经过几代学者的努力,不仅形成了以珍贵、系统传统农书收藏为特色的馆藏基础,而且取得了一系列重大科研成果。

利用杨凌的农业历史文化资源优势和学校在中国农业历史文化研究领域积淀的学科优势,创建中国农业历史博物馆,系统地整理、挖掘、开发、展示先辈们创造的农业历史文明和丰富文化遗产,古为今用,这在当前城镇化、工业化加速推进,"三农"问题备受关注的背景下,具有重要的学术价值和现实意义。

(六)树木园

西北农林科技大学博览园总面积为 200 亩,除 4 个博物馆建筑主体和水景外,其余 100 多亩作为树木园用地进行整体规划。树木园是林学及相关学科发展不可或缺的重要基地。20 世纪 80 年代初,原西北林学院就开始建设树木园,历经 20 多年,树木园已有 56 个科、200 余种树木,成为学校重要的教学、科研场所,也成为学校的一个重要园林景观。但是,随着学校办学规模的扩大和布局结构的调整,树木园在发展空间和生存环境上受到制约,作用不能得到充分发挥。为了更好地服务教学,并面向社会进行树木科普教育,学校决定将树木园迁建博览园,不仅拓宽了树木园的发展空间,也有利于加强树木品种的引种示范,进一步发挥树木园在教学实践、科学研究和植物资源开发与利用方面的作用,并使博览园真正在林学、植保、土壤、生态、科技史等多学科领域内实现交叉和综合,成为国内农科领域重要的科普教育基地和学校学科建设基地。结合博览园植物种质资源建设规划,迁建结合,逐步丰富园内树木品种,将树木园建设成为学校乃至于整个西北地区重要的实践教学基地,北方干旱半干旱地区树木种质资源保存及树木引种栽培的科研基地。建成后的树木园树木种类将达到 500 余种,形成具有农林特色的树木专类园,包括珍稀植物园、柿树园、核桃园、猕猴桃园、药用植物园、桑树园、枣园、葡萄园、桃园、苹果园、梨园等,成为植物多样性保护和引种驯化的重要基地,也是进行科普教育,提高民众文化素养,以及旅游和休憩的最好场所之一。同时,还为开展国内外学术交流提供了理想窗口。

(七)蝴蝶园

蝴蝶园是昆虫馆的室外展示部分,占地面积 3 300 m^2,是目前国内最大的蝴蝶放飞园。蝴蝶园种植有蝴蝶的寄主植物 20 余种、蜜源植物 30 余种、园林观赏植物 10 余种。蝴蝶园的寄主植物和蜜源植物大多数来自秦岭、巴山和广西、云南、海南、安徽等蝴蝶自然生态栖息地。

蝴蝶一生经过卵、幼虫、蛹和成虫四个阶段,完成一代一般需要 20 天左右,甚至更长的时间。蝴蝶成虫的寿命很短,一般只有 2 周左右,一些种类成虫寿命只有 4~5 天,少数种类可长达 2~3 个月,最长的可达半年以上。

四、主要启迪

通过博览园现场教学点参观,使学员感受到农业是一个博大精深的知识体系,涉及植物学、动物学、有机化学、无机化学、微生物学、昆虫学、树木学、营养学等学科领域,认识到农业是一个富有挑战性,可探索性的行业。

思考题

1. 说说你对此次参观的感受。
2. 你了解的农业和参观后对农业的认识有何不同?
3. 我国农业对社会发展的贡献有哪些?
4. 发展农业可以在哪些领域进行探索?

现代畜牧业发展展示
——陕西秦宝牧业发展有限公司

一、现场教学目的

1. 了解现代化畜牧业技术的特点及流程；
2. 了解现代畜牧企业的组织管理形式；
3. 了解企业＋农户运营方式的优点及缺点。

二、基本情况

秦川牛是我国著名的地方优良品种，位居我国五大地方黄牛品种之首，被誉为"国之瑰宝"。近年来，陕西秦宝牧业发展有限公司利用从事秦川牛繁育养殖和牛肉加工等方面的经营优势，实施秦宝牧业肉牛产业模式创建项目，辐射带动当地农户（养殖场）秦川牛养殖的规模化、集约化高效持续发展，对于做大、做强陕西秦川牛特色优势产业，发挥了极为重要的作用。

陕西秦宝牧业发展有限公司是农业产业化国家级重点龙头企业、国家级农产品加工技术研发专业分中心、国家级肉牛现代产业技术综合实验站、陕西省省级技术中心企业、宝鸡市秦川牛生物技术工程中心，是牛业分会会长单位，是肉牛行业唯一拟上市公司。可年屠宰加工肉牛 8 万头，向市场提供优质牛肉 2 万吨。公司注册地为宝鸡市眉县马家镇眉马路 1 号，占地面积 100 亩，新建标准化生产车间 16 000 m²，注册资本 4 000 万元，法定代表人史文利。经营范围为牛羊屠宰、分割、深加工，饲料销售、牛的良种繁育与养殖、牛产品进出口经营。

公司具有国内一流的屠宰车间、熟制品加工车间、一次性整体排酸 1 200 头肉牛的排酸车间、容量 100 吨的－40℃速冻库、1 000 吨的成品冷藏库，以及按照欧盟最新标准引进的国际一流水平的德国屠宰流水线及加工设备。同时，建有红脏、白脏检疫线，双层分割生产线等。投资 4 000 多万元，2005 年全部正式投产。

秉承"安全、健康、品位生活"的产品理念，公司选用秦川牛为原料，实施屠宰、分割。依托八百里秦川气候温润、水草丰茂、周边无污染的得天独厚的生态环境,实施秦川牛繁、养、育全过程的科学、标准化管理,为公司生产高、中档秦宝肥牛及按部位分割的冻、鲜肉提供了可靠的原料保证。

三、主要做法

陕西秦宝牧业发展有限公司大力推广以"大户饲养、集中育肥、订单收购、一体经营"为核心内容的秦宝肉牛产业发展模式,形成"以龙头企业为牵动,以合作组织为纽带,以养殖大户为支撑,以杂交改良为核心技术路线"的产业发展格局,推动建设优质秦川牛标准化生产示范基地,加强农民合作组织,全面连接产业链条,突出品种改良,提升肉牛养殖效益,加快肉牛规模化、标准化及现代化的产业步伐,振兴关中地区乃至全省的秦川牛产业。

公司以生产"安全、营养、美味"的产品为理念,获得了国家食品安全认证(QS)、食品安全控制体系认证(HACCP)、ISO 9001、ISO 2000质量体系认证,清真食品生产许可证和产品自营进出口权。2006年9月,公司被农业部、卫生部、国家工商行政管理总局、国家食品药品监督管理局、中国食品工业协会和企业联合会等六大部门认定为"2006年全国食品安全示范单位"。先后荣膺中国肉牛协会常务理事单位、中国畜牧业协会牛业分会副会长单位、中国畜牧业协会常务理事单位。

公司严格按体系实施要求,从各个角度加强对生产现场、过程、人员、设备、环境等的管理,加工屠宰的每道工艺均采取同步卫生检疫,最大限度地保证了产品的安全性。在排酸过程中从风速、温度、湿度等各方面严格把关,保证产品的鲜嫩口感。

四、主要启迪

1. 秉承现代化经营理念,推行现代企业制度,企业运营不断与国际接轨。
2. 企业运用计算机网络管理、电子商务等现代化企业运营手段。
3. 高层管理人员均在大型企业从事过生产经营管理,具备较丰富的管理经验。员工自进入公司起定期进行岗位培训,加强岗位技能的同时,提升自身素质。
4. 人才是公司发展的基础和保障,公司拥有结构合理、素质一流的员工队伍。

1. 什么是现代畜牧业？现代畜牧业与传统畜牧业有哪些区别和联系？
2. 现代畜牧业的技术特点是什么？对你有哪些启迪？
3. 现代畜牧业的组织形式和管理方式有什么特点？你认为应如何发展现代畜牧业？

精准脱贫与乡村振兴——农业农村干部培训读本

"一村一品"与村级经济发展
——杨陵区揉谷镇新集村

一、现场教学目的

1.了解该村产业发展思路和经验;
2.掌握该村取得成功的主要措施和工作方法;
3.认识民主管理与乡村文明建设对农村发展的意义和作用。

二、基本情况

新集村位于杨凌示范区以西8公里处,南邻陇海铁路、西宝中线、西宝高速穿境而过,交通十分便利。全村10个村民小组、852户、3 889人,共有党员97名,其中女党员19名,村干部5名。现有耕地2 993.85亩,其中粮食种植面积193.85亩,多种经营2 800亩(葡萄园1 307亩、葡萄种苗1 000亩、杂果育苗400多亩)。养殖小区1个,养殖奶牛51头,家庭养殖生猪650头,奶牛26头,2013年全村人均纯收入18 000元。

近年来,在揉谷镇党委、政府的领导下,新集村党支部以"升级晋档、科学发展""为民服务、创先争优"活动为载体,狠抓基层组织建设,村级党组织的凝聚力、战斗力得到加强。陈增科作为村党支部书记,团结带领全村广大党员干部认真学习十八大精神,贯彻落实科学发展观,大力实施科技兴村战略,立足村情,发挥优势,努力拼搏,真抓实干,调整产业结构,提出了以葡萄种植为主导产业的兴村富民新思路。

三、主要做法

1.重规划,抓创建,着力建设美丽乡村

2012年新集村被区委、区政府确定为第一批五个"田园村庄"创建村之一,陈增科带领支部班子多次召开专题会议,成立田园村庄创建工作领导小组,制定实施方案,按照"村村优美、家家富裕、处处和谐、人人幸福"的总体思路,以创建田园村庄为抓手,以增加农民收入为目标,以发展现代农业为重点,从改善农业基础设施入手,创建机制、整合资源、加大投入,全面实施以"人居环境改善、农民创业增收、公共服务完善、文明素质提升"为主要内容的创建工作。

按照建设社会主义新农村的要求,公共服务设施建设项目按照"一事一议",采用群众自筹为主,政府补助为辅的原则进行。建设项目有:

(1)改路:完成进村道路、村内主干道全部水泥硬化,农户门前街道硬化率达90%,总长度 6 000 m。

(2)改水:为全村新打机井2眼,维修配套机井4眼,铺设输水暗管 13 km,全村自来水入户率达100%。

(3)改房:排查全村危房危户,积极报上级相关部门解决落实危房危户改造。

(4)改设施:安装路灯200盏,门前统建690户,安装摄像头19个,配套监控设备2套。

(5)改环境:建设沼气池240口、卫生改厕505户,新建垃圾池9座,垃圾屋3座,实行村内保洁员制度,对全村道路实行全天候卫生保洁,以宣传栏、文化墙等形式,美化村内环境。

(6)科技普及:安装有线电视、电话、太阳能热水器等,电信、广电入户率超过50%。

(7)新建设施:新建村委会、卫生室、超市、农资供应中心及图书阅览室,投资130多万新建公共服务中心一个,占地 1 044.5 m²,新建文化活动广场1个,设篮球场1个,乒乓球桌2个,健身器材12套。

在新农村建设过程中,新集得到省上专项奖扶资金100多万元,全部用于改路、改水、改环境等公共设施建设之中,并形成了保洁长效管理机制,实现了道路硬化、村庄绿化、广场美化等"五化"目标,顺利完成了"田园村庄"建设任务。

2. 改陋习,树新风,切实弘扬社会主义新风尚

建设社会主义新农村,需要培养思想新、观念新、致富路子新的新型农民。陈增科把怎样才能将人民群众的精神文化抓起来、良好风气树起来作为工作的重中之重。他带领班子从提高全村群众的文明素质入手,广泛开展了"文明进村、科技进村、生活新风进村"的活动,全村精神文明建设健康、协调发展。

为全面提升村民素质,加强精神文明建设,陈增科多次召开"两委会"、干部群众会、精神文明建设动员会,使村民认识到精神文明建设的重要性和迫切性,统一思想,营造良好的创建氛围。组织表彰奖励"好媳妇""好公婆""致富能手""优秀母亲"及"十星级文明户"等先进典型,并配合省妇联、区妇联及西农大红凤社对20名"贫困母亲"进行了每人 1 000 元的资助。同时,陈增科以身作则,廉洁自律,大力倡导勤俭节约,反对铺张浪费,努力做到使群众自己管自己、自己约束自己,民主管理意识逐步提高。

为丰富广大群众的精神文化生活,村委会建起了图书室和科技活动室,还从杨陵中学聘请专业舞蹈老师每天晚上为村民教练广场舞。由村广场舞爱好者组成的舞蹈队,在2012年杨陵区文化局组织的春节文艺会演中获得二等奖,在陕西电视台也做了专题报道;制作了以"尊老爱幼、邻里和谐、生产发展、农业科技"为主题的文化墙720 m²,在李家坡八、九、十组新建文化广场一个,并配置多套健身器材,深受广大村民欢迎,顺利通过了省文明委"省级文明村"的验收。

3. 抓基础,调结构,发展产业造就强村富民之路

抓基础、调结构,促进农业经济全面发展,加快农业产业结构调整步伐,促进农业增效、农民增收是解决"三农"问题的关键所在。在陈增科的带领下,围绕思路抓发展、订规划,全村经济结构逐步优化,产业结构调整取得了可喜成绩。全村在保证粮食生产的同时,坚持种植业、养殖业、果蔬产业、苗木产业等同步发展。目前,已建成了葡萄育苗园1 000亩(含间作套种)、葡萄示范园1307亩,其他经济杂果400多亩,其中,积极引进新品种、新技术,发展中棚葡萄园600亩。葡萄园和葡萄种苗参与农户占70%以上,人数达2 000人以上。

为配合村葡萄产业发展,实现"科技强村"战略,多次聘请农林科大专家教授来村进行农民技能培训,参加人数达1 000多人次。还成立了"杨陵新集村先锋葡萄专业合作社"和"新集村葡萄协会",对农民种植葡萄进行产前、产中和产后服务。先后引进了新、优、特葡萄品种,使新集村葡萄品质大大提升。在第十九届农高会农资一条街上进行葡萄和葡萄苗木展销,共发放宣传资料10 000余份,提高了该村葡萄产业专业村知名度,从根本上解决了种植户销售难的问题。同时,大力发展二、三产业,现有大型建筑工程队8个,收入达1 000万元,从业人数近1 000人,人均收入2万元左右。村办砖厂1个,从业人数60多人,人均收入达1万元以上。

4. 强管理,建机制,提升综合管理水平

实现新农村建设管理民主,必须以完善村委会和自然村民主事务管理为重点,建立健全在村党支部领导下的自然村民主自治机制。陈增科带领"两委会"班子成员,在实现农村民主自治上不断创新机制,完善工作举措,提高了村民自治水平。一是全面推行民主选举、民主决策、民主管理和民主监督,在村委会、村小组换届时,让群众广泛参与,将在新农村建设过程中的优秀人才选进村委会和村小组两级班子中;二是全面推行村、组两级财务公开,设置了公开栏,定期向村民公布经济发展和社会发展情况,做到了公开的范围广、项目多;三是在新农村村容建设过程中,加强后期养护管理,固定专人定期清扫;四是全面推行村民自治制度,充分发挥新农村建设理事会作用,实行自我管理、自我教育、自我服务、自我发展。理事会中设立了道德评议会、红白理事、民事调解等各种组织,在卫

生管理、帮扶救助、环境保护、纠纷调解、公益事业中发挥了各自的功能,在新农村建设过程中起到了很好的助推作用。

四、主要启迪

这是一个以种植业为主导产业的普普通通的行政村,产业发展让他们走上了致富之路。在发展过程中,该村充分发挥了村党支部和领导班子的支撑引领作用,主动利用杨凌示范区发展机遇,做好农村基础设施建设,为生产发展和改变群众生活铺平了道路。在产业发展过程中,科学规划,根据市场需求调整产业结构,增强农业发展后劲,增加农民收入。

在产业发展取得成绩后,及时抓好精神文明建设,让思想建设与物质文明同步。全面推行村民自治制度,通过提高民主管理水平,为村子发展创造了平安稳定的发展环境。通过加强对农民的培训,把村民培养成为具有思想新、观念新、致富路子新的新型农民。通过精神文明建设,丰富广大群众的精神文化生活,增强党支部的凝聚力和村干部的号召力,弘扬了农村发展的正能量,为可持续发展营造了良好的发展氛围。

思考题

1. 揉谷镇新集村的主要经验有哪些?
2. 新集村产业发展有哪些特色?
3. 你对该村发展有何建议?
4. 本次现场教学对你的启示有哪些?

精准脱贫与乡村振兴——农业农村干部培训读本

农产品电子商务与物流园区建设运营
——武功县农产品电子商务产业园

一、现场教学目的

1.了解农产品电子商务的基本流程；
2.了解农产品电子商务的发展前景；
3.掌握农产品物流园区建设营销的方法措施。

二、基本情况

武功县为农业大县，地处关中平原腹地，是农业始祖后稷教民稼穑之圣地，大汉忠臣苏武的故乡，一代英君唐太宗李世民的诞生地。全县总面积397.8 km²，辖8镇4个中心190个行政村，总人口43.9万人，耕地面积42万亩，是国家商品粮和瘦肉型猪基地县、全国粮食工作先进县、全国农村劳动力就业示范县。加之境内无大中型工矿企业、污染企业，顺利通过了农业部农产品无公害产地整县环评，被确定为省级猕猴桃标准化示范区，正在申报创建全国有机产品认证示范县。

近年以来，为缓解城乡就业压力、促进县域经济发展，武功县抢抓国家"一带一路"战略和"互联网＋"行动计划实施机遇，按照省人社厅关于农民创业孵化基地建设相关要求，坚持以建设省级"农民工回乡创业示范县"和国家"西部地区农民创业促进工程试点县"为契机，确立了"建设西北电子商务第一县"目标，提出了"立足武功、联动陕西、辐射西北、面向丝绸之路经济带"的思路，努力唱响"中华农都，电商新城"口号，着力打造西北农村电子商务人才培训基地、西北农产品电商企业聚集地、西部农副特产品物流集散地，走出了一条具有武功特色的"买西北、卖全国"电子商务发展新路子。

目前，武功县已经建成了集技术信息、产品展示、商务洽谈、产品交易、网上支付、物流配送、安全认证等为一体的农村电子商务创业孵化基地（运营服务中心），总面积1 000 m²，包括200 m²产品展厅，设有电脑培训室、理论培训室、产品实物展示室、电子商务企业孵化室等，主要为入驻电商提供注册登记、办公场所、信息交流、货源传递、人员培训、产品上传、无线上网等服务,是陕西省电子商务人才培训基地,也是企业发展、青年创业的"摇篮"。先后吸引"陕西美农""第八奇迹""熊猫伯伯"等40多家知名电商企业入驻武功,发展个体网店400余家、快递公司20余家,电商日发货量达18 000单,日交易额突破200万元,2014年"双十一"一天的交易额就高达1 600多万元,带动就业近万人,累计接待省内外95批次2 600多人考察学习,被确定为"陕西省电子商务示范县"。

三、主要做法

(一)建机制

从武功县域实际出发,建立了发展电子商务"12345"工作机制。"1"就是组建一套机构。秉持"政府搭建平台、引导扶持创业"的原则,成立了由县委、县政府主要领导牵头抓总,分管领导具体负责的农村电子商务工作领导小组。"2"就是建立两个协会。成立了武功县特色农产品生产经营者协会和电子商务协会,负责特色农产品的普查、征集、展示、实体销售;组织电商企业和个体网店交流信息、配发产品,指导个体网店对店面进行优化升级、统一发货。"3"就是把握三个关键。建立了县域电商运营中心,指导全县农村电子商务发展;建立了覆盖城乡的物流体系,实现了物流配送"村村通";建立了农村电商政策、资金、培训等扶持机制,促使农村电商规范发展。2014年以来,武功县按照孵化基地补贴标准和小额担保贷款政策,对电子商务创业(孵化)基地建设补贴50万元,为38名电商创业人员发放小额担保贷款304万元。"4"就是搭建四大平台。建设农产品电子商务孵化中心、检测中心、数据保障中心、健康指导实验室"四大服务平台"。"5"就是落实五免政策。为入驻电商企业免费提供办公场所、注册、传递货源信息及上传产品、培训人员、无线上网等。

(二)抓重点

着力抓好农产品电商、农村电商和县域电商三个重点。一是做好农产品电商。采取"基地+公司+电商"形式,选择新疆干果、甘肃白兰瓜、宁夏枸杞等优质农产品为货源,注重包装推介,促使农产品变"商品",通过武功电商销往全国各地。二是做大农村电商。为实现农村群众购物、销售、生活、金融、创业"五个不出村",实施了"智慧乡村"项目,建立了60个智慧乡村小店和邮政驿站,带动果品销售达2.6亿元。三是做强县域电商。实施了"十百千万"工程:引进和培养数十家知名电商企业;在全县百余个行政村建立电商服务点;培养上千家个体网店;建立近万个知名淘宝村、淘宝店、淘宝小城,形成商品琳琅满目、商户遍地开花之势。

(三)搞培训

武功县从培训入手,增强群众电商意识。举办讲座培训,开展淘宝创业讲座,组织新农人走进武功等系列培训活动,广泛普及电商知识;抓好技能培训,与省电商协会组建了"陕西省电子商务武功培训基地",引进和培养电商专业技术人才;举行高端培训,借力"淘宝大学——陕西商学院武功培训基地"这一平台,广泛开展电商创业精英培训,培育大批电商创业带头人,带动更多群众实现就近就地就业;组织沙龙培训,定期组织生产企业、电商企业、专家学者等举办电商沙龙,交流发展信息,探讨解决问题。先后组织各类电商培训45场次、3 500多人次,间接培训1.5万多人次。

(四)育龙头

武功县坚持把扶持发展龙头企业,作为带动和促进电子商务的有力抓手。大力扶持本土企业发展、帮助引导本土企业进行技术改造,促使了县域内美力源乳业、秦稷粮业、金稷科技等县域龙头企业主动开发、生产、销售电商产品。积极引进外来企业落户。采取以商招商、以企招商等多种方式,引进了一批知名电商及物流企业,极大降低了物流成本。

四、创新实践,全面起航,初显电商经济新成效

在陕西省、市各级领导和各相关部门的关心支持下,武功电子商务从小到大、全面起航,初步实现了"十个最",即:县域电商企业聚集最多、县域电商销售额省内最大、电商物流成本全省最低、县域电商人才培训最广、创业孵化效果最佳、智慧乡村覆盖面最全、为电商企业服务最好、电商产品通过检测质量最优、带动农业转型升级最快、老百姓对电子商务最欢迎。具体体现在以下几个方面:

——活跃了农村经济。长期以来,农产品"买难卖难"和价格"过山车"问题不断出现,主要是市场信息不对称,买方卖方难见面。武功县通过电子商务,搭起了"不见人"的集市和无形的市场,开辟了农产品生产和市场需求对接新渠道,繁荣了农村商贸经济。目前,武功已有锅盔、麻花、烧鸡、土织布等50多种特色产品上线销售,带动全省乃至西北地区400多种特色农产品在淘宝、京东、阿里巴巴等平台交易。

——加快了农业转型。武功县通过发展电子商务,推动了农业生产经营由"种什么卖什么"向"要什么种什么"转变,由单家独户分散经营向合作社、专业大户、园区基地等规模经营转变,加快了农业产业转型升级。在电商的带动下,全

县发展猕猴桃及杂果12万亩、苗木花卉2万亩、大蒜及辣椒4万余亩,馨绣、苏绘等200多个手工布艺产品行销全国、出口国外。

——促进了农民增收。电子商务可以减少农产品中间销售环节,是农民增收致富新平台。武功县通过发展电子商务,先后包装设计了"米豆儿"手剥大瓜子、"十六御"、"艾果"猕猴桃干等30多个特色产品,"线上线下"销售供不应求。据统计,通过电子商务,全县农民人均增收近百元。

——拓展了就业渠道。随着城镇化进程的加快,"明天谁来种地"问题让人忧虑。发展电子商务,轻点鼠标,就可以让"菜园子"直接对接"菜篮子",加之网店创业门槛低,一部手机、一台电脑就可以创业,这是青年人喜欢干、乐意干、能干好的事情。通过发展电子商务,农村出现了"父辈精耕细作+青年网络营销"新趋势,父子店、夫妻店、姊妹店等网络小店遍地开花,电子商务已经成为推动"全民创业"的重要途径。

五、重视问题,再添举措,开创农村电商新局面

尽管武功县农村电子商务创业(孵化)基地建设走在了全市甚至全省前列,电子商务发展呈现出蓬勃向上的良好态势,但与东部沿海等发达地区相比,与上级领导和全县人民的期盼相比,还有一定的差距和不足:一是电子商务发展需要有高度集中的办公、物流、园区等场所,但武功至今没有一定规模的电子商务产业、创业及物流园,一定程度上影响了农村电子商务的快速发展。二是武功县电子商务创业孵化(运营服务)基地面积较小,办公场所及管理机构不在一处,不利于创业基地的发展壮大和规范管理。三是武功电子商务发展已经进入了"快车道"、按下了"快进键",电商人才特别是高级管理人才缺乏已经成为制约武功县电子商务发展的瓶颈因素。

下一步,武功县将积极学习外地先进经验,取长补短,创新举措,努力把武功农村电子商务做大、做强、做优,着力构建"一区两翼三园四个市场五个基地六个中心"的电商发展新格局。"一区"就是全力争创"互联网农业综合试验区"。"两翼"就是在西安、咸阳建立两个电子商务服务窗口。"三园"就是规划建设微商产业园、农产品电子商务产业园、电商产品展示及体验园。"四个市场"就是加快建成果蔬网上交易市场、西北农产品网上交易市场、苗木花卉交易市场、农资(小商品)网上交易市场。"五个基地"就是择优建设果品蔬菜示范基地、优质粮食种植及加工示范基地、养殖及畜产品加工示范基地、苗木花卉示范基地、特色手工布艺示范基地。"六个中心"就是配套建设电子商务孵化中心、电子商务运营中心、电子商务物流中心、大数据及信息中心、农产品检验检测中心、电子商务后勤服务保障中心。进一步提升经营水平和创业发展能力,促进孵化基地持续壮大,为

全面建成"三个陕西"和"两富两美"新武功做出更大贡献。

六、主要启迪

中国目前全国涉农电子商务平台已超过3万家,其中农产品电子商务平台已达3 000家。农产品电商须与顾客建立良好的购物体验,才能迎来持续消费力及带动相关消费群体。但目前我国农业信息发布渠道不畅,信息接收方式落后,缺乏统一的农业信息系统,农业信息市场发育缓慢,特别是农业信息服务市场、农产品设计市场、农业资金市场、农产品加工市场、农产品存储和运输乃至包装市场等尚未开发或形成,农业信息化体系尚不健全。

目标人群定位是农产品电商平台的首要考虑问题,如果目标人群定位在基本不会上网的老年人或消费能力低下的人群,显然是要面临亏损。另外,由于农产品的特殊性,配送须要有冷藏冷冻的混合配送车辆,以及冷藏周转箱及恒温设备,否则产品原质量再好,客户收到的也将是有质量问题的商品。所以物流配送成本将成为考验农产品电商平台的最大问题。

第一,强化政府部门在农产品电商的参与力度。2015年中央"中央一号文件明确提及,在"创新农产品流通方式"中,"支持电商、物流、商贸、金融等企业参与涉农电子商务平台建设。"这就需要政府部门在国家政策的指导下,从政策、法律高度上扶持农业和农产品电商的发展。在具体操作上,政府可以运用宏观调控、税收等手段鼓励企业更多地运用电子商务;通过以资金或优惠政策支持研发活动,提高电子商务技术水平;在电子商务政策法规的制定与执行、网上交易用户的身份认证等方面,政府也要担当积极的角色。

第二,加快信息基础设施建设。一是应针对当前农业和农村经济发展中信息不畅、产销脱节这一突出问题,面向基层和农民的实际需求,提供农业信息服务;二是充分利用现有的信息基础设施资源,从根本上缓解农业信息化设施供给不足的矛盾;三是免费为农民提供信息服务,从根本上解决广大农民对农业信息服务的巨大需求与实际需求严重不足之间的矛盾;四是采取各级政府分级投资的方法,调动地方政府参与农业信息化建设的积极性和主动性;五是将农业信息网络工程与"政府上网"工程同步建设,实现"两网合一"。

第三,实现农产品名称的标准化和质量的等级化。需要政府有关部门统一制定农产品的名称标准,实现农产品质量的等级化,根据农产品的质量标准,对不同质量的农产品进行分级归类。

第四,大力发展农产品物流。建立农产品绿色通道,发展农产品电商配送是关键。应积极在农民中培育物流主体。这一主体的主要形态包括:供销合作社、农业公司、农产品配送中心、农产品物流经纪人队伍。发挥农村合作经济组织和农村经纪人在农产品电商中的作用,培养电子商务人才。

　　第五,促进从事传统农产品贸易的企业向电子商务转型。对于直接或间接从事农产品生产和贸易的传统企业,要加强企业内部信息化建设,使用互联网技术建立企业内部网,在此基础上,建立通向国际互联网的外部网络。企业可以在互联网上先建立自己的网页,并逐步建设成为站点,利用互联网这一公众媒介,在企业自身的网站上开展产品宣传,推销产品。

思考题

1. 你对农产品电子商务有何认识?
2. 你认为武功县农产品电子商务的做法有何意义?
3. 你对自己村的农产品进入电子商务营销渠道有何打算?

文明乡村建设示范
——杨陵区五泉镇斜上村

一、现场教学目的

1. 了解斜上村如何通过土地银行的做法实现土地流转；
2. 了解斜上村如何结合当地优势进行产业结构调整，实现产业的规模化和集约化发展；
3. 了解斜上村如何实现村容整洁和乡村文明建设。

二、基本情况

斜上村位于五泉镇东南方约两公里处，全村耕地面积1 158亩，人口1 152人，计275户，4个村民小组。斜上村从培育壮大设施农业大棚、林果等支柱产业入手，建成日光温室蔬菜大棚212座，占地316亩，塑料大棚48亩，发展露地蔬菜142亩，栽植猕猴桃540亩。组建农民专业经济组织2个。养殖能繁母猪242头，30户年养殖鸡仔15万只。2011年农民人均纯收入11 645元，增幅达35.3%。

近年来，村庄安装路灯90盏、新建垃圾池2座、垃圾屋1座、修建排水沟2 400米、新打机井6眼、埋设地下管网2.7 km、衬砌U型渠1.9 km、水泥硬化街道道路3.6 km、自来水入户率100%。全村共建沼气168户，卫生改厕70户，门前统建142户。

村党支部共有党员39名，其中男性35名，女党员4名；初中文化24人；高中文化12人；中专以上3人。在家党员32人，外出务工7人，主要从事大棚种植、猕猴桃种植等。

近年来，村党支部按照"五个好"目标要求，强堡垒、抓机遇、兴产业，带领群众共奔小康之路。村上工作走在全镇前列，2004年7月、2010年6月两年被杨陵区委授予"先进党支部"荣誉称号；2005年7月被杨陵区委授予"五个好先进党支部"荣誉称号；2006年8月被司法部、民政部授予"综合治理示范村"荣誉称号；2008年1月被杨陵区委授予"区文明村"荣誉称号；2010年1月被示范区综治委授予"2009年度平安村庄创建先进集体"荣誉称号;2011年1月被示范区党工委授予"示范区文明村"荣誉称号;2011年7月被镇党委评为"先进党支部",同年9月被陕西省老龄工作委员会办公室评为"敬老示范村"荣誉称号。

三、主要做法

(一)"土地银行"引导下的规模经济是农业现代化的基础

2009年,杨凌开发区开始推广土地流转政策,但村民心里没谱。村民老李说,这届领导定下的事,下一任或许就变了,"土地流转合同是二十年不变,领导当个三年五年就走了,我的前途谁负责?"

在这种心态下,群众开始自发组织"土地银行",自己的土地自己做主。斜上村的"土地银行"不但有董事长,还有监事长、理事长。"银行"的土地流入流出及财务管理公开透明,接受村民监督、政府监管。

斜上村"土地银行"账户共存有462亩地,其中给赛德公司140亩,剩下300多亩,由本村132户农民和周边村5户农民承包。

"土地银行"的运作方法:农民以每亩700元的价格将土地存入本村的"土地银行",企业、本村农民或外地农民再以每亩700元的价格从"土地银行"租用土地,规模化经营。这样从土地上解放出来的农民不但获得了和自己种地同等的收入,而且在原来的土地上打工又增加了一份收入。在斜上村租地的除了农业示范区龙头企业以外,还有本村和外地的村民。

"土地银行"的出现,让农民摆脱了传统小农经济的枷锁,释放了土地能量,注入了市场活力,为农业现代化奠定了基础。

(二)产业结构调整是农业现代化的发动机

斜上村是传统的农业村,长期以种植小麦、玉米为主。2008年,随着杨陵区基础产业结构调整,村民们开始尝试种植大棚蔬菜,但一家一户的分散经营收益很小。"要么种的菜没人要,要么和其他公司签订收购合同,到期后又出不了货。"村民们打起了退堂鼓,并编了个顺口溜自嘲:"大棚菜把人害,早晨揭晚上盖,农民背着高利贷,娃娃老汉都不爱。"但是随着专业化和规模化经营的推进,有效解决了农民种菜的技术问题和销售问题,农民种菜收益大幅度增加,尝到甜头的村民又编了个顺口溜:"大棚菜把人爱,早晨揭晚上盖,精品菜高价卖,挣下钱把楼盖。"

通过"土地银行"将土地流转,形成规模经济,斜上村这个曾经以农业为主的小村庄,农业发展方式发生了翻天覆地的变化,产业不断更新并趋于完善,设施农业大棚与猕猴桃种植逐渐成为斜上村的主导产业。全村土地形成了精品菜大规模覆盖,全村大棚菜和猕猴桃占到全村耕地面积的70%,全村种粮地仅剩392亩。建成一个孵化厂,8台孵化机,4 000多只种鸡,年产蛋鸡3 200多只,常年销售到省内外。

斜上村村民李孔茹说:"我家大棚每年收入3万元左右,丈夫当技术员一年收入1.5万元,猕猴桃一年收入3万元。"她告诉记者,村上成立"土地银行"以后,她不仅把自家原有的3亩多地全种了猕猴桃,还从"土地银行"租来土地,搞了3个大棚。不出村,家里的收入就翻了几番。

李孔茹的丈夫参加区上的技术培训班后,也成了"土专家",除了负责指导本村100多个大棚的技术管理,还和其他"土专家"走出杨凌,到外地开展技术服务。

(三)现代科学技术推广和基础设施建设是农业现代化的两轮

"以前农民和土地是分散的,这种体制下,国家虽然投入农业的资金很多,但是效果却不佳,集约化、规模化的服务设施无从谈起,现代农业就没有出路。"杨凌农业高新技术产业示范区党工委秘书长李成砚说。

2009年,杨凌转变农业投资方式,捆绑国家投入农业的8 000多万元资金,集中用于大棚设施、信息化、通水、通路等农业基础设施建设,大大节约了土地经营者的成本。

(四)城乡统筹发展的根本是农村的全面发展

2012年3月,斜上村按照"村村优美、家家富足、处处和谐、人人幸福"的总体思路,从产业、环境、素质、服务四方面全面实施"人居环境提升,农民创业增收,公共服务完善,文明素质培育"为内容的"田园村庄"创建工作。村民自豪地说:"村里人都有了钱,生活质量就上去了,楼房也盖起来了,电器、家具要啥有啥!以前觉得城里好,住楼房开小车,可现在,我一点也不羡慕城里人,挣得不比他们少,空气还比他们好,好多城里人还想到我村里盖房!"

四、主要启迪

1. 农村经济发展和农民收入增长的关键在于农村产业的兴旺发展和农民职业化的培养。
2. 以适当的方式促进土地流转是农村产业发展的关键。
3. 科学技术是农业发展的重中之重。

思考题

1. 当前农村经济发展条件下,如何更有效地通过土地流转实现农村产业规模化和专业化经营?

2. 当前农村现实条件下,怎样加强村委会的领导,实现自治、法治与德治相结合的乡村治理体系?

3. 斜上村产业发展的特点是什么?对你们村发展有何启示?

传统文化与乡村旅游典型
——马嵬驿民俗文化村

一、现场教学目的

1. 重点了解马嵬驿民俗文化村如何利用传统文化优势发展当地乡村旅游产业;
2. 了解马嵬驿民俗文化村的经营策略和管理方法;
3. 了解马嵬驿民俗文化村如何通过企业化管理的方式招商引资发展。

二、基本情况

马嵬驿民俗文化村(马嵬驿民俗文化体验园)位于兴平马嵬办事处李家坡村。依托黄山宫独特的历史资源顺势而建,将现代生活与历史文化完美结合,为马嵬构筑起一道美丽的风景线。项目总投资5 180万元,流转土地600亩,以古驿站文化为核心,集文化旅游、民俗文化展示、休闲体验、旅游观光为一体。马嵬驿民俗文化村是陕西乡村旅游的一个新面孔。未建景区之前,这里是一片荒无人烟、人迹罕见的黄土沟壑。景区一期工程于2013年10月1日建成后正式对外开放。2014年"五一"小长假,马嵬驿接待人数超过26万人次,2014年"十一"黄金周,马嵬驿接待游客达110万人次,创省内旅游景区最大接待量。

马嵬驿景区总占地233亩,是一个集马嵬古驿站文化展示、文化交流、原生态餐饮、民俗文化体验、休闲娱乐、生态观光于一体的新概念园区。园区建筑借助自然地势错落有致、古朴素雅,建设有4条民居古街:民俗作坊街、民俗小吃街、民俗文化展示街、大唐文化街。有马嵬驿文化广场、百果园、雕塑艺术馆、驿栅城、珍禽园、垂钓园、茶楼、戏楼、农具展示馆、城门楼观景台、娱乐园、祈福殿等12个配套景点。站在黄土塬上向下望,一条古朴的街巷顺着由高到低的沟壑自然延展,青砖灰瓦的房屋和各色迎风飘舞的旌旗招牌,还有夹杂食物香味的蒸汽袅袅升腾,一幅热闹而温暖的现代"清明上河图"豁然出现在眼前。

三、主要做法

(一)就地取材,点石成金

2011年,兴平市政府整合全市旅游资源进行整体规划。在这个规划里,以杨贵妃墓为核心,连接黄山宫和马嵬驿共同形成一个大景区。而那时的马嵬驿所在地还仅仅是当地李家坡村在几十年前整体搬迁后剩下的一片了无人烟的废弃地。

马嵬驿与黄山宫紧密相连,黄山宫与杨贵妃墓相隔又不足一公里。当时兴平市政府的规划初衷是以杨贵妃墓的大唐文化、黄山宫的道教文化带动马嵬驿的民俗文化。2012年9月28日,马嵬驿景区动工建设,景区合理利用这一带自然的台塬地势、沟壑地形和李家坡原来的旧窑洞院落,改造建设为一处极具关中民俗文化特色的旅游景区。

在兴平市委、市政府的大力支持下,马嵬驿景区以其鲜明的文化特色、开放式的经营形式和科学的管理方式迅速走红旅游市场,最终形成了以马嵬驿带动杨贵妃墓和黄山宫两个老景区的"逆袭"局面。

(二)文旅融合,主题鲜明

民俗文化是发展乡村旅游之魂,马嵬驿取得成功的关键就在于抓住了文化精髓并进行了深化和活化。景区以游客喜闻乐见的形式进行民俗文化展示,主要有四类:一是地方传统小吃经营;二是传统生产工艺作坊;三是展览馆陈列展示;四是文化演艺活动。通过这四种形式,让民俗文化看得见、听得到、能品尝、可体验、能传承。

1. 吃得好的地方传统美食文化

走进马嵬驿民俗小吃街,一间间经营地方传统美食的店铺不仅色、香、味撩人,其完全开放式的制作过程,如同一幕幕返璞归真的民俗文化展演,给人以感官和精神的双重享受。粉汤羊血、礼泉烙面、乾县锅盔、关中搅团、贵妃糕、蓼花糖、云团馍、酸梅汤……一种种你吃过或没吃过的地方小吃都汇集在这里,吸引着游客的目光。这里近百家经营户,按照景区"一店一品"的要求,经营着上百个餐饮种类,汇聚在一起就是一个囊括陕西传统小吃的"满汉全席"。

醪糟你一定吃过,但是醪糟是怎么制作出来的你知道吗?在这里你不但能吃到正宗的醪糟蛋花汤,还能看到由江米制成醪糟的全过程。游客到这里不只是贪恋一道道美味,更被这些传统工艺的魅力所吸引,极大满足着中老年人的怀旧情结和年轻人的好奇之心。

2.能体验的民间生产文化

关中深厚的民俗文化是陕西旅游资源的瑰宝。除了美食街外,马嵬驿民俗文化村的另一道风景是民间传统生产工艺的展示。这些行将消亡的传统制作工艺在马嵬驿里焕发出新时代的文化光芒。

马嵬驿里有七八家传统手工艺生产作坊。榨菜籽油的作坊里,传统的压榨设备是一根近十米的巨大圆木杠杆,木头直径双手难以搂抱,令人叹服。榨油时,一人踩在水车一般的轮动上,牵引杠杆一下一下砸在另一侧的压榨槽里,菜籽油就从这里流淌而出。豆腐坊里,一口口大缸中存放着真正的卤水,卤水点豆腐的奇妙变化过程让小游客们惊叹不已,浓郁的豆花香吸引着游客驻足不前。马嵬驿里特别设立了土织布作坊,古老的木质织布机在年长村妇灵巧的操作下发出咣当咣当的声音,整个织布过程就是一道现场演艺的风景。

3.看得见的民俗艺术文化

马嵬驿景区的"前生"是被废弃的李家坡村,村里有很多老窑洞遗存。景区恢复保护了老窑洞遗址16口,在窑洞里建设了民俗文化展览馆,主要展示了自唐朝以来马嵬驿的历史典故和关中泥塑工艺品,还有一部分主要展示关中农村生产生活中的主要场景和用具,收藏老农具及生活用品等20 000余件,充满浓郁的农村生活气息。此外,景区还利用雕塑形式,展示了"十二生肖"故事和唐文化传说等,丰富了景区文化内容。

4.生动鲜活的文化演艺

在马嵬驿的文化广场上,每天都上演多场秦腔、川剧变脸、皮影戏、杂耍等小而精的剧目。简约的小戏台上,三五个老艺人凑在一起吹、拉、弹、唱,各自亮出绝活。川剧变脸艺人则走进游客中间,随时随地为游客奉上精彩的变脸表演,让这一古老而奇妙的艺术与游客零距离。虽然没有大舞台上的华丽,但是这种在游客身边的小戏反而更加亲和,容易让游客产生共鸣。接地气地表演让非物质文化显示出巨大的魅力,成为吸引游客的一大亮点。

马嵬驿通过对传统民俗文化的挖掘,让很多濒临消失的传统文化得以保护和传承。老艺人们通过各种传统小吃制作、传统手工艺作坊、传统剧目表演等,带动年轻人对非物质文化的继承和发扬,也让更多游客对民俗文化有了更加直观的认识。

(三)精细管理,温暖游客

马嵬驿的餐饮店与通常的餐饮店不同,这里每家店铺都把后厨直接置于厅堂之上,整个加工过程均展示在游客面前,也处于游客的监督之下。

1. 统一采购的好食材

马嵬驿里的餐饮店所用食材全部是游客看得见的真材实料,厨师在现场加工制作,汤锅里放的什么肉和菜,配的什么调味品都让游客一目了然。

为了保证小吃经营户所有食材的品质,景区采取由商会统一购买原材料再原价卖给经营户的形式,从源头入手保证食品质量。景区经营户一律不准外带食材进入,也不能外带加工好的食品,必须使用景区统一供应的原材料现场加工。另外,景区还有自己的养鸡场,饲养的鸡必须在一年后才能出栏,经营户所用的鸡全部来源于这个养鸡场。周边的农村里有景区指定的蔬菜基地,为景区菜店提供绿色无公害蔬菜。这些固定的肉、菜供应基地为景区提供了健康可靠的原材料。

2. 干净整洁的好环境

马嵬驿内虽然都是一间间各自经营的小店铺,但是给人的第一感觉是干净。很多游客甚至感叹这里的小吃店比自家的厨房还要干净、整洁。厅堂、灶台、调料容器、餐具都一尘不染,整整齐齐。更为突出的是,这里所有的服务员和厨房操作人员都戴着明档口罩为客人服务,这一做法除了高端酒店采用外,在陕西的景区大众餐饮场所可谓独树一帜。

好食材做出来的真味道,加上一流的卫生环境、牢牢抓住了游客的胃和心。

3. 以商治商的好机制

马嵬驿的经营管理秩序井然,但这里却没有专门的管理人员。景区采取"以商治商"的形式,从各个经营户中选出一部分人员组成商会,商会有一名会长和16名副会长,所有经营户都是会员。商会的职责主要有两项:一是负责统一采购原材料,再按照原价卖给经营户;二是负责对整个马嵬驿经营户进行管理,监督景区规章制度的落实。每一个经营户既是经营者又是管理者,互相监督,共同维护,实现了高度自治。

(四)带动就业,引领区域发展

马嵬驿按照"公司+农户+景区+文化+产品"的运营发展模式,把农民作为景区经营的主体,使农民华丽转身为经营的老板,成为最大的受益者,为全省乡村旅游扶贫树立了示范。

1. 景区店铺无偿经营

为了吸引农民从事旅游商业经营,马嵬驿主要采取了商铺无偿出租和经营户技术入股两种形式。

在马嵬驿的小吃经营户全部是景区无偿提供的店铺,经营户只需要交纳在使用过程中产生的水、电、卫生费用。一部分食品加工作坊,如榨油坊、豆腐坊、辣子碾坊等都实行技术入股的形式,经营户与景区各占50%股份联合经营。

2. 带动周边群众就业

景区带动了周边农村从事无公害蔬果种植和生态养殖,建立起水果种植基地、蔬菜种植基地、传统手工编织生产基地、家禽养殖基地等马嵬驿农副产品生产基地,解决了1 600多名农民的就业问题。通过民俗文化展演、民俗餐饮、民俗体验、休闲娱乐等项目,景区解决了当地500余名农民就业,农民人均收入增加2万多元。景区不但让农民群众直接就业,还在科学而严格的管理下让农民树立起旅游服务意识,提高了群众素质,助推了当地经济社会的全面发展。

3. 成为兴平旅游的引爆点

传统的兴平旅游主要由茂陵、贵妃墓组成,这条线路是典型的历史文化线路,尽管文化内涵深厚却缺乏活力,游客能够参与体验的项目也很少。马嵬驿景区正好填补了这一空白,游客在这里既能吃到美食、看到好景,又能买到让人爱不释手的土特产品带回家,客流的大量增加成为兴平旅游的引爆点。如贵妃墓景区2013年全年接待人数只有26万人次,由于马嵬驿景区的带动,仅2014年国庆假期7天时间,景区接待人数就达到32万人次。

四、主要启迪

马嵬驿由民营企业家刘红独资建设,并由她亲自经营。她独特的经营理念和管理模式成为马嵬驿迅速占领市场的关键。在她的精细化、制度化管理下,马嵬驿经营户不拉客、不抢客、不欺客,让每一位来马嵬驿的游客游得有尊严、有品质、有享受,"以人为本"在这里得到了全面实践。

(一)以游客满意度为导向,让游客旅游有尊严

刘红的管理是"霸道"管理,很多硬性条件必须达到。第一,马嵬驿里的所有经营户必须是谁报项目谁经营,坚决不允许转手经营。店主就是直接经营人,更是第一责任人;第二,马嵬驿的所有经营户必须使用商会统一采购的原材料。统一采购的原材料不仅包括米、面、油等主材,也包括肉、蛋、奶、蔬菜及各种调料等。统一采购的原材料由商会和驻马嵬驿的兴平市食品药品监督部门工作人员共同对其质量把关;第三,在商户经营过程中如果违反"五项规定"一律强行关门。这五项规定分别是:外带食材进入者强制关门;销售隔夜食品者强制关门;和游客吵架者强制关门;卫生不达标者强制关门;使用添加剂者强制关门。"五项规定"从产品质量和服务质量上保证了马嵬驿的旅游接待服务始终保持在一流水平。

尽管刘红的管理条款对经营户有点"霸道",但是这些规定却始终围绕着一个核心——保证游客利益,让游客满意。

(二)以游客休闲体验为导向,让游客旅游有品质

实行开放式经营的马嵬驿景区不收门票,景区停车场向游客免费开放。不仅如此,景区内所有的演艺节目和展览馆也全部向游客免费开放。游客除了按照自己的意愿选择商品消费外再没有其他收费项目。开放式的经营为游客提供了一个自由、舒适、休闲体验的旅游环境。

马嵬驿的小吃经营店免费使用,但却"千金难求"。景区按照"一店一品"的原则对经营户所报项目进行严格审查,保证每个店铺都是独一无二的经营品种,且在当地具有一定美誉,以此保证了马嵬驿经营项目的高起点、高品质。几乎所有店铺门前都设有供游客品尝的样品,游客不论买与不买尽可以放心品尝,"先尝后买"的形式让游客倍感温馨。

(三)以游客舒适享受为导向,让游客旅游有温暖

马嵬驿严禁经营户以任何理由和游客吵架,在经营户中牢固树立了"不管什么原因,游客永远是对的"的理念。凡是与游客吵架者都会被商会处罚,甚至责令其关门整顿。相反,当游客与经营户发生矛盾时,如果经营户能够以游客利益为重处理好矛盾,景区还会给予经营户奖励,谓之"委屈奖"。在严明的奖惩制度下,经营户宁可自己受委屈也不让游客受委屈。

为了提高经营户的服务理念和服务水平,从周一到周五,每晚八点钟景区都要准时召开商会会议,会议内容不仅涉及业务知识和技能的学习培训,还要交流当天发生的各种情况和出现的问题,及时予以解决。商会成员通过不断学习,提高素质,共同营造了一个让游客舒适享受的旅游环境。

思考题

1. 如何把当地资源和现代化的组织形式相结合实现跨越式发展?
2. 现代产业发展中应该注意哪些问题,如何进行有效的品牌塑造和产业开拓?
3. 马嵬驿的经营模式与袁家村的经营模式有何区别,二者的优缺点是什么?如果你是经营者,你将采取哪些做法突出特色?

村级特色农业产业选择与培育
——杨陵区崔东沟村

一、现场教学目的

1. 重点了解崔东沟村如何利用资源禀赋优势和区域优势发展猕猴桃产业；
2. 了解崔东沟村特色农业产业发展路径和经营策略。

二、基本情况

崔东沟村位于杨陵城区北部2公里处，交通便利。全村共有264户，1 029人，耕地面积536亩，2012年全村农民人均纯收入11 294元，先后被陕西省评为"文明村镇""省级卫生村""陕西乡村旅游示范村""全国一村一品示范村镇"等，被全国妇联、国家民政部、司法部和中央文明委评为"全国妇联基层组织建设示范村""全国民主法治示范村"和"全国文明村镇"。

三、主要做法

（一）塑造品牌，积极发展特色农业产业

为了打造品牌，促进农民增收，2012年崔东沟村注册成立了"杨陵崔东沟猕猴桃专业合作社"，全村232户农户加入合作社，猕猴桃产业不断发展壮大。为了保证产品质量，杨陵街道办组织合作社定期开展专题讲座，邀请专家教授讲授猕猴桃作物相关知识。在生产中农户严格按照无公害农产品生产操作规程进行种植、施肥、灌溉和病虫害防治管理。

2012年，杨陵街道办组织该合作社申报无公害农产品认证，先后通过农业部食品质量监督检验测试中心（杨凌）无公害农产品产地环境监测、产品抽样监测，2013年5月顺利获得省农业厅无公害猕猴桃认证。

为扩大市场影响，提高产品知名度，2013年3月合作社通过西安卓森知识产权代理服务有限公司办理注册了"东沟圣果"＋图形商标。全村现栽植猕猴桃

430余亩,产品畅销周边区县、西安等地,每年产值达500多万元,极大地促进了农民增收致富。

2013年全国第三批"一村一品"示范村镇名单公布,杨陵街道办崔东沟村"东沟圣果猕猴桃"榜上有名,成为杨陵第二个荣获该荣誉称号的村庄。这对于激发区域经济发展活力,推进农业专业化、规模化、标准化生产,提高农产品市场竞争力,促进农民增收方面将产生积极作用。

(二)招商引资,发展乡村娱乐休闲产业

杨凌西域民族风情园是陕西德杰农业科技有限公司的下属企业。它以浓郁的西域风情为主题,是集美食住宿、休闲娱乐为一体的休闲场所,具有西域风情特点。一是有高大宏伟的蒙古包,在这里可以领略到游牧民族的勇猛与强悍,观看精彩的民族歌舞表演、篝火晚会;二是有新疆民族特色菜——手抓羊肉,在这里吃着嫩黄而透亮、散发着诱人清香的羊肉串,就会感受到新疆人待客的坦诚、慷慨和豪爽。

"来杨凌西域民族风情园,品民族特色风味;穿民族服饰,住蒙古包,赏民族歌舞,感受民族习俗、民族生活,是广大游客旅游、休闲、度假、宾朋聚会的理想之所。"陕西德杰农业科技有限公司总经理付加维说。杨凌西域风情园位于杨陵区崔东沟村北200米左右,占地面积200余亩,集美食、休闲娱乐为一体,以西域风情为主题,建有大小蒙古包20多个,可同时容纳500人就餐。包内均设有空调和卡拉OK,除中餐厅外还设有民族清真餐厅,让您不出杨凌就能品尝正宗的西域特色美食。

(三)加强村级法治建设,建设平安崔东沟

近年来,崔东沟村全面落实社会治安综合治理各项工作,确保全村平安、和谐,实现了经济社会协调发展的良好局面。

第一,加强领导,强化组织机构建设。平安创建和社会治安综合治理工作由党支部书记崔致远负总责,班子成员配合抓,村民代表共同参与,形成了齐抓共管的良好局面。机构网络健全,设有治保会、调委会、巡逻队,确保了村级群防群治。近年来,村民模范遵守国家有关法律、法规和政策,无乱占耕地、无重大刑事案件、无重大责任事故、无村"两委会"成员被追究刑事责任现象,未发生侵害群众利益而引发的群众集体上访事件。

第二,夯实基层基础,完善村组综治网络。全村综治组织机构健全,人员配备齐全。建立健全了群防群治队伍,建设横向到边,纵向到底的治安防范组织网络,做到了人人有事做,事事有人管,实现了小事不出组、大事不出村。认真组织党员干部和群众开展创建"平安村"活动,要求党员干部不组织策划和参与群众闹事,不做违法犯罪的事,带头学法用法,带头遵纪守法,充分发挥党员干部的先锋模范作用。党员干部的带头作用,犹如黑暗中的一盏灯,照亮和辐射了一大片,全村群众的大局意识、法制意识大大增强。加大打击违法犯罪力度,保护人民群众安居乐业。2013年,崔东沟村成立了治安巡逻队等群防群治组织,巡逻队定期不定期进行巡逻,重拳出击,全村未出现盗窃案、破坏事件和火灾发生,村民在生产上投入放心,生活过得更安心。

第三,法制宣传教育不断深入,村级社会治安状况良好。一是成立了法制宣传教育领导小组,有专职法治宣传员,设有法制宣传室、法制学校、法制广场。村民每半年至少开展一次学法活动,并经常开展"法律进村""送法入户"等法制实践活动。二是建立健全调解网络机构,村设懂法、威望高调委会主任1名、调解员1名,使各类纠纷能得到及时调处。近年来,无民事转刑事案件。三是每月组织开展一次矛盾纠纷及安全生产集中排查活动,对排查出的矛盾问题和安全隐患进行及时处理与整改,初步实现了"小事不出组、大事不出村、难事不出乡",逐步形成了矛盾纠纷调解以村为主的良好格局。四是设立治安巡逻队,成员8名,坚持昼夜巡逻。同时,村里118户均安装了警铃设备,预防了各类案件的发生,促进了村庄和谐稳定。

(四)加强村级综合管理,建设美丽乡村

崔东沟在新农村建设中坚持"四民主、两公开",严格执行"民主选举、民主管理、民主决策、民主监督"和"村务公开、财务公开"的各项规章制度,密切了干群关系。村委会成员通过民主程序选举产生,每季度至少召开一次村民代表会议,村内重大建设项目、经费使用、村级福利项目等均由村民代表会议讨论决定。村务监督小组严格审核村里重大经费开支项目,村级重大事项随时公开,每年对村"两委会"成员开展一次民主评议。村财务由乡下派干部代理,每月按时报账,定期公布,财务透明化,真正做到"还干部一个清白",使干部与群众之间没有矛盾。

2008年开始,崔东沟村群众崔某等三人以村书记存在经济问题等违纪、违规行为向杨村乡纪委、杨陵区纪委及示范区纪工委反映。2013年3月杨陵区成立调查组,对崔某等三人反映的问题进行再调查,将上访人反映的问题归纳为29个。3个月多的时间,调查组搜集大量证据,基本查清了事实真相。为了借助公众舆论力量,消除疑问,讲明道理,有效化解基层矛盾,给群众一个明白,还干部一个清白,在杨陵街道办崔东沟村召开了信访听证终结会。

听证会现场,由崔东沟村监委会成员、村民代表、党员代表、杨陵街道办司法所干部代表,区人大代表、政协委员、区司法局律师共7人组成的公众评判员以及调查组成员在主席台就座,信访人和被信访人分坐主席台两旁。

经过4个多小时的听证,最终证实崔某等三人列举的村书记29项问题中有28项反映失实,信访事由不能成立,只有一项内容需要另行调查后作出结论。最终,信访人对听证终结会的结果表示认可,长达五年的重复信访问题宣告结束。

(五)加强党组织建设,做好村级经济发展带头人

1.提升党支部班子综合素质。以十八大精神为指导,切实加强政治理论学习,重点学习党的十八大精神、新党章规定等内容,提升"两委会"班子成员的政治觉悟与热情为民的服务理念;注重农村相关法律、法规学习和其他专业知识的学习,真正做到学以致用、以用促学,提升班子决策力和执行力。

2.强化党员队伍建设。科学合理制定学习规划,安排学习专题的时间表,落实"三会一课"制度,做到学习有记录、有交流、有心得体会,每月保证学习教育活动不少于1次;落实党支部和党员承诺践诺机制,做到承诺措施有效、进度推进及时。

3.做好党员发展教育管理工作。建立入党积极分子队伍,注重吸取1~2名致富带头人加入入党积极分子队伍,力争培养3~5名入党积极分子并强化教育培养;按照党员发展程序,做好2名预备党员的转正工作;按标准定期收缴党费,收缴台账记载清楚,及时做好党费收缴公示工作。

4.建立健全慰问救助机制。建立与完善党员与困难群众帮带联系制度,要求每个党员至少联系2户以上的困难群众,充分发挥党员干部的带头表率作用。

四、主要启迪

1.充分挖掘土地资源生产潜力。以专业合作社为依托,通过技术培训和品种改良,提高猕猴桃质量与产量,做大做强猕猴桃产业。在群众增收的基础上,新发展优质猕猴桃50亩,继续寻找适合崔东沟村发展的新型产业,为经济可持续发展奠定基础。

2.持续推进"西域风情园"建设工作。加大宣传力度,提高群众知晓率,打造观光农业,积极引导农户发展观光苗木种植、生态种植农业、生态养殖农业,吸引游客,把观赏景观、采摘果实、体验耕作和娱乐等多种活动有机结合。

3.坚持"引进来"发展战略。积极与区畜牧局联系,争取扶持资金和技术支持,完成肉兔养殖合作社基地建设。

4.坚持"背靠大树好乘凉"的发展方略。积极与西北农林科技大学联系,加强村校建设,提高猕猴桃产品质量与技术含量。

思考题

1. 如何依托当地资源优势和区域经济优势实现跨越式发展?
2. 特色主导产业发展过程中如何实现现代化升级版?
3. 村级组织在美丽乡村建设中应该发挥哪些作用?

后记
POSTSCRIPT

  党的十九大提出精准脱贫攻坚与实施乡村振兴战略,是以习近平同志为核心的党中央对"三农"工作做出的一个新的战略部署,是新时代做好"三农"工作的总抓手,是新农村建设的升级版;坚持农业农村优先发展,按照"产业兴旺、生态宜居、乡风文明、治理有效、生活富裕"的总要求,开启了加快我国农业农村现代化的新征程。农业农村干部是党和国家农业农村政策实施的根本保证,我国对农业农村发展更加重视,这就对农业农村干部实施精准脱贫与乡村振兴培训工作提出了更新更高的要求。

  西北农林科技大学依托学校的科教资源优势和杨凌国家农业高新技术产业示范区的区域优势,把农业农村干部培训作为服务"三农"工作的抓手,拓展大学服务社会功能。2006年开始大规模培训农业农村干部,特别是近年来,开展贫困地区农村基层干部,以特色产业为切入点,以脱贫攻坚为目标,将培训项目与特色产业发展和脱贫攻坚结合起来,积极开展面向农业、农村、农民的各类教育培训,不断积累经验,通过优选培训教师、改进培训方案、更新培训教材,不断提升培训水平和质量。"村官"培训成为一大亮点,同时,形成农业农村干部培训品牌,得到各级领导的充分肯定、社会各界的广泛赞誉和广大培训学员的普遍欢迎。

  《精准脱贫与乡村振兴——农业农村干部培训读本》是全国干部教育培训西北农林科技大学基地、中央农业干部培训中心西北农林科技大学分院、陕西省干部教育培训西北农林科技大学基地干部培训丛书之一。全书包括三个方面的内容：一是形势政策篇，包含以乡村振兴战略解读、精准脱贫攻坚、农业供给侧改革、政策法律法规、管理理念、公共服务等核心公共培训专题。二是现代农业篇，包含以产业发展、市场营销、农产品质量安全、生产标准化技术、产业提质增效技术以及养殖、种植、加工及休闲农业等三产融合发展等相关现代农业产业发展核心专题。三是现场教学篇，包含以现场教学点经验介绍为核心的现场教学部分。该书在长期参与培训的专家教授不断提炼、深入研究授课内容的基础上精选而成，能够指导帮助农业农村干部提升管理素质、树立法治观念、增强市场营销知识，提高精准脱贫攻坚与实施乡村振兴战略的能力。

本教材在编写过程中得到了各级领导的大力支持，得到了培训教师积极配合，得到了多位专家的精心指导。在此，我们谨向他们表示诚挚的敬意和感谢。这本培训教材同时可供广大农业农村干部、农业科教人员、科技推广人员、农业农村经济社会管理专业学生学习参考。

乡村振兴战略是一项长期的复杂系统工程，随着形势不断地发展变化，本教材的内容也需要不断完善。因此，诚请各位读者提出宝贵的批评意见和建议。

编　者

2018 年 5 月

经过 4 个多小时的听证,最终证实崔某等三人列举的村书记 29 项问题中有 28 项反映失实,信访事由不能成立,只有一项内容需要另行调查后作出结论。最终,信访人对听证终结会的结果表示认可,长达五年的重复信访问题宣告结束。

(五)加强党组织建设,做好村级经济发展带头人

1.提升党支部班子综合素质。以十八大精神为指导,切实加强政治理论学习,重点学习党的十八大精神、新党章规定等内容,提升"两委会"班子成员的政治觉悟与热情为民的服务理念;注重农村相关法律、法规学习和其他专业知识的学习,真正做到学以致用、以用促学,提升班子决策力和执行力。

2.强化党员队伍建设。科学合理制定学习规划,安排学习专题的时间表,落实"三会一课"制度,做到学习有记录、有交流、有心得体会,每月保证学习教育活动不少于 1 次;落实党支部和党员承诺践诺机制,做到承诺措施有效、进度推进及时。

3.做好党员发展教育管理工作。建立入党积极分子队伍,注重吸取 1~2 名致富带头人加入入党积极分子队伍,力争培养 3~5 名入党积极分子并强化教育培养;按照党员发展程序,做好 2 名预备党员的转正工作;按标准定期收缴党费,收缴台账记载清楚,及时做好党费收缴公示工作。

4.建立健全慰问救助机制。建立与完善党员与困难群众帮带联系制度,要求每个党员至少联系 2 户以上的困难群众,充分发挥党员干部的带头表率作用。

四、主要启迪

1.充分挖掘土地资源生产潜力。以专业合作社为依托,通过技术培训和品种改良,提高猕猴桃质量与产量,做大做强猕猴桃产业。在群众增收的基础上,新发展优质猕猴桃 50 亩,继续寻找适合崔东沟村发展的新型产业,为经济可持续发展奠定基础。

2.持续推进"西域风情园"建设工作。加大宣传力度,提高群众知晓率,打造观光农业,积极引导农户发展观光苗木种植、生态种植农业、生态养殖农业,吸引游客,把观赏景观、采摘果实、体验耕作和娱乐等多种活动有机结合。

3.坚持"引进来"发展战略。积极与区畜牧局联系,争取扶持资金和技术支持,完成肉兔养殖合作社基地建设。

4.坚持"背靠大树好乘凉"的发展方略。积极与西北农林科技大学联系,加强村校建设,提高猕猴桃产品质量与技术含量。

思考题

1. 如何依托当地资源优势和区域经济优势实现跨越式发展？
2. 特色主导产业发展过程中如何实现现代化升级版？
3. 村级组织在美丽乡村建设中应该发挥哪些作用？

后记
POSTSCRIPT

党的十九大提出精准脱贫攻坚与实施乡村振兴战略,是以习近平同志为核心的党中央对"三农"工作做出的一个新的战略部署,是新时代做好"三农"工作的总抓手,是新农村建设的升级版;坚持农业农村优先发展,按照"产业兴旺、生态宜居、乡风文明、治理有效、生活富裕"的总要求,开启了加快我国农业农村现代化的新征程。农业农村干部是党和国家农业农村政策实施的根本保证,我国对农业农村发展更加重视,这就对农业农村干部实施精准脱贫与乡村振兴培训工作提出了更新更高的要求。

西北农林科技大学依托学校的科教资源优势和杨凌国家农业高新技术产业示范区的区域优势,把农业农村干部培训作为服务"三农"工作的抓手,拓展大学服务社会功能。2006年开始大规模培训农业农村干部,特别是近年来,开展贫困地区农村基层干部,以特色产业为切入点,以脱贫攻坚为目标,将培训项目与特色产业发展和脱贫攻坚结合起来,积极开展面向农业、农村、农民的各类教育培训,不断积累经验,通过优选培训教师、改进培训方案、更新培训教材,不断提升培训水平和质量。"村官"培训成为一大亮点,同时,形成农业农村干部培训品牌,得到各级领导的充分肯定、社会各界的广泛赞誉和广大培训学员的普遍欢迎。

《精准脱贫与乡村振兴——农业农村干部培训读本》是全国干部教育培训西北农林科技大学基地、中央农业干部培训中心西北农林科技大学分院、陕西省干部教育培训西北农林科技大学基地干部培训丛书之一。全书包括三个方面的内容：一是形势政策篇，包含以乡村振兴战略解读、精准脱贫攻坚、农业供给侧改革、政策法律法规、管理理念、公共服务等核心公共培训专题。二是现代农业篇，包含以产业发展、市场营销、农产品质量安全、生产标准化技术、产业提质增效技术以及养殖、种植、加工及休闲农业等三产融合发展等相关现代农业产业发展核心专题。三是现场教学篇，包含以现场教学点经验介绍为核心的现场教学部分。该书在长期参与培训的专家教授不断提炼、深入研究授课内容的基础上精选而成，能够指导帮助农业农村干部提升管理素质、树立法治观念、增强市场营销知识，提高精准脱贫攻坚与实施乡村振兴战略的能力。

  本教材在编写过程中得到了各级领导的大力支持，得到了培训教师积极配合，得到了多位专家的精心指导。在此，我们谨向他们表示诚挚的敬意和感谢。这本培训教材同时可供广大农业农村干部、农业科教人员、科技推广人员、农业农村经济社会管理专业学生学习参考。

  乡村振兴战略是一项长期的复杂系统工程，随着形势不断地发展变化，本教材的内容也需要不断完善。因此，诚请各位读者提出宝贵的批评意见和建议。

编 者
2018 年 5 月